LINGUAGENS da RELIGIÃO

Paulo Augusto de Souza Nogueira
(organizador)

LINGUAGENS da RELIGIÃO

**Desafios, métodos
e conceitos centrais**

ANPTECRE
Associação Nacional
de Pós-graduação e Pesquisa
em Teologia e Ciências da Religião

Dados Internacionais de Catalogação na Publicação (CIP)
(Câmara Brasileira do Livro, SP, Brasil)

Linguagem da religião : desafios, métodos e conceitos centrais / Paulo Augusto de Souza Nogueira, (organizador). – São Paulo : Paulinas, 2012. – (Coleção estudos da religião)

Bibliografia
ISBN 978-85-356-3206-4

1. Experiência religiosa 2. Fenomenologia 3. Religião - Filosofia I. Nogueira, Paulo Augusto de Souza. II. Série.

12-05700   CDD-210.14

Índices para catálogo sistemático:
1. Experiência religiosa : Linguagens : Fenomenología da religião : Ciências da religião   210.14

Nenhuma parte desta obra poderá ser reproduzida ou transmitida por qualquer forma e/ou quaisquer meios (eletrônico ou mecânico, incluindo fotocópia e gravação) ou arquivada em qualquer sistema ou banco de dados sem permissão escrita da Editora. Direitos reservados.

Paulinas Editora
Direção-geral: *Bernadete Boff*
Conselho editorial: *Dr. Afonso M. L. Soares;*
   Dr. Antonio Francisco Lelo;
   Luzia M. de Oliveira Sena;
   Dra. Maria Alexandre de Oliveira;
   Dr. Matthias Grenzer;
   Dra. Vera Ivanise Bombonatto
Editores responsáveis: *Luzia M. de Oliveira Sena e*
   Afonso Maria Ligorio Soares
Copidesque: *Ana Cecilia Mari*
Coordenação de Revisão: *Marina Mendonça*
Revisão: *Sandra Sinzato*
Assistente de arte: *Ana Karina Rodrigues Caetano*
Gerente de produção: *Felício Calegaro Neto*
Capa e diagramação: *Wilson Teodoro Garcia*

ANPTECRE
Conselho Diretor
Presidente: Prof. *Flávio Augusto Senra Ribeiro - PPGCR PUC Minas*
Vice-presidente: Prof. *Gilbraz Aragão - PPGCR UNICAP*
Secretário: Prof. *Wilhelm Wachholz - PPGT EST*

Conselho Fiscal: Prof. *Geraldo Luiz de Mori - PPGT FAJE;*
   Prof. *Valmor da Silva - PPGCR PUC Goiás;*
   Prof. *Abimar Oliveira de Moraes - PPGT PUC Rio*

Conselho Científico: Prof. *Silas Guerriero - PPGCR PUC SP;*
   Prof. *Jung Mo Sung - PPGCR UMESP;*
   Prof. *Matthias Grenzer - PPGT PUC SP;*
   Prof. *Luis H. Dreher - PPCIR UFJF;*
   Prof. *Leomar Bustolin - PPGT PUC RS*

Paulinas
Rua Dona Inácia Uchoa, 62
04110-020 – São Paulo – SP (Brasil)
Tel.: (11) 2125-3500
http://www.paulinas.org.br – editora@paulinas.com.br
Telemarketing e SAC: 0800-7010081

© Pia Sociedade Filhas de São Paulo – São Paulo, 2012

Sumário

Apresentação da coleção
Afonso Maria Ligorio Soares 7

Introdução
Paulo Augusto de Souza Nogueira 9

Religião como texto: contribuições da semiótica da cultura
Paulo Augusto de Souza Nogueira 13

Hermenêutica fenomenológica e a tematização do sagrado
Rui de Souza Josgrilberg 31

Interpretação das imagens na teologia e nas ciências da religião
Etienne Alfred Higuet 69

Literatura latino-americana e arquétipos míticos:
 uma proposta de análise
Ana Lúcia Trevisan 107

Estudos de "escrituras" e a Ciência da Religião:
 da hermenêutica de textos à percepção de sujeitos religiosos
 em ação significativa e produção de sentidos
Pedro Lima Vasconcellos 135

Estética da recepção e hermenêutica bíblica
José Adriano Filho 165

Pluralidade religiosa e de expressões do transcendente na cultura
 brasileira/latino-americana: questões metodológicas
Afonso Maria Ligorio Soares 191

A importância da lógica plural para o método teológico
Claudio de Oliveira Ribeiro 219

Apresentação da coleção

A coleção *Estudos da Religião* publica este novo volume da série com o firme compromisso de oferecer a pesquisadores e estudiosos obras atualizadas e de abordagem multidisciplinar sobre o fenômeno religioso.

Nosso objetivo é reunir títulos das mais diversas perspectivas, aí incluídas as clássicas linhas de pesquisa que cobrem o espectro disciplinar da Ciência da Religião. No entanto, a coleção não pretende descartar, por princípio, nenhuma possível abordagem sobre a religião, desde a Filosofia até a Teologia, passando pela Psicologia, Sociologia, Antropologia, Geografia, História, Literatura e Estudos Comparados. Também são privilegiados trabalhos que se esforcem por um diálogo inter e até transdisciplinar entre a realidade da religião e suas interfaces com a Ciência, a Economia, o Direito, as Relações Internacionais e a Educação.

Outra intenção confessa desta iniciativa é proporcionar um veículo a mais de divulgação das pesquisas que vêm sendo desenvolvidas em nossas universidades ao longo das últimas décadas, além de, pontualmente, facilitar a apresentação de alguns textos fundamentais de pesquisadores internacionais para o público brasileiro.

Dr. Afonso Maria Ligorio Soares
Editoria de Ciência da Religião
Paulinas Editora

Introdução

Este livro pretende oferecer uma contribuição teórico-metodológica para o estudo acadêmico da religião na sociedade brasileira. Nele colaboraram pesquisadores de diferentes áreas dos estudos de religião e das ciências humanas, em diferentes perspectivas. Os textos aqui apresentados compartilham a hipótese de que a religião não tem apenas seus conteúdos expressos pela linguagem, mas que ela mesma se estrutura por meio da linguagem. Temos a ambição de demonstrar que a religião se constitui em uma espécie de linguagem segunda, linguagem da cultura, linguagem das narrativas sobre Deus e sobre o mundo do sagrado e do profano, através de estruturas próprias, da construção de símbolos que geram sentido de modo ilimitado. Pensar a religião como linguagem, como sistema de comunicação e de geração de sentido, é, em nossa opinião, uma forma complementar, ainda que fundamental, de conceber o fenômeno religioso. Por isso nossa contribuição pretende agregar, ampliar e dialogar com perspectivas que estudam a religião a partir de suas condicionantes sociais e institucionais, como já o faz as ciências sociais.

Nossa leitura do fenômeno religioso não é inédita e deriva de práticas já consolidadas do estudo da religião. Sua origem é dupla. A primeira se manifesta na longa tradição da hermenêutica filosófica e teológica, em suas reflexões sobre o sentido da palavra e do discurso religioso. A segunda se encontra na origem das Ciências da Religião, que no século XIX (pensemos em Max Müller, por exemplo) deu seus primeiros passos ao estudar as línguas e os mitos dos povos do Oriente e, também, os diferentes sistemas religiosos, por meio da comparação das suas narrativas míticas. O que há em comum entre estas duas origens do tema "Linguagens da Religião" (a hermenêutica filosófica e teológica e os estudos de mitologia e escrituras sagradas das Ciências da Religião), na hipótese que sustenta os textos que aqui apresentamos, é o reconhecimento de que a religião cria um sistema próprio de geração de sentido e que a mesma se constitui como um sistema secundário de linguagem.

Esta abordagem nos permite entender grupos religiosos de dentro para fora, ou seja, de sua manifestação interna para a constituição social, a partir das estruturas de conhecimento e expressão com que os grupos religiosos descrevem a realidade. O mito – a narrativa por excelência da religião – é tanto uma forma social de expressar origem, pertença, relações com o sagrado, como um sistema de criação (*poiesis*) e conhecimento do mundo, seja na classificação que propõe em seus eixos paradigmáticos, seja na organização narrativa que dá a personagens, ações, espaços e temporalidades. Nossa contribuição não pretende ser, portanto, de ruptura, mas de continuidade com tradições hermenêuticas que nos antecedem, das quais ainda derivamos conceitos e abordagens. No espírito da interdisciplinaridade das Ciências da Religião propomos uma abordagem da relação linguagem e religião com o auxílio – completando nossa epistemologia de partida – mais efetivo das ciências da linguagem, da semiótica, das teorias literárias e de cultura visual.

Este livro está organizado da seguinte forma: abrimos com dois capítulos (capítulos 1 e 2) que partem de perspectivas metodológicas distintas: a da semiótica da cultura e a da hermenêutica-fenomenológica. O que os aproxima é o fato de priorizarem a discussão sobre o poder que tem a religião de geração de sentido (ou de textos, numa das leituras) e de renovação constante dos sentidos estabelecidos. Sejam analisados como textos em transformação na semiosfera, sejam como complexos simbólicos e sua reserva infinita de sentido, os discursos religiosos têm um poder sempre renovado de mediação, reinterpretação da realidade e de geração de sentido.

Seguimos com dois textos (capítulos 3 e 4) que abordam as linguagens da religião em diálogo com as linguagens da arte. Entendemos que ambas as formas de expressão são inter-relacionadas e análogas devido a seu alto poder metafórico e simbólico. Um capítulo é voltado para os estudos de cultura visual e religião. Esta linha de pesquisa, em franco desenvolvimento nos últimos anos, mostra que a religião pode ser entendida a partir das suas práticas, dentre as quais a cultura visual tem um papel muito importante. Cultura visual inclui o estudo da arte, mas não exclusivamente. A forma como o homem religioso se relaciona com as imagens do sagrado, mesmo as mais populares e voltadas para o consumo, nos permite entender seu papel na sociedade contemporânea. O segundo texto deste bloco nos mostra que o estudo da literatura nos permite compreender como as identidades religiosas se constroem nas narrativas e nas ficções. Ficção aqui é entendida como uma forma privilegiada de configuração do real. O estudo das relações entre literatura e religião – já de certa tradição na nossa área e que encontra precedentes inclusive nos estudos bíblicos – nos permite um diálogo profícuo com as identidades latino-americanas e com as memórias que estes textos preservam de forma privilegiada.

Num terceiro bloco (capítulos 5 e 6) se encontram dois textos que analisam as escrituras das religiões. Sobre este tema prevalecem certos equívocos e ideias preconcebidas, pois muitos consideram que os estudos das escrituras se limitam aos cânones e às tradições normativas e que estes, por sua vez, só podem ser estudados por teologias confessionais. De fato, quando uma religião se expressa por meio de suas escrituras, ela se insere em todos os riscos e aventuras provenientes deste tipo de expressão. Textos de caráter narrativo, poético e simbólico, tomados por metáforas, próximos à estrutura mítica, são fundamentalmente polissêmicos e permitem infinitas releituras. Estudar as escrituras das religiões em sua relação sincrônica, interna e estrutural, e diacrônica, em suas transformações (e deformações) da história, não tem nada de manutenção de *status quo* ou de cultivo de dogmatismos, mas se constitui numa das tarefas críticas por excelência das Ciências da Religião. O segundo ensaio deste bloco privilegia a leitura dos textos das religiões na perspectiva do leitor, na chamada estética da recepção. Esta redescoberta do sujeito que lê, decifra, desconstrói, reconstrói e preenche as lacunas dos textos é de fundamental importância para superar a leitura estática formalista. Linguagem é um produto da sociedade e o sujeito leitor na história é um agente fundamental na produção de sentido nos textos.

No quarto bloco as linguagens das religiões são analisadas em dois capítulos que discutem sua relação com a pluralidade religiosa. Falar sobre religião no mundo contemporâneo e, em especial, na sociedade brasileira significa se relacionar com um conjunto muito grande de narrativas, símbolos, ritos e discursos em constante transformação. Esta é a tarefa da teologia das religiões, que pode ser caracterizada como uma tarefa hermenêutica e ética ao mesmo tempo. Como falar sobre o sagrado numa sociedade plural, diversa e assimétrica como a brasileira, senão por meio de uma teologia que faça da pluralidade do sagrado e de suas linguagens o seu tema?

Este livro é o resultado de pesquisas e estudos de um grupo de docentes de Pós-Graduação em Ciências da Religião da Universidade Metodista de São Paulo, que têm como intuito articular suas abordagens de investigação na recém-criada área de concentração intitulada: Linguagens da Religião. Como o trabalho em Ciências da Religião é por princípio interdisciplinar, decidimos não somente abordar o tema em diferentes perspectivas, mas também convidar docentes de outros programas da área, além de uma autora da área de literatura. Estas escolhas interdisciplinares são coerentes com a perspectiva epistemológica de que o estudo do fenômeno religioso necessita do trabalho em colaboração de muitos saberes, devido à imensa complexidade, universalidade e pluralidade de suas manifestações.

Portanto, nossa área de estudos não se caracteriza por um conjunto fechado de conceitos articulados, mas por esforços multiangulares para interpretar uma ampla e complexa gama de fontes e manifestações sociais. Isso requer, entre outros, o olhar da semiótica, das ciências da linguagem, da teoria literária, da cultura visual, da hermenêutica, da teologia. A dimensão e a responsabilidade da tarefa – propor reflexões teórico-metodológicas e delimitar o campo das relações linguagem e religião – só permite de nossa parte a expectativa de que este livro se apresente como uma provocação e, *a priori*, como um conjunto de reflexões iniciais e provisórias. Mas, se ele convencer o leitor da importância da abordagem, da necessidade de reorganização dos conceitos, teorias e metodologias de análise, em torno da temática e perspectiva proposta, nós teremos alcançado nosso objetivo.

Paulo Augusto de Souza Nogueira

Religião como texto: contribuições da semiótica da cultura

Paulo Augusto de Souza Nogueira*

Introdução: a diversidade como um problema para as Ciências da Religião

A cultura é composta de uma diversidade imensa de formas de expressão. A começar com a diversidade de idiomas até as diferentes formas do signo (signo icônico, discreto, sonoro, olfativo etc.) e dos textos. Esta riqueza de linguagens é fruto de milhares de anos de desenvolvimento da cultura no sentido de humanizar a realidade, tornar a realidade acessível por meio do signo e da linguagem, criando um mundo real reconhecível pelo ser humano. Esta é uma primeira definição de cultura, de um sistema de signos que estabelecem a distinção entre o humano e o não humano. Mas, dentro de si mesma, a cultura é organizada em estruturas complexas e hierárquicas, criando subsistemas.

As Ciências da Religião lidam com formas simbólicas de alto grau de complexidade, que tiveram um papel decisivo na definição do humano, de uma cultura humana. Segundo Ivan Bystrina, é por meio da criação de textos simbólicos e criativos que os primeiros hominídeos começaram a desenvolver a linguagem, os símbolos, jogos, cerimônias fúnebres e algo que podemos já identificar como pensamento, rituais e narrativas religiosas.[1] As formas simbólicas religiosas (que em seguida chamaremos de textos religiosos) não são apenas muito antigas, como também diversas. Junto com outras formas simbólicas, elas se proliferaram em todas as culturas, nos seus mais diferentes

---

* Professor de pós-graduação em Ciências da Religião na Umesp.
[1] BYSTRINA, Ivan. *Semiotik der Kultur: Zeichen, Texte, Codes*. Tübingen: Stauffenburg, 1989.

níveis, fazendo com que sejam percebidas pelo estudioso, sempre na busca de classificação e sistematização, como um elemento caótico. Não é sem motivo que nas teologias tradicionais foram feitas classificações dos relatos, dos rituais, dos nomes divinos e dos escritos considerados canônicos. Trata-se de uma fala sobre a religião que classifica os elementos de uma cultura como sagrados e profanos, canônicos e apócrifos, ortodoxos e heterodoxos, nacionais e estrangeiros, entre outros.

As Ciências da Religião (e entre elas a Teologia acadêmica), surgidas nos contextos universitários europeus do século XIX, também fizeram um mapeamento classificatório das diferentes expressões do religioso. Por um lado, havia as tradições de dentro, ou seja, do cristianismo europeu que era estudado como sistema simbólico de referência (ainda que combatido por diferentes frentes filosóficas e científicas contemporâneas), e, desta forma, o texto bíblico ganhava um tratamento especial no estudo científico da religião e nas diferentes subdivisões das teologias. A arqueologia e a história da Antiguidade – assim como nos seus contornos o estudo das religiões do Oriente Próximo e do Mediterrâneo – permitiram compreender o cristianismo em sua origem e desenvolvimento histórico e cercá-lo de uma aura de dignidade e ancestralidade. Mas, por outro lado, com a expansão colonial europeia na Ásia e na África, em especial, pesquisadores europeus se viram diante de tradições religiosas muito antigas que lhes eram ao mesmo tempo estranhas e fascinantes. Foi assim que se iniciaram os estudos de mitologia comparada, nos quais se buscou uma origem comum para esta variedade de tradições e narrativas religiosas.

Estas descobertas de mitologia no século XIX e XX, com os desenvolvimentos da etnologia e da folclorística, ampliaram muito a quantidade de narrativas religiosas ao alcance do estudioso. Hoje temos acesso rápido a edições eletrônicas ou de bolso dos Vedas, coletâneas de mitos africanos, do Alcorão, entre tantos outros. Com apenas um comando no computador, tradições ancestrais de muitos povos nos estão acessíveis. Porém, a complexidade das tradições religiosas não deriva apenas do acesso a textos do passado. Como a religião, a busca do sagrado e os seus elementos simbólicos seguem vivos nas sociedades do presente, sendo possível encontrar uma grande variedade de expressões, em diferentes códigos. A diversidade destas expressões religiosas é imensa e segue sendo um desafio ao cientista da religião em seus esforços classificatórios. No entanto, na contemporaneidade a intensidade com que se dá esta diversidade é levada ao infinito pelo fato de o consumidor de religião pós-moderno poder juntar fragmentos de várias tradições e montar o seu próprio conjunto de textos.

A diversidade das expressões religiosas se deve principalmente à diversidade de suas formas. Dentro de uma única tradição esta diversidade pode ser encontrada: nela, religião é falada, escrita, tornada visual, expressada corporalmente, transformada em etiquetas para o comportamento, em temperos de refeições sacras, traduz-se em normas para o corpo, em alquimia de elementos e palavras. Ainda que amplificada no nosso tempo, a diversidade religiosa já era constitutiva das expressões religiosas desde suas origens, devido aos diferentes códigos que a formavam.

A religião era uma narrativa? Ou um ritual? Um ritual encenado no cotidiano ou nas cerimônias sagradas? A disposição de uma aldeia, de objetos numa palhoça ou de adornos no corpo já pode ser uma expressão do sagrado no mundo dos homens? E os objetos que acompanhavam os mortos? E as vozes, os gestos? Que imensa expressividade da religião nós não podemos acessar mais? E quantas existem, diante de nossos olhos, no nosso mundo, que não vemos?

Nossos olhos foram abertos apenas recentemente pelos estudos de cultura visual e religião. Este bombardeio de expressões é sentido por nós como *entropia*, como informação impossível de catalogar, perturbadora da harmonia e da ordem, como uma espécie de ecletismo pós-moderno. Diante dessa diversidade, tudo acaba por ser devidamente abordado e classificado por ideologias dualistas que classificam expressões do religioso como forças do bem ou forças do mal, com todos os correlatos que lhe cabem: justiça – injustiça, libertação – opressão, nacionais – estrangeiros, desenvolvidos – atrasados, humanizadores – desumanizadores etc.

Tornamos este quadro mais complexo, quando desconsideramos as divisões tradicionais entre o religioso e o profano. O religioso não se restringe ao clerical, sacerdotal e ao teológico. Há discursos sobre o sagrado e sobre a experiência religiosa em diferentes e inusitados lugares da sociedade. Este é o caso, em especial, das linguagens da arte. Na pintura, na música, no teatro e na literatura há abordagens do sagrado e da experiência religiosa que vão muito além de teologia implícita ou de correlações entre religião e cultura. A arte, em razão de seu caráter metafórico, criativo e talvez até devido a uma origem comum com a religião, transita pelos temas do sagrado, partilha de suas inspirações e dos temas originados em suas narrativas ancestrais.

Alguns autores observaram que alguns núcleos centrais de narrativas míticas sobrevivem na literatura e que esta também tem a habilidade do mito de lidar com os temas profundos da sociedade e de sua relação com o cosmo.[2]

Para as Ciências da Religião, esta relação não é bem resolvida. Afinal, estamos falando de teoria literária ou de análise de narrativas imemoriais do mito? Para algumas teorias de religião, literatura tampouco teria algo a acrescentar sobre memórias populares ou sobre expectativas de grupos sociais. Afinal, o autor – imaginemos: um letrado, artista excêntrico, quando não homem, branco, burguês – poderia interferir na pura fonte das concepções religiosas do povo. A intervenção autoral delimitaria a abordagem da expressão religiosa na literatura ao talento de um gênio, de um indivíduo, longe das condições de produção das massas. Somente uma abordagem da arte, e da literatura em especial, a partir do receptor (no caso, o leitor) e da diversidade de códigos presentes no processo de recepção poderia desfazer esta desconfiança diante da expressão artística entre os estudiosos de religião.

As expressões da religião são muitas e falam muitas linguagens, algumas, inclusive, às margens, com um pé na religião e outro na arte. E exatamente esta complexidade de formas de expressão faz com que percamos o controle científico. Trata-se de vozes demais para serem decodificadas, de sujeitos intérpretes em constante transformação que não permitem reconstruir uma trajetória única, um campo histórico contextual delimitado.

Os temas e tradições também se misturam de forma indiscriminada. Do que falamos, com que limites? As muitas vozes em ação – dos textos e dos leitores, na produção e na recepção – nos fazem perder o fio da meada. Pelo menos com os instrumentos de escuta de que nos utilizamos.

Conceito de texto na semiótica da cultura

Precisamos ser mais precisos ao falar de expressões da religião como *texto* para analisar a religião como um sistema de comunicação e elaboração

---

[2] MELETINSKI, Eleazar M. *El Mito*. Literatura y folclore. Madrid: Akal, 2001; FRYE, Northrop. *Anatomy of Criticism*. Four Essays. Princeton: Princeton University Press, 1990.

de mensagens. A partir de agora, substituiremos "expressão religiosa" por "texto da religião" ou "texto cultural religioso".

Mas antes vamos definir o que entendemos por texto, com base na semiótica da cultura de Iuri Lotman, célebre semiólogo russo. Se na definição tradicional a função primordial da linguagem é transmitir mensagens com eficiência, podemos dizer que ela é inadequada em relação ao seu objetivo. Ou seja, a teoria de comunicação tradicional, que pressupõe que a função da linguagem é a transmissão precisa de mensagens, falha ao não perceber que trabalha com um conceito idealizado de linguagem. Só poderíamos pressupor a identidade entre mensagem emitida e mensagem recebida no caso das linguagens artificiais, nas quais o código partilhado entre emissor e receptor é idêntico. Neste caso teríamos o seguinte modelo. Pensemos, por exemplo, na gravação de música por meio do código digital.

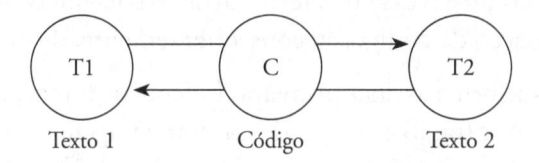

$$T1 \leftarrow C \rightarrow T2$$

Texto 1   Código   Texto 2

Se a música de partida (Texto 1) for gravada num dado código (por exemplo Mp3), teremos a mesma informação no Texto 2. Passamos de T1 para T2 da mesma forma que de T2 para T1, ou seja, basta para garantir o sucesso do processo que utilizemos o mesmo código. Se você gravou um CD com música, pode regravá-lo e terá a mesma música de origem. Bem, até aqui, no nosso exemplo digital, tudo funcionou perfeitamente. Mas qual seria o caso na comunicação humana?

A língua natural, a que falamos no dia a dia, cumpre sua função inadequadamente (e a língua poética, derivada da natural, mais ainda). Na produção de textos, em razão da identidade apenas relativa entre emissor e receptor e da consequente existência de mais de um código, sobressai-se outra função da linguagem: a função criativa, de geração de novas mensagens. Ou seja, havendo entre emissor e receptor não um único código – devido a um relacionamento assimétrico entre eles –, mas diferentes códigos, torna-se constantemente necessária a escolha, tradução e, por consequência, tem-se a produção de novas informações. Este tipo de tradução/produção de novos textos pode ser ilustrado pelo seguinte modelo:

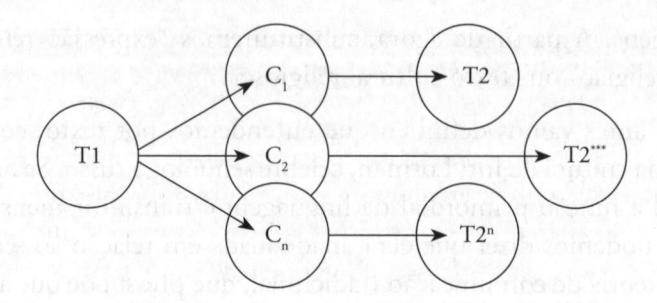

Neles é a relação entre traduzibilidade e intraduzibilidade (por exemplo, entre texto verbal e imagem) que determina a função criativa. Aquilo que numa teoria clássica de informação chamamos de ruído, na informação é na verdade o que constitui a função básica do processo de comunicação. A comunicação humana insere "ruídos" o tempo todo. É por meio da diversidade de códigos que os textos estão sempre prontos a gerar novos textos. Quanto mais complexos os textos, como é o caso dos textos artísticos e religiosos, tanto maior a existência de variação de códigos e, consequentemente, de novas mensagens.

Vimos desta forma as duas primeiras funções da linguagem: transmissão de mensagens (a mais frágil) e criação de novas mensagens. Resta uma terceira, a função de *memória*. O texto, como unidade de sentido, não somente gera novos significados, mas condensa memória cultural. Este é um conceito central da semiótica da cultura, pois neste caso o texto adquire uma personalidade semiótica. Ele evoca os demais textos por meio dos quais foi interpretado. Ele também traz em si as memórias de sua leitura e dos eventos históricos que ocorreram fora de si, mas que nele podem evocar associações. Ou seja, o texto não é uma mensagem inerte, estática, mas antes uma mensagem que se auto-organiza e que se relaciona com outros textos. Este processo de preservação de memória é um sistema poderoso para a criação de novos textos.

A semiótica da cultura estuda a interação de sistemas semióticos diversamente estruturados, considerando o fato de que não há uniformidade interna no espaço semiótico, o que implica poliglotismo cultural e semiótico.[3] A mensagem para ter status de texto deve ser codificada duplamente: pela pertença à língua natural e pelas exigências de um segundo sistema, por exemplo, da expressão religiosa, jurídica ou artística. Em outras palavras, além de um texto religioso ser codificado numa língua natural, digamos, em português,

---

[3] LOTMAN, Iuri M. *La semiosfera I*. Semiótica de la cultura y del texto. Valencia: Frónesis, 1996, p. 78.

ele ainda tem as exigências de codificação de sua "segunda linguagem", a do sistema religioso, com suas regras e semântica próprias. Esta dupla codificação de qualquer mensagem lhe amplia ainda mais o potencial de criação de novas mensagens. Desta forma o texto religioso, artístico ou jurídico, entre outros, tem uma estrutura qualitativamente sofisticada, duplamente codificada e semioticamente heterogênea. Este tipo de texto torna-se um microcosmo cultural, obtendo características de um modelo de cultura. Ao condensar informação, adquire memória. Transforma mensagens e produz novas mensagens.

Neste caso, o consumidor não decifra o texto, mas *trata, entra em contato com ele*. Esta é uma das afirmações mais surpreendentes de Lotman:

> ... o texto se apresenta diante de nós não como a realização de uma mensagem em uma única linguagem qualquer, mas como um complexo dispositivo que guarda códigos variados, capaz de transformar as mensagens recebidas e de gerar novas mensagens, tornando-se um gerador informacional que possui características de uma pessoa com um intelecto altamente desenvolvido.[4]

O texto, para produzir novos significados, precisa de um *interlocutor*. No encontro com uma consciência heterogênea são produzidos novos significados a partir da estrutura imanente do texto.[5] Assim como é indispensável a presença do interlocutor, também se faz necessário o contato com textos diferentes, textos relativamente indecifráveis, cujas exigências de interpretação e tradução farão com que a cultura receptora aumente sua produção de textos. A cultura que recebe estes textos novos investe muita energia criativa em traduzi-los para dentro de seu próprio sistema. Isto gera *desequilíbrio* no sistema e provoca *explosão* semiótica, ou seja, um aumento sem precedentes de novas informações.

Nesta compreensão da cultura nos deparamos com muitas variáveis: as diferentes codificações, a participação dos interlocutores e o encontro com textos diferentes. Tudo isso contribui para a elaboração de textos densos e complexos. É verdade que o leitor do texto tende a amenizar o acidental na leitura ao mínimo, na busca por compreensão. Mas ele também traz para o processo de leitura sua personalidade, sua memória cultural, códigos, associações. E estes nunca são idênticos aos do autor. Por isso a leitura sempre

---

[4] Ibid., p. 84.
[5] Ver Id. The text within the text. *PMLA* 109, n. 3, 1994, p. 378.

oscila entre compreensão (busca de unificação dos códigos de autor e leitor) e incompreensão. A compreensão pressupõe adaptação de um para com o outro. Mas a incompreensão também é necessária na comunicação. Um texto totalmente compreensível é absolutamente desnecessário, por ser redundante. Neste caso, não haveria aumento de informação.[6]

Os textos não estão colocados de forma aleatória na cultura. Eles se estruturam de forma hierárquica e complexa. Nestas estruturas a justaposição (ou encontro) entre textos não homogêneos provoca conflitos de sentido e a consequente geração de novos sentidos. Este é o caso do *poliglotismo* das linguagens artísticas. Em que medida a linguagem religiosa compartilha desta complexidade e *poliglotismo*? Em que níveis? Nossa hipótese é a de que o texto da religião, dado seu caráter altamente semiotizado, possui um alto grau de *poliglotismo*.

Esta noção de texto se aplica, portanto, não apenas a mensagens da língua natural, mas a todos os portadores de sentido (a mensagens que possuem certo sentido integral e cumprem uma função semiótica): cerimônias, obras de arte, peças musicais etc.[7] Nesse sentido o conceito de texto proposto por Iuri Lotman pode ser aplicado com muito proveito à produção religiosa de uma sociedade. Mas, antes de pensarmos em possíveis aplicações e diálogos, passemos a outro conceito da semiótica da cultura que nos ajuda a compreender a cultura e a linguagem em relações ainda mais complexas: a semiosfera.

A semiosfera na perspectiva das relações entre religião e cultura

Poucos anos antes da redação do texto "Acerca da semiosfera", cujo conceito marca a última fase de seu pensamento sobre a cultura, Lotman, conjuntamente com Boris Uspensky, escreveu outro texto seminal: *On the semiotic mechanism of culture*, cujos conceitos nos ajudarão a entender melhor a semiosfera.[8]

---

[6] Ver Id. *Universe of the Mind*. A Semiotic Theory of Culture. Bloomington: Indiana University Press, 2000, pp. 80-81.

[7] MACHADO, Irene. *Escola de semiótica*. A experiência de Tártu-Moscou para o estudo da cultura. São Paulo: Ateliê/FAPESP, 2003, pp. 168-169.

[8] LOTMAN, Y. M.; USPENSKY, B. A. On the Semiotic Mechanism of Culture. *New Literary History* v. 9, n. 2, Soviet Semiotics and Criticism: An Anthology (Winter, 1978), pp. 211-232.

Segundo ele, a cultura é definida por um conjunto definido de características. Cultura nunca é universal, não engloba tudo, mas é um *espaço* definido. Ela é uma seção em oposição à não cultura. Ela é marcada pela oposição. Diante da não cultura ela se manifesta como um *sistema de signos*. Qualquer mudança na cultura implica mudança no comportamento semiótico e, portanto, aumento de produção de textos. Para a cultura, portanto, crise é algo produtivo. Como vimos antes, os sistemas semióticos da cultura derivam sua estrutura da língua natural, ou seja, emulam a língua. Por isso chamamos os fenômenos culturais (crenças, narrativas, moda, arquitetura, ritos etc.) de sistemas modelizantes de segundo grau, ou seja, são derivados da língua natural. Isso também mostra que linguagem e cultura são inseparáveis. A linguagem é o modelo da cultura, e esta última fornece estrutura para a linguagem.

Cultura pode ser então definida como: a memória não hereditária da comunidade que se expressa em um sistema de normas (restrições e prescrições). A partir desta definição conclui-se que cultura é um fenômeno social e que é conectada à experiência histórica passada. Na relação com a diacronia, a cultura pode se portar como um programa (voltada para o futuro) ou como memória coletiva (voltada para o passado). Ela funciona desta forma como um mecanismo de mudança e preservação. Mesmo na relação com o passado, a cultura está constantemente reorganizando os fatos, inclusive realizando a função cultural do "esquecimento" e da "seleção".

O conceito de *semiosfera*, cunhado por Lotman, foi inspirado no conceito desenvolvido pelo geoquímico russo Vladimir Vernadsky (1863-1945), a partir do conceito do cientista suíço Edouard Zuss, a *biosfera*. A biosfera é o estrato da crosta terrestre que é modificada pelos organismos vivos. A biosfera é limitada pela água e pela luz solar. A profundidade do mar limita a vida em cerca de três quilômetros e, na atmosfera, a altitude limite também atinge alguns quilômetros. Nos diferentes ambientes da biosfera a vida é condicionada pela presença e ausência de diferentes substâncias. Ela é disposta sobre a superfície do planeta e abarca todo o conjunto da matéria viva. A biosfera transforma a energia radiante do sol em energia química e física. Toda a vida, sem exceção, ocorre dentro da biosfera, e o homem é uma função dentro dela.

Lotman, de forma análoga, cria o conceito de semiosfera e a define como espaço da cultura, no qual os diferentes textos circulam, se reproduzem, se articulam e se relacionam assimetricamente, perfazendo um *continuum* semiótico. Também pode ser definida como

> espaço de produção da semiose na cultura, portanto, de coexistência e coevolução dos sistemas de signos [...] é o espaço semiótico necessário para a existência e funcionamento da linguagem e da cultura com sua diversidade de códigos. Fora desse espaço, não há comunicação, não há linguagem, e é impossível a existência da própria semiose.[9]

A semiosfera se caracteriza por duas marcas distintivas:

a) Ela tem um caráter delimitado: um dos conceitos fundamentais para a constituição da semiosfera é o de *fronteira*. Como diz Lotman: "a fronteira semiótica é a totalidade dos tradutores-filtros bilíngues, por meio dos quais, passando um texto, ele se traduz a outra linguagem".[10] Ou seja, a semiosfera é sempre limitada, refere-se a um conjunto de textos que, por sua vez, se diferenciam dos textos alosemióticos, ou seja, da não cultura. Neste caso a fronteira garante a individualidade semiótica interna e é também o espaço de tradução do não texto em texto, ou seja, de semiotizar os fatos não semióticos incorporando-os à cultura.

A fronteira é, portanto, um mecanismo bilíngue que traduz as mensagens externas à linguagem interna da semiosfera, e vice e versa. Para uma determinada semiosfera, a realidade só se transforma em "realidade para si" na medida em que seja traduzível à linguagem da mesma. A fronteira é uma espécie de película que filtra o externo e o elabora, adaptando-o. É na *periferia* do sistema da cultura que ocorrem as transformações que só depois serão assimiladas pelo centro. Esta periferia garante a unidade interna do sistema e a sua transformação por meio da tradução de linguagens exteriores. Pode-se dizer, nesta perspectiva, que a cultura se move em direção à sua periferia, à sua fronteira. Trata-se de um conceito tão importante na semiótica da cultura, que Lotman chega a afirmar que "a valorização do espaço interior e exterior não é significativo. Significativo mesmo é a própria existência de uma fronteira".[11]

Este conceito parece ser muito interessante para analisar as mudanças e transformações no campo religioso. O que é visto como ameaçador, herético, ímpio, do outro lado da fronteira, ajuda na definição interna de dada cultura

---

[9] MACHADO, op. cit., pp. 163-164.
[10] LOTMAN, I. M. Acerca de la semiosfera, cit., p. 24.
[11] Ibid., p. 29.

(oposição cultura – não cultura), mas também é traduzido pela fronteira e, uma vez assimilado pela fronteira de um sistema, pode ser inserido e transferido para o centro desta. Podemos encontrar muitos exemplos na aceitação de práticas híbridas de religiosidades populares ou mesmo na inclusão de práticas antes condenadas da religiosidade mágica, que com o tempo são assumidas como centrais por grupos mais tradicionais. Estes processos são acelerados por meio das traduções realizadas entre os signos discretos e icônicos nos textos religiosos.

b) Ela é marcada pela irregularidade semiótica: o que é visto como espaço "não semiótico" por um observador, pode ser espaço de outra semiótica. A posição do observador determina por onde passa a fronteira. Esta questão de perspectiva se complica pela *irregularidade interna obrigatória* como lei de organização interna da semiosfera. O espaço semiótico se organiza entre espaços centrais mais organizados e espaços periféricos mais amorfos. Quando há choques de textos esta irregularidade tende a ser esquecida, como se houvesse um choque no mesmo nível.

A não homogeneidade dos sistemas semióticos gera reservas de processos dinâmicos favoráveis à produção de novas mensagens. As culturas nucleares tendem a criar sistemas de autodescrição. Isto as torna mais rígidas e menos aptas a mudanças. Pelo contrário, na periferia a cultura tende a ser mais aberta à tradução, ao contato com o exterior, estando desta forma mais apta à produção de novos textos. Desta forma, no centro os desenvolvimentos semióticos são lentos e na periferia, mais rápidos. Isto cria condições para alterações de posição centro-periferia. Por ser estruturalmente heterogênea há na semiosfera diferentes ritmos de desenvolvimento. Apesar da heterogeneidade, as partes do todo se correspondem (a consciência individual, o texto, o conjunto da cultura), eles formam um todo como num organismo. Podemos constatar esta dificuldade em grupos religiosos mais estruturados e com teologias voltadas para o cultivo e desenvolvimento de sua identidade. Já grupos populares, marginais ou menos dados à autodescrição, são mais abertos a alterações em seus sistemas.

Na semiosfera se constitui um sistema dialógico: há a necessidade de interlocutores no sistema dialógico e de um ritmo discreto de entrega dos textos. O texto no diálogo, a despeito de ser transmitido por dois parceiros, deve formar um *texto único*, ainda que seja um texto em língua estrangeira para eles. "O texto transmitido deve, adiantando-se à resposta, conter elementos de transição à língua alheia".[12]

O intercâmbio dialógico de textos não é facultativo, mas constituinte do processo semiótico. A própria consciência é um intercâmbio de mensagens: sem comunicação a consciência não é possível. E aqui a semiosfera é de importância central, pois ela antecede à linguagem particular. Sem semiosfera não há linguagem. Ela é global, incluindo os sinais dos satélites, os versos dos poetas e os gritos dos animais etc.[13]

A semiosfera possui também um elemento diacrônico, pois está dotada de um complexo sistema de *memória*.

"O desenvolvimento dinâmico dos elementos da semiosfera (as subestruturas) está orientado para a especificação dos mesmos e, por conseguinte, para o aumento da variedade interna da mesma." A possibilidade de organização e de diálogo, por um lado, e a criação de novas mensagens, por outro, é garantida pela combinação dos princípios de simetria e assimetria. "A possibilidade de um diálogo pressupõe, de uma vez, tanto a heterogeneidade como a homogeneidade dos elementos".[14] Todo o sistema é determinado pela necessidade de *incompletude na cultura*. Isso gera dois mecanismos: potencial de modelização (habilidade de descrever tantos objetos quanto possível ou de declarar estes objetos como "não existentes") e, devido a sua natureza sistemática, atribuir sistema ao que é amorfo. Isto nos remete à função explicativa dos textos religiosos. Os sistemas religiosos precisam explicar o mundo e, por isso, se tornam enciclopédicos.

Religião como texto

Diante dos sistemas dualistas de classificação dos discursos religiosos na história e na contemporaneidade, sugerimos uma abordagem dinâmica que incorpore estes diferentes discursos religiosos sem harmonizá-los ou reduzi-los a qualquer categoria estreita. Os conceitos de texto e de semiosfera da semiótica da cultura nos permitem compreender a dinâmica textual da religião em suas

---
[12] Ibid., p. 34.
[13] Ibid., p. 35.
[14] Ibid., p. 36.

funções de preservar informação (reorganizando-a), mas principalmente de promover a formação de novos textos. O que é um problema, como entropia, para discursos normativos e para metodologias classificadoras, pode ser compreendido de forma dinâmica, como a função prioritária da cultura e da linguagem, que é a produção de novos textos.

A cultura não é um universo harmônico, totalmente homogêneo. Não há, portanto, espaço para ingenuidades e idealizações na análise da cultura. A cultura é assimétrica em sua estrutura, sendo estratificada em diferentes níveis hierárquicos, organizados na relação centro-periferia. Como aponta Lotman (e, em certo sentido, também Mikhail M. Bakhtin), a cultura tende, movimenta-se para sua periferia, para a tradução daquilo que está fora dela, para transformá-lo em algo que possa ser compreendido por ela. Neste jogo, tanto o centro como a periferia se transformam.

O conceito de *tradução* é central para entendermos as transformações do campo religioso. Os discursos religiosos da sociedade são extremamente variados, semântica e estruturalmente. Vemos o tempo todo conceitos de uma cultura sendo relidos em outra, observamos, desta forma, textos transformados em imagens, oralidade em escritura, processos de inversão e circularidade. Por fim, um símbolo, um discurso, uma narrativa que pertencia à periferia pode, após longo processo de tradução e ressignificação, ser encontrada no centro da cultura, transformada é verdade, mas com elementos preservados pela memória da cultura. O sincretismo nesta dinâmica não é um luxo, nem um defeito, é uma característica fundamental da cultura e de sua linguagem. A religião, como forma simbólica maior, mais densa (junto com as formas artísticas), é a mais sincrética.

Nesse sentido os processos da religião como texto, como texto da cultura, são imprevisíveis. Eles só podem ser previsíveis na imobilidade e na lentidão de suas metalinguagens. Estas estão ajustando seu foco sobre o fenômeno religioso no presente, buscando causalidades no passado e projetando desenvolvimentos para o futuro. Assim, em alguns semestres estes se tornarão história da pesquisa. O foco será ajustado novamente: o campo religioso e suas expressões, seus textos, já se moveram, se tornaram outros. Nesta perspectiva não faz sentido tornar-se guardião de ortodoxias ou dos clássicos. As fronteiras são pulsantes, prontas a devorar o outro, a traduzi-lo de forma a trazê-lo para dentro de seus limites, para antropofagicamente comê-lo e regurgitá-lo.

Às metalinguagens e suas previsões escapam as transformações dos textos. O poliglotismo da linguagem é incontrolável. Fazer hermenêutica dos textos religiosos requer hermenêuticas ágeis e incansáveis.

Considerar o conceito semiótico de texto pode ter efeitos muito dinâmicos para os estudos de religião. Tomemos um caso como o dos estudos bíblicos (poderíamos ter tomado estudos de Talmude ou do Alcorão, como exemplo). Na perspectiva tradicional há várias formas de segmentar este campo de estudos. A mais comum é a de classificar os textos como canônicos ou não canônicos, ou seja, como sendo de dentro ou de fora da cultura. Isso pode ser traduzido em diferentes oposições: ortodoxo versus herético (nos casos mais extremos), ou de maior historicidade versus de pouca ou nenhuma historicidade (em práticas acadêmicas contemporâneas).

De fato, os textos que hoje chamamos de canônicos já passaram por processos de tradução por meio dos textos que convencionamos chamar de apócrifos. Ou seja, os gêneros (evangelhos, atas, apocalipses) sofreram interferências sincréticas de gêneros helenísticos (viagem aos infernos, combate entre magos) e de temas folclóricos (os milagres deixam a discrição da tradição judaica para se tornarem mais fantásticos e exibicionistas). Um estudioso preocupado tão somente com tradições originárias, mais antigas, pode se sentir pouco interessado no estudo da literatura apócrifa. Mas, para um cientista da religião interessado em aumento de informação (diga-se, informação histórica da cultura!), em inserção de enredos, temas, personagens, em narrativas que traduzem os textos bíblicos do passado para novas gerações (no caso do Novo Testamento), os apócrifos se tornarão fontes imprescindíveis para o estudo do próprio Novo Testamento.

Pode-se dizer sem exagero que é na literatura apócrifa que temáticas bíblicas são *traduzidas* para a cultura popular europeia da antiguidade tardia e da alta Idade Média. Os temas apócrifos são então incorporados, sem discriminação em relação ao material canônico, na hagiografia e na iconografia. Até este ponto o material passou por muitas traduções semióticas: da tradição oral, no movimento de Jesus, à escrita dos evangelistas, ao filtro das tradições populares, à escrita dos evangelistas apócrifos, a novos filtros da tradição popular, a sincretismos com narrativas folclóricas, à hagiografia, à tradução imagética, às narrativas visionárias medievais, e assim por diante. Estes processos são impredizíveis. O historiador só pode percebê-los, descrevê-los e analisá-los *a posteriori*. Devido às múltiplas traduções por que passam os textos na fronteira da semiosfera, as teorias da cultura e da história não são capazes de prever a criação de novos textos.

O mesmo processo de tradução dos textos bíblicos pode ser acompanhado em leituras contemporâneas de certos conjuntos de textos. Tomemos como exemplo as narrativas de milagres dos evangelhos. Os milagres sempre foram lidos com acentos específicos em distintos momentos da história. Dessa forma, não estamos vivendo um momento novo nas práticas que encontramos no mundo evangélico contemporâneo, no que chamo de leitura mágico--desafiadora dos milagres. Com esta expressão quero me referir aos milagres como modelos de desafio da divindade a partir de um ato de fé que prende a divindade à intenção do fiel. O fenômeno não é totalmente sem precedentes, como podemos ver numa comparação com os Papiros Mágicos Gregos. Mas nesta leitura contemporânea, especificamente, o milagre bíblico é apenas uma metáfora para outro milagre: curas, sucesso econômico ou sucesso amoroso. Comparemos alguns modelos de textos da cultura sobre os milagres:

a) No mundo bíblico, de forma geral, o milagre era uma afirmação sobre a dignidade do milagreiro. Por isso estes relatos estavam voltados para a missão aos gentios nas origens do cristianismo. Sua eficiência mágica, a ausência de mediações institucionais, de sacerdotes, era prova de que o milagreiro era um homem divino. Por essa razão as narrativas dos evangelhos eram desprovidas de excesso de detalhes. O milagre (ainda que importante) não se sobrepunha ao milagreiro.

b) Nos apócrifos e, em especial, na hagiografia, o milagre é tornado mais fantástico, é descrito com mais detalhes. Eles se multiplicam na hagiografia. O fantástico e o milagreiro se confundem. Eles definem o caráter especial do homem santo.

c) Na piedade popular católica, o milagre é entendido como uma forma de relacionamento da divindade com o ser humano. Demonstra sua compaixão e misericórdia. As madonas também se tornam milagreiras, mães compassivas. As imagens tornam-se objeto de veneração e destino de peregrinação. O contato com elas desencadeia o milagre. Próximo ao santuário há um lugar de depósito de lembranças dos milagres (*ex-votos*). A peregrinação é um ritual de celebração, de busca e de agradecimento do milagre.

d) Na pregação dos missionários protestantes no Brasil do século XIX e meados do XX, os milagres bíblicos eram ações verdadeiras, sobrenaturais. São os únicos milagres admitidos como verdadeiros, contrastando com os milagres falsos dos santos e das crendices populares. Ao se transformarem em milagres sobrenaturais, há uma tradução científica dos mesmos. Tornam-se provas, não da dignidade do milagreiro, nem de sua compaixão para com os miseráveis, mas provas de realidades metafísicas que, no entanto, não conflitam com o bom senso e com a ciência, por serem excepcionais.

e) Nos movimentos pentecostais os milagres são prova do poder de Deus, de sua unção, sobre o grupo e sobre os seus líderes. Mais do que objetivos em si mesmos, eles são sinais visíveis de batismo no Espírito Santo no grupo, provas de uma vivência "avivada" do evangelho.

f) Nos movimentos pentecostais contemporâneos (também chamados de neopentecostais) há uma mudança deste texto da cultura: o objetivo não é o milagre em si mesmo, tal como narrado no texto bíblico, tampouco uma exaltação do milagreiro bíblico, e podemos dizer que não há quase nenhuma ênfase na misericórdia da divindade ou do milagreiro para com os desvalidos. O milagre é um modelo de relação com o poder da divindade: de desafiá-lo, de amarrá-lo, de obrigá-lo ("Deus é fiel") a outro milagre, este sim importante: cura, sucesso financeiro e amoroso.

Os modelos C a F coexistem e há formas intermediárias entre eles. E cada um deles pode ser lido como *textos em diálogo*.

O que acontecerá, no futuro, com as narrativas milagrosas e com o tema da divindade que faz milagres? Não podemos saber. Qualquer previsão fica a cargo das preferências do intérprete. E terão que ser corrigidas nas análises científicas do futuro. Não sabemos como esta narrativa vai se transformar do centro para a periferia, nem com que linguagens ela será traduzida. Agora, além de relatos orais, oferecidos nos testemunhos nos cultos, ou do texto escrito lido individualmente, encontramos testemunhos televisivos, dramáticos, reencenações, recriações do real, com uma linguagem altamente estereotipada e sofisticada pela técnica dos meios de comunicação. E o texto bíblico é reencenado e relido ali também, de forma altamente sincrética. Ou seja, o milagre envolve as linguagens da palavra, do gestual, da modulação da voz na pregação, no testemunho, na música.

Neste breve exemplo percebemos como em torno do tema do milagre e da interpretação de textos bíblicos de milagres há um campo textual em desenvolvimento, em reajuste constante de seus limites. O que antes era extracultural – o milagre como magia, o amarrar, o exorcizar de maldições de família etc. – se transferiu para o centro da cultura religiosa evangélica.

O estudo destes conceitos da semiótica da cultura também poderá ser muito frutífero para a aproximação das Ciências da Religião com um campo por elas relativamente desconsiderado: as artes e a estética. Se numa perspectiva sociológica as relações entre sociedade e religião e entre sociedade e arte podem ser descritas dentro de um esquema estrutura – superestrutura –, na perspectiva da semiótica da cultura há possibilidades de aproximação muito mais dinâmicas, uma vez que tanto a religião como a arte são consideradas textos criativos e imaginativos de realidade semiótica.

O desenvolvimento da espécie humana e o surgimento de uma cultura humana estão necessariamente ligados à criação dos primeiros textos da cultura. Os primeiros vestígios de cultura humana incluem tanto instrumentos (pedras lascadas) quanto práticas de sepultamento ou pinturas rupestres com indícios de gestos religiosos.[15] Os textos imaginativos e criativos da cultura possibilitam uma relação humana com o cosmo, tornam-se o que Ivan Bystrina cunhou de *segunda realidade*. Não se trata de uma segunda realidade acessória, mas sim da realidade da cultura *por meio da qual* lidamos com o real. Aqui temos uma ligação profunda com a criação de ficções por meio das quais vivemos. São textos que nos vestem, que dão cor e forma à nossa existência biológica. Nesse sentido, na perspectiva da cultura como texto e de textos imaginativos e criativos como nossa forma humana de lidar com o real, o estudo, por exemplo, da literatura, das criações ficcionais sobre as quais falamos sobre o mundo, não são exercícios ociosos e descartáveis, mas atividades criadoras fundamentais, como as próprias criações simbólicas do universo religioso.

---

[15] SPIVEY, Nigel. *How Art Made the World*. A Journey to the Origins of Human Creativity. New York: Basic Books, 2005, pp. 16s.

Referências bibliográficas

ARÁN, Pampa Olga. Iuri Lotman: actualidad de un pensamiento sobre la cultura. *Escritos* 24 (2001), pp. 47-70.

_____; BAREI, Silvia. *Texto, memoria, cultura*. El Pensamiento de Iuri Lotman. Códoba: El Espero Ediciones, 2005.

BYSTRINA, Ivan. *Semiotik der Kultur*; Zeichen, Texte, Codes. Tübingen: Stauffenburg, 1989.

LOTMAN, Iuri M. *La Semiosfera II*. Semiótica de la cultura, del texto, de la conducta y del especio. Valencia: Frónesis, 1998.

_____. *La Semiosfera I*. Semiótica de la cultura y del texto. Valencia: Frónesis, 1996.

_____. *As três funções do texto*; por uma teoria semiótica da cultura. Belo Horizonte: FALE/UFMG, 2007, pp. 13-26.

_____. La semiótica de la cultura y el concepto del texto. *Escritos* 9 (1993), pp. 15-20.

_____. On the semiosphere. *Sign Systems Studies* 33.1 (2005), pp. 205-229.

_____. *Cultura y Explosíon*. Lo Previsible y lo Imprevisible em los Processos de Cambio Social. Barcelona: Gedisa, 1999.

_____. *Universe of the mind*. A Semiotic Theory of Culture. Bloomington: Indiana University Press, 2000.

_____; Uspensky, B. A. On the Semiotic Mechanism of Culture. *New Literary History*, v. 9, n. 2 (Winter, 1978), pp. 211-232.

MACHADO, Irene. *Escola de semiótica*; a experiência Tártu-Moscou para o estudo da cultura. São Paulo: Ateliê/FAPESP, 2003.

MELETINSKI, Eleazar M. *El Mito*. Literatura y folclore. Madrid: Akal, 2001.

SCHNAIDERMAN, Bóris. *Semiótica russa*. São Paulo: Perspectiva, 1979.

SPIVEY, Nigel. *How Art Made the World*. A Journey to the Origins of Human Creativity. New York: Basic Books, 2005.

TOROP, Peeter. Semiosphere and/as the research object of semiotics of culture. *Sign Systems Studies* 33.1 (2005), pp. 159-173.

Hermenêutica fenomenológica e a tematização do sagrado

*Rui de Souza Josgrilberg**

Introdução: a inquietação originária como inquietação hermenêutica

> *Factus eram ipse mihi magna quaestio*
> (Agostinho, *Conf.*, IV.4.9.)

O modo de ser hermenêutico

A hermenêutica possui raízes no modo de ser humano e reflete uma inquietação profunda em buscar e dar sentido: é essencial no ser humano o "ser intérprete". Essa inquietação profunda é o desejo que se descobre: o desejo inquietador vive no entrelaço e passagem do espírito à carne e da carne ao espírito. Essa passagem é um acontecer em seu modo de ser no mundo. *Epithymia* (grego, desejo), do inquieto desejo entre negação e satisfação, até a *boulé* (grego, vontade), vontade livre e vivida no espírito, do espírito que não se contém, marcada por conflito, desencontro, contradição de si para si, fissura, desproporção, e leva o ser humano à busca da transcendência de si, no mundo, no outro, em Deus. Inquietação originária é o nosso modo de ser ante as possibilidades existenciais. Interpretar é uma ação inscrita na existência, em nosso esforço de ser. Uma das manifestações mais ricas dessa inquietação provém dos difíceis caminhos da constituição de mundo/mundos e de si mesmo em relação à experiência do sagrado.[1]

---

* Doutor em Sciences Religieuses pela Université de Strasbourg, é professor titular da Universidade Metodista de São Paulo. Tem experiência na área de Teologia, com ênfase em Teologia Sistemática.

[1] "Sagrado" é ainda, apesar da ambiguidade e relatividade que acompanha todo conceito, a melhor expressão para descrever a esfera de experiência à qual nos referimos. Muito da crítica a que se faz ao conceito me parece injustificada. *Sacer, sanctus, hágios, kadosh*, são expressões que têm em comum o designarem "algo à parte", "separado". Já o alemão *Heilige* e o inglês *Holy* apontam para algo inteiro, intacto, e daí, também, saudável, salutífero. O termo sagrado, muito em uso no pensamento antropológico francês, pertence ao primeiro grupo e

No pensamento contemporâneo é quase impossível ignorar a hermenêutica. Ela tem ambição de reorientar uma série de questões mal resolvidas na modernidade e, ainda, abrir um campo de investigação próprio, voltado para textos, através da abordagem do *fenômeno do mundo vivido nele mesmo* (Schleiermacher, Dilthey, Husserl, Heidegger). A hermenêutica, depois de surgir como hermenêutica especial, como a hermenêutica bíblica, por exemplo, se erigiu em uma hermenêutica geral, abrangente, filosófica, fenomenológica, ontológica, e que interage com as hermenêuticas especiais.

O ser humano está envolvido na tarefa interpretativa continuamente. E o faz com pressuposições. Não há ponto de partida puro. Para se compreender, precisa interpretar a si mesmo também nos sedimentos da história. Ele se reconhece interpretando-se em suas obras; seu trabalho produz uma documentação historiante de si mesmo, essencial para nossa compreensão. São discursos, textos, narrativas, relatos, livros, obras de arte, monumentos, edifícios, documentos, descobertas arqueológicas, mitos, memórias, saberes, instituições, costumes, tradições etc. em que o espírito humano imprime sua marca. Essas obras que permanecem são signos temporais que precisam ser interpretados. Sem esses signos, em que o espírito se objetiva em significados, o ser humano não chega a si, não trabalha o autorreconhecimento. A passagem pelas obras do espírito (cultura) é essencial. É por aí que o ser humano se traduz e se interpreta. De algum modo o ser humano investe muito na preservação dos testemunhos de si mesmo através do tempo, porque intui a importância de preservar suas preciosidades culturais. O ser humano é um produtor de "arquivos de humanidade" que ele traz à luz por uma estranha atividade arqueológica de si mesmo em muitos níveis. Este "ser de arquivos" existe em função do seu ser interpretador. Uma parte importante desses arquivos é encontrada no acervo de textos religiosos guardados, transmitidos, desenterrados, decifrados, e que significam uma parte decisiva de nossas *archés* (= origens, palavra aportuguesada do plural grego: *archai*).[2]

---

parece-me uma designação relativamente mais adequada para o objeto da experiência religiosa. Cf. TERRIN, A. N. *O sagrado off limits*. São Paulo: Loyola, 1998, p. 55. Sagrado e religião não são usados aqui como equivalentes. Sobre "sagrado" e "religião", cf. as observações de Osvaldo Luis Ribeiro, "Experiência do sagrado" e "religião". Análise do Prefácio de *Origens*, de Mircea Eliade. Disponível em: <http://www.ouviroevento.pro.br>. Ver no site a tese de doutorado do autor *A Cosmogonia de inauguração do templo de Jerusalém – Sitz im Leben de Gn 1,1-3 com o prólogo de Gn 1,1-2.4a*.

[2] Origens, as nossas *archés*, não significam começo ou início temporal, histórico. Nem todo traço arqueológico aponta para as *archés*. As *archés* não são começo, nem têm fim. As *archés* revelam o originário, o sempre presente

A reviravolta hermenêutica

A hermenêutica, desde Schleiermacher, gira entre dois aspectos essenciais da existência: a *contingência histórica* e a *linguagem*. É na contingência histórica e por meio da linguagem que Dilthey traz à luz e amplia o fenômeno da *compreensão* (*Verstehen*), a esfera humana ou o horizonte humano de interpretação da vida. A compreensão apreende as relações e significações que envolvem a vivência do intérprete. Compreensão é dada no retomar a vida expressa em signos, sem manter-se na exterioridade da expressão (exterioridade de explicações), mas tomando-a na vivência da qual nasceu. Este apelo à experiência vivida é essencial ao trabalho de compreensão. A compreensão é, segundo esse filósofo, o órgão das ciências humanas. A prática hermenêutica se desenvolveu, por outro lado, em torno de textos. Ela teve seu início como arte e técnica sobre questões e interesses específicos, como foi, por exemplo, a interpretação de textos da Bíblia. A teoria hermenêutica surgiu a partir do século XIX como passagem da exegese à hermenêutica geral. Em Dilthey ela foi colocada como base das ciências humanas, de tal modo que Ladrière as classifica como "ciências hermenêuticas". Em Heidegger, e com o aporte esclarecedor da fenomenologia, ela quase se funde com a própria filosofia.

Heidegger resgata a hermenêutica diltheyana (tanto Schleiermacher quanto Dilthey eram lembrados por outras contribuições, mas a respeito da hermenêutica estavam imersos no esquecimento) com o apoio da fenomenologia e situa-a em relação à questão do ser. A hermenêutica adquire sentido ontológico enquanto existência voltada para a interpretação fundamental (sentido do ser). As implicações hermenêuticas destes desenvolvimentos serão mais bem explicitadas, enquanto hermenêutica propriamente dita, nas obras de Gadamer e Ricoeur.

Com a historicidade posta à raiz do conhecimento e com a linguagem vista pelo fenômeno da polissemia, o ponto de partida transcendental kantiano é virado de cabeça para baixo. Não se trata mais da interioridade da consciência, mas do movimento de sair dela pela experiência. O conhecimento visto pelo horizonte da compreensão desloca toda preocupação com a teoria do conhecimento: ela não será mais centrada nem no sujeito

dentro de um modo de ver. As *archés* margeiam o mistério. E são revelações e ocultações do mistério essencial que envolve o ser humano.

que conhece, nem no objeto conhecido, nem na relação entre os dois polos: a nova ideia de compreensão nos brinda o conhecimento em seu "como" ou o modo da existência efetivar o sentido das coisas. A vivência (*Erlebnis*) é nossa complexidade ativa e integradora de dar sentido. Através dela se sedimentam as formas primeiras de significação. A vivência é acolhedora do mundo. O mundo, antes de qualquer outro modo, é mundo vivido. Falar e exercitar a compreensão possui uma relação solidária que deve ser explorada como conhecimento. A hermenêutica antecede uma teoria do conhecimento, e para alguns filósofos ela a substitui (Heidegger, Gadamer). Entre a pressuposição de uma dimensão transcendental humana prévia e experiência originária, temporal e histórica de mundo, encontramos o eixo articulador nesta última, na *experiência originária e histórica, linguística e compreensiva*, com a qual revestimos o mundo com sentido. O transcendental não é dado antecipadamente como constituição transcendental do sujeito. O transcendental não vem antes, mas vem com a descoberta mesma do sujeito como projeto histórico, como possibilidade histórica. Paradoxalmente, os *a priori* das ciências são dados como reguladores *da* experiência *na* experiência, isto é, *a posteriori*. Mais que pura determinação *a priori*, temos uma circulação histórica entre os *a priori* e os *a posteriori*, o que contraria a oposição clássica do kantismo entre forma e conteúdo com a prioridade dada à forma.

A tarefa hermenêutica contemporânea se descola da "técnica" e da "arte" interpretativa para se colocar no jogo hermenêutico das questões que afetam o modo de ser humano no mundo e o(s) mundo(s) em que(nos quais) o ser humano vive. O sentido de um texto antigo ou recente levanta questões de fundo ontológico. Ela (a hermenêutica) se resolve em uma hermenêutica fenomenológica e filosófica.

Inquietação originária e o sagrado

Quando falamos de experiência do sagrado, algo é dito concomitantemente sobre o ser humano e sobre algo em nossa experiência que excede o sentido de campos semânticos do discurso racional. Uma hermenêutica da condição humana diante do sagrado, da qual nos ocupamos aqui, provém, como vimos antes, da tradição que interpreta essa condição como uma *inquietude originária* que tem sua gênese no nosso modo de ser *no e diante de* um mundo que se manifesta.[3] Para Ricoeur, essa inquietude traduz uma não coincidência do ser humano consigo mesmo em termos de desejo e vontade. Ser de desejo (eu desejo) e ser de vontade (eu quero) e ser de resposta (eu respondo à interpelação) entre a carne e o espírito, esse ser *concreto* destrona o cogito pensante de Descartes. O ser humano vive sua existência originária não como dedução ou cálculo, mas como interpretação. "Diante de..." não significa primariamente uma questão epistemológica, mas uma questão hermenêutica. "Mundo" e "ser-no-mundo" do ser falante delimitam a condição hermenêutica originária. "Mundo", que não é um objeto de conhecimento, é um horizonte de sentido. "Mundo" significa na fenomenologia o mundo-fenômeno, horizonte onde as coisas significam e onde os horizontes menores se inserem no horizonte do mundo. Trata-se, pois, de uma hermenêutica das transformações de uma disposição de fundo de si mesmo e das significações, da motivação originária que nos impulsiona a nos expressarmos.[4]

Na contingência histórica da experiência (faticidade em Heidegger) nossa aproximação do sagrado renuncia a qualquer pressuposto metafísico ou dimensão transcendental prévia no ser humano. Trata-se de ver a existência como uma abertura do ser humano para o mundo que se traduz como uma *inquietação hermenêutica*. Não é exclusiva do sagrado. A inquietação hermenêutica aparece em todo vigor nas ciências da interpretação que trabalham com a linguagem escrita e os textos, como são em geral as ciências humanas e, em especial, a filosofia, a teologia, a religião, a ética, que seriam inimagináveis sem o inquieto e incessante trabalho de interpretar textos. A inquietação originária é experimentada em muitas perspectivas, mas pode ser descrita de modo geral como apropriação de nosso esforço de existir e desejo de ser.

---

[3] "Originário" exprime menos as origens temporais ou fundamentação transcendental que a *originariedade existencial*, possível de ser visada e imaginada na compreensão e *no modo de ser* de nós mesmos. "Diante de..." é uma forma de exprimir a condição humana enquanto consciência intencional (consciência é consciência de...) em um sentido mais existencial de nosso comportamento aberto para o mundo que se dá enquanto mundo vivido. "Diante de..." implica em acolher o mundo fenomenologicamente.

[4] Cf. o grego *phrontís* e *thaumázein*: os gregos reconheceram que o começo da filosofia provém do espanto abissal diante do que se manifesta e que nos perturba e nos desloca para a linguagem que expressa esse cuidado, a angústia do sentido e dos limites da existência, inquietação do espírito que, passando por Agostinho, Pascal, Kierkegaard, Heidegger, Gadamer, Lévinas, Ricoeur, *caracteriza originariamente o ser humano na busca de si e do sentido das coisas*.

Nessa disposição humana diante do mundo como *inquietude fundamental em relação ao que se manifesta*, muitas questões se abrem. A experiência do sagrado ocupa um lugar central. Antes que haja manifestação do sagrado está o ser humano. Desejo e inquietude constituem o *a priori* humano que acompanha qualquer outro *a priori* na história. Temos que admitir que se operamos *a priori* apenas como reguladores, *a priori* que antecipam e projetam conhecimentos, esses *a priori* são formados *na* história e *pela* experiência. Alguns autores designam esses *a priori* de *a priori históricos*. Eles não estão na consciência (como em Kant), eles são descobertos fenomenologicamente, isto é, na manifestação das coisas mesmas. Dentre eles, o chamado *a priori* religioso é também um *a priori* histórico (isto é, formado na história, não como uma dimensão humana religiosa prévia do espírito humano).[5]

Hoje, uma abordagem da experiência compreensiva ou da existência encontra seu foro privilegiado na fenomenologia. A fenomenologia opera na dinâmica instauradora de sentido. A experiência religiosa não é exceção. Mesmo que nossa situação no mundo nos ponha *diante de...*, a experiência primeira (vivida) não é algo externo; a ocorrência se verifica na própria existência, movimento de sair de si. Antes de qualquer abordagem que reduza a experiência e vise o processo como exterior a ela (como nas ciências naturais, ou no modo positivista de observação) temos que dar conta do conhecimento que se forma na experiência vivida. A experiência do fenômeno vem antes, e o conhecimento que ela proporciona é um conhecimento primeiro. Fenomenologia quer dizer o acolhimento do mundo que se manifesta em nossa vivência intencional. Ela é a interpretação originária na fonte que acolhe o mundo. É uma interpretação inaugural que se articula com outros caminhos de interpretação. Nela não fazemos a leitura do mundo como um processo externo, pois se trata da leitura da experiência humana de mundo. O fenômeno nos dá o conhecimento preparatório que precede todo outro conhecimento possível. É o único modo que temos para focarmos o sentido nele mesmo e não explicá-lo por outras coisas que são estranhas a ele, embora possam explicá-lo em termos processuais (da ciência). Por exemplo, "ver uma flor" tem um sentido existencial e compreensivo; explicá-lo por neurônios ou pela fisiologia, ou ainda

---

[5] Essa dimensão prévia é admitida por autores como Tillich ("preocupação incondicional") e Eliade (*homo religiosus*). A inquietação originária que tratamos aqui não é a mesma coisa que a "preocupação incondicional" de Tillich que conserva ainda um gosto do transcendentalismo e apriorismo neo-kantiano. *A priori histórico* é usado aqui no sentido husserliano e não no proposto por Foucault.

pela física (ótica) já é uma forma segunda de conhecimento, explicar o ver pelo que não é "ver". O modo inaugural, primeiro, é dado no conhecimento fenomenológico e existencial de ver a flor, que o jardineiro tem. Explorar metodicamente esse "ver" é desdobrar o conhecimento fenomenológico. Do mesmo modo, a experiência do sagrado pode ser explicada por muitos fatores externos e por muitas ciências. Mas se queremos compreender o sagrado a partir dele mesmo, em sua escala, e não explicá-lo por outra coisa que não é o sagrado, só nos resta ampliar a experiência do sagrado como fenômeno primeiro, isto é, antes de qualquer outro modo de explicá-lo.

O sagrado mais nos alcança do que alcançamos o sagrado. O sagrado se manifesta originariamente em *hierofanias* (Eliade). Os desdobramentos históricos do sagrado são ilustrativos e exemplos de um modo de ser essencial que se concretiza em muitos modos. Compreender significa abertura para entender as variações históricas: para a fenomenologia a experiência humana é compreensiva de suas próprias transformações. Para ser compreensiva das transformações ela dispõe de modos de universalidade daquilo que se transforma, em níveis que podem ser explicitados. Cabe á fenomenologia explicitar a manifestação do modo de ser das coisas.

A inquietação originária motivada pelo sagrado reforça a pergunta pelas origens *(archai)* que podem ser compreendidas, isto é, que tenham uma relação com a estrutura da compreensão. Se não temos mais acesso às experiências originárias do ponto de vista histórico, temos acesso pela compreensão das condições necessárias para que a experiência atual pudesse ocorrer. O exame das *archés* incide sobre as virtualidades da experiência e da compreensão. Os textos cujo sentido remete às origens (como os mitos) são verdadeiros *arquivos de humanidade* por sedimentarem uma compreensão das origens (nossas *archés*) projetados pela virtualidade de nossa experiência no passado remoto ou imemorial. Os textos da experiência do sagrado demandam que a compreensão vise os significados com a especificidade que o sagrado exige, mais exatamente, com os sentidos que se sobrepõem a outros sentidos, como no caso dos símbolos religiosos. A estrutura da compreensão, em síntese, que move nossa inquietude mais profunda, elabora essa preocupação com as origens históricas e supra-históricas. A inquietação originária motiva uma busca pelas origens onde a humanidade se interpreta a si mesma. A hermenêutica das *archés* constitui um fundo preparatório para o quadro que possibilita à hermenêutica histórica a sua relevância para o entendimento do ser humano.

Hermenêutica fenomenológica
Hermeneia e *phainomenon-logia*

Hermenêutica, do grego *Hermeneia* (emprestado na história de Aristóteles), significa em geral tradução, interpretação. É necessária onde há polissemia ou expressões com pluralidade de sentidos. O sentido mais geral do termo pode ser "teoria da interpretação". A palavra latina *interpretari* (*inter-pretari*) pode ser traduzida por interposição de sentido ou emprestar um sentido entre possibilidades distintas, entre a expressão escrita de um texto e a compreensão que temos dela, por exemplo. Para Ricoeur o problema hermenêutico teve origem nos trabalhos da exegese, no esforço de compreender um texto, de dizer o seu sentido em vários níveis. Trata-se de dizer algo sobre algo que foi dito. O nó da hermenêutica está justamente no mistério, riqueza e complexidade do *sentido* e sua manifestação em textos. Mistério que abre o sentido sondável no insondável; lembremos que a raiz *my*, que forma as palavras gregas *mythós, mystérion, mystikós*, significa o silêncio e o recolhimento no qual o sentido é recolhido e expresso.

A designação "hermenêutica fenomenológica" nos remete em especial às teorias interpretativas de Paul Ricoeur e Hans Georg Gadamer ("hermenêutica filosófica"), seus principais representantes. Nossa inspiração maior vem da perspectiva ricoeuriana (embora não seja nosso objetivo apresentá-la aqui) e a análise se dedica especificamente ao modo de visar o sagrado da hermenêutica fenomenológica.

No transcorrer do final do século XIX e do século XX, através de Dilthey e Husserl, começou a se desenvolver um método que parte da própria experiência vivida e que através dela chega-se às objetividades dadas. Esse método mostrou-se eficiente, produtivo, e esclarecedor de evidências compreensivamente originárias que permaneciam obscuras quando abordadas pelos métodos tradicionais históricos, empíricos, comparativos, e outros. Mesmo em meio a muitas críticas, o método mostrou-se sólido e profícuo. Aliás, já não podemos falar de *um* método fenomenológico.[6] O próprio pioneiro do método o abordou por aspectos, o modificou algumas vezes, e o deixou como horizonte para novas possibilidades. Com várias modificações introduzidas por

---

[6] Fenomenologia não se reduz a "método", é também uma filosofia primeira e uma ontologia.

diferentes pesquisadores e filósofos, temos muitas versões do método. Inclusive a que foi denominada de *hermenêutica fenomenológica*. "A hermenêutica oferece o terreno que vai de encontro à experiência histórica, enquanto que o método fenomenológico se põe como ação desocultante."[7] Ricoeur fez um enxerto hermenêutico na fenomenologia: "Eu gostaria de caracterizar a tradição filosófica [a qual eu pertenço] em três modos: uma, pela frequentação da filosofia *reflexiva*; outra, por retomá-la no movimento da *fenomenologia* husserliana; e, por fim, pela pretensão de ser uma *variante hermenêutica* da fenomenologia".[8] No enxerto da hermenêutica na fenomenologia, Ricoeur toma a fenomenologia como um primeiro momento da hermenêutica, como um momento da aclaração eidética de conceitos; o segundo momento, da autonomia e da hermenêutica do texto; o terceiro momento, passagem do mundo do texto às questões ontológicas do mundo e de si, uma ontologia que fica a meio de caminho; e da ontologia quebrada, inconclusa e insuficiente, passagem à interpretação dos símbolos (do sagrado) na elucidação da realidade humana e à possibilidade de regeneração exposta em símbolos.

Para a fenomenologia nós não criamos as coisas, os pré-significados, ou entes ideais. A experiência é que nos oferece tais realidades que não se confundem com nossa subjetividade e com o modo pelo qual chegamos até elas. A intencionalidade (da consciência, para Husserl) relaciona nosso modo de ser ao mundo umbilicalmente. *Não há confusão entre nós e o mundo que se manifesta a nós.* Nossa experiência de mundo, da alteridade, da natureza, do tempo, da socialidade etc., possui uma variedade intencional e de perspectivas que fazem jus aos modos da realidade se dar. Entre elas encontramos a experiência do sagrado. O sagrado certamente não é experimentado como uma experiência comum de mundo, de vida, de linguagem, de arte, de jogo, de sociedade e de cultura como um todo. Essas realidades podem interagir com o sagrado, mas não se pode confundi-las.

Um risco constante que a fenomenologia se apressa em descartar é o relativismo historicista. O historicismo coloca tudo a perder quando resume a explicação e a compreensão à história. Se a condição histórica é primordial, ela é também o lugar de experiências do a priori e de componentes essenciais

---

[7] GARULLO, E. *Heidegger*. Roma: Cittadella Editrice, 1974, p. 16.
[8] RICOEUR, P., *Du texte à l'action. II. Essais d'Herméneutique*. Paris: Seuil, 1986, p. 16. Tradução em português, 2009, p. 59.

das próprias coisas. A história não suprime a universalidade que acompanha a experiência da contingência. A re-efetuação da experiência vivida (não a sua impossível repetição) alcança o particular também em sua estrutura eidética[9] onde a significação se origina. Deste modo a experiência do sagrado, geneticamente vinculado a contingências, apresenta elementos que permitem a generalização, como na ciência natural, ou intuição do universal (como na fenomenologia em relação ao modo de ser das coisas: essência = modo de ser). Aquilo que se diz ser a natureza humana deve implicar não só as variações humanas (e do modo de experimentar humano) em diferentes épocas e culturas, mas deve provocar a questão do modo de ser mais originário e universal sobre o que nossa fala se refere. O sagrado enquanto experiência de algo que se dá (e não apenas fantasia subjetiva) alcança generalidade e universalidade. Essa universalidade não é o término, é um começo. Na história a universalidade funciona de modo apenas regulador; a compreensão e a busca da verdade é sempre uma interpretação. Em Ricoeur a fenomenologia cumpre um papel regulador e não fundador.

A tradição hermenêutica[10] teve sua gênese histórica no âmbito do sagrado e seus textos. Desde Ast, Wolff, Boeckh, mas especialmente com Schleiermacher, ampliou-se o horizonte da hermenêutica em torno da interpretação de textos cujo modo de significar permeia a vida como uma relação de parte e todo e todo e parte. As possibilidades da linguagem são deslocadas para o centro das questões. A compreensão envolve a existência e o sentido do mundo e do ser. A vivência (*Erlebnis*) abarca as condições para a compreensão. A hermenêutica coloca em movimento a compreensibilidade da existência humana principalmente em relação a textos. A exegese do texto está entrelaçada com a exegese da vida.

Em Ricoeur a hermenêutica é concebida como uma "via longa" em relação à hermenêutica de Heidegger e Gadamer (que ele designa como "via curta", por encurtar o caminho para o ser, evitando o método, a epistemologia, a teoria do conhecimento, e mediações culturais). Para Ricoeur a hermenêutica é muito mais que método, mas inclui a passagem pelo método. É mais

---

[9] O aclaramento eidético é um trabalho fenomenológico inicial onde uma ideia é evidenciada à parte de seu desenvolvimento histórico; na *epoché* se repassa a vivência imanente com seu objeto, a atenção voltada a estrutura eidética da significação (a teoria implicada nas possibilidades de uma significação); a universalidade salta á vista; esse procedimento de reflexão a partir das vivências intencionais é uma preciosa colaboração para a hermenêutica que acrescenta o modo histórico de manifestação das coisas.

[10] Sobre a história da tradição hermenêutica cf. *inter alia*, GRONDIN, J. *Introdução à hermenêutica filosófica*. São Leopoldo: Ed. Unisinos, 1999.

que método porque é o acolhimento inaugural do mundo. Mas, é também método porque passa por muitas mediações. Na via curta a linguagem não é mais mediação, mas a própria realização do sentido e da ontologia. Heidegger e Gadamer colocam a ontologia na linguagem (a linguagem é a casa do ser, na expressão famosa de Heidegger). Para Ricoeur a linguagem é *mediação* (signo é sempre a intenção de valer um sentido *em lugar de...*), embora mediação criadora, ela tem que passar pela interpretação de expressões da vida que duram, como os textos, monumentos, obras de arte, etc. A hermenêutica tem na linguagem uma mediação necessária e *sine qua non*. É nas expressões da vida que o ser humano se objetiva, segundo Dilthey, e é aí que a mediação hermenêutica é necessária para que o reconhecimento de si e do mundo seja possível. O ser humano se reconhece em suas obras. É um ser preocupado com arquivos porque precisa assegurar o acesso aos documentos da vida. Neles encontramos nossas próprias *archés*. É decifrando signos que existimos. O sujeito nunca é dado diretamente (como no *cogito* cartesiano). O sujeito se reconhece em obras que trazem o sentido humano inscrito nelas e na presença do outro. Em outras palavras, sujeito é uma tarefa de reconhecimento de si fora de si: é uma tarefa hermenêutica. Como no evangelho, é necessário que se perca para que se ache. O sujeito não se re-encontra senão pelo caminho dos documentos que expressam a vida e cultura, decifrados, analisados, criticados, reinventados. A hermenêutica completa um arco interpretativo onde a compreensão de si e do mundo passa necessariamente pelo desvio do outro. O ser sujeito para Ricoeur é, em princípio, ser intérprete de si, do outro, da sociedade, através dos textos da vida sedimentados no tempo.

 O sentido é apropriado indiretamente por meio de signos (que estão *em lugar de...*) e que sempre podem acumular sentido ou ser visto e interpretado em diferentes níveis: em essência o signo é uma mediação polissêmica. A linguagem vivida é irredutível à significação unívoca. Por isso necessita de critérios, de arbitragem, de controle, para que a compreensão tenha um horizonte, e horizonte significa abertura com limites que tem seu começo num ponto de convergência.[11]

---

[11] A hermenêutica ricoeuriana se preocupa com as ilusões e alienações próprias do processo interpretativo. Por isso ele atribui grande importância ao o que ele denomina a hermenêutica da suspeita de Marx, Freud e Nietzsche. Há hermenêutica e há falsa consciência: a hermenêutica precisa, desde o começo, dar-se conta das ilusões que recobrem um discurso. Esses autores mostram para Ricoeur as limitações de uma fenomenologia da consciência, como a de Husserl.

A hermenêutica só é possível onde há *mundos*, mundos enquanto ordens de sentido, que se interpenetram. Interpretar os mundos e a existência nos textos é a motivação hermenêutica mais vigorosa. Isso é possível mediante a *linguagem,* mas não tanto a linguagem dos linguistas, mas a linguagem vivida, captadora de sentido e inventora de sentido. Os mundos se interpenetram como horizontes e a interpretação pode ser vista como uma fusão de horizontes (segundo a feliz expressão de Gadamer). Não só fusão de horizontes, mas na interpretação *projetamos mundo(s)*. Segundo Ricoeur, os textos sedimentam mundos que se delimitam no próprio texto.

A hermenêutica vai muito além da exegese. Sua natureza é filosófica e ontológica em relação aos textos. A experiência é muito ampliada e compreensiva o suficiente para fazer dialogar mundos distantes e promover a compreensão do outro e de si mesmo. A transcendência é um movimento da experiência humana capaz de se autotranscender em direção à transcendência do ser. A transcendência implica o movimento do ôntico (entes) ao ontológico (sentido do ser), e do ontológico para além dele (Ricoeur). Gadamer propõe a permanência nos limites da ontologia, embora a ontologia seja sempre inconclusiva. Como na filosofia heideggeriana o *Ereignis* é uma evento que nos coloca à beira além do ser. Davey assim se expressa:

> Nós nunca sabemos plenamente o que o ser é... parece ser um topos, um lugar que não plenamente atingível, nunca completamente acessível. O ser se apresenta somente como Ereignis (evento), aparecendo de modo relativo a nós no tempo. O argumento re-significa a noção de transcendência: "todo Ereignis é basicamente não apreensível... Ereignis permanece incompreensível porque o ser é precisamente transcendência".[12]

Esse "além do ser" está na origem da *guinada teológica da fenomenologia*.

Hermenêutica de textos – A hermenêutica se desenvolve em torno da questão do sentido do texto. O texto não é a única preocupação hermenêutica; mas é o seu caminho real. Textos "são expressões fixas e permanentemente da vida" (Dilthey): a vida cuja expressão fica armazenada em texto. Eles já são por si interpretações, são *dis-cursos*, isto é, um desvio do curso. Discurso é um evento da linguagem. O *discurso* provoca um exercício primitivo de distanciamento. O discurso é também um evento presente que se diversifica

---

[12] DAVEY, N. *Unquiet Understanding. Gadamer's Philosophical Hermeneutics.* New York: SUNY Press, 2006, p. XIII.

em narrativa, relato, texto. Em cada uma dessas formas assume uma dialética diferenciadora do tempo. O discurso se ultrapassa como evento na significação que flutua no texto. Assim funciona no discurso a intencionalidade da linguagem em relação à estrutura eidética da significação que é transposta em textos. Nele encontramos o elemento alquímico do passado, estruturas, significações, mensagens, que fazem parte das transformações do sentido e de mundos que buscamos compreender. A hermenêutica investiga o sentido em tal ou qual texto, transmitido pela história e é interpretado de muitas maneiras. Nem mesmo um sentido "definido" pelo autor e manifesto deixa de apresentar possibilidades de interpretações diferentes. A hermenêutica busca verificar, imaginar, criar o sentido a partir do texto, sem se contentar com a superfície, e fazendo um trabalho de fazer aparecer o significado além do sentido primeiro, i.e., recriando o(s) sentido(s) latente(s). Como o texto não se repete na interpretação, progressivamente nos damos conta do caráter construtivo e inventivo da hermenêutica.

Nenhuma interpretação acontece sem pressuposições. Chegamos diante do texto com uma pré-compreensão que o recebe. O sentido "puro" ou 'único" constitui-se numa abstração cuja utilidade se resume a fins pragmáticos ou lógicos. Concretamente, o uso da linguagem já é um uso interpretativo. O processo hermenêutico já está presente em quem fala ou em quem escreve. O texto que expressa o sagrado só tem sentido único por um processo violento de abstração e negação da compreensão interpretativa.

O texto em vista daquilo que dá permanência amplia o distanciamento, reduz a subjetividade permitindo ver o texto em sua autonomia que, especialmente o texto escrito, está no cerne da historicidade da experiência humana. Sobre a *escrita*, é a forma mais permanente do texto. Não identificamos texto e *escrita*, mas o texto tem sua melhor expressão na escrita. São diferentes modos de efetivação da linguagem. A linguagem se desloca em diferentes modos e cria diferentes relações com o tempo e com um mundo dado em distintas perspectivas. Esse mundo não é o mundo do autor, não é um pretenso mundo da linguagem (que não possui referência na realidade; o discurso tem significação e mensagem referenciada), nem o nosso mundo de leitor: é o mundo que se estrutura no texto. O texto referencia seu próprio mundo e não outro. A hermenêutica necessita descobrir o mundo que o texto propõe. O texto exprime um mundo. Essas representações de mundo revelam que a hermenêutica promove um diálogo entre mundos diferentemente representados. Na ficção esse mundo é completamente metamorfoseado. Mesmo uma descrição histórica produz uma representação que já não é um mundo externo, mas o mundo do texto.

> O "mundo do texto" é, pois, o objeto propriamente dito da hermenêutica, sendo a sua tarefa primeira deixar aflorar este mundo que o texto desvela diante dele. E uma vez desdobrado diante do texto, ele apresenta-se como proposição de mundo que, ao entrar em contato com o mundo real, o refaz, reconfigurando-o.[13]

A complexidade de um texto e suas relações com a vida é incomensurável. Texto é estrutura e articulação de sentido, mensagem controlada e um mundo confinado em frases. O texto não só pede leitura e interpretação. O texto provoca distanciamentos (autor, leitor) que exigem medidas e critérios de leitura, bem como a reflexão sobre tempos e espaços, mundos culturais que se cruzam, que despertam a consciência histórica. A distanciação é parte do método hermenêutico de objetivação do sentido; e, desse modo, a distanciação é solidária da linguagem e de uma "textualização da experiência". A história que busca significações expressas no passado se faz com textos. Já os historiadores modernos reconheciam que sem textos não se faz história no sentido mais profundo do termo. A história necessita deixar a palavra escrita falar de novo, segundo Gadamer. O sentido do texto não se confunde com a intenção do autor. Todo texto tem uma estruturação própria enquanto texto, significações e mensagens que provocam interpretações por diferentes horizontes. Uma interpretação tem sempre algo de re-invenção do sentido e de re-presentação que nunca é simples reprodução. Assim como não é possível retroceder ao passado ou fazer o passado voltar até nós, não é possível à interpretação "re-produzir" o que está escrito "em outras palavras". O passado só chega a nós por uma re-invenção, uma memória e uma mimese imaginativa que o re-presenta. Esse é o modo pelo qual o passado pode ser re-vivido: por reinventá-lo. Próprio da hermenêutica é o arbitramento entre interpretações existentes e possíveis e o diálogo que permite cruzar algumas leituras em torno de um único texto.

Hermenêutica da suspeita e ideologias - Hermenêutica implica em várias coisas. Implica além das diferenças, de diálogo entre mundos, de

---

[13] SALLES, Walter; SANTOS, Johnny. O mundo do texto e a construção da identidade religiosa no islamismo. *Teocomunicação*, Porto Alegre, v. 40, n. 3, pp. 358-377, set./dez. 2010.

performatividade e demandas éticas, e uma atenção especial para as *inflexões ideológicas*. Podemos notar que mesmo um bom comentário como o de N. Davey, em seu livro sobre Gadamer, ao fazer um inventário destas implicações mais importantes deixa de fora a ideologia:

> (1) implica em diferença, (2) promove uma filosofia da experiência, (3) promove um realismo hermenêutico, (4) a alteridade é compreendida historicamente, (5) reinterpreta a transcendência, (6) implica disposição ética, (7) procura superar as distancias implicadas na alteridade [de mundos e pessoas], (8) afirma uma ontologia da correlação "entre", (9) é uma prática filosófica mais que a prática de um método, (10) constitui uma hermenêutica negativa, e (11) reconhece o mistério do ser linguístico.[14]

Davey reflete na linha de Gadamer, daí sua pouca ênfase no método e quase nenhuma menção à ideologia. Segundo o filósofo Ricoeur, ao contrário, a hermenêutica deve sempre ser um diálogo com as "hermenêuticas da suspeita" (Marx, Freud, Nietszche) uma vez que todo discurso envolve interesses em uma ordem de coisas cujas raízes não são dadas explicitamente. O texto tanto revela como esconde. O texto possui sempre uma dimensão ideológica, bem como toda interpretação. As hermenêuticas da suspeita (como as citadas) funcionam como procedimentos reveladores daquilo que se dissimula no texto. Como a crítica ideológica deve ser também objeto de crítica, Ricoeur aponta as deficiências de uma hermenêutica exclusivamente redutora em não atender o horizonte revelador proposto pelo texto ele mesmo. Todo texto implica uma política de memória. A ideologia é constitutiva do mundo social, das formações inconscientes, das motivações humanas mais profundas. Assim como as tradições, as ideologias são formadoras e deformadoras. Os textos do imenso arquivo de nosso passado se inserem mais fortemente em uma *política de memória* que a hermenêutica historiante não pode ignorar.[15] A compreensão da política de memória é um componente essencial da hermenêutica e implica a hermenêutica da suspeita. Mas, a hermenêutica da suspeita não é toda hermenêutica. Um texto pode ter outras validades que a suspeita não dá conta. Um texto religioso pode revelar dimensões do sagrado que uma hermenêutica da suspeita, por seu caráter redutor, não atinge.

Na América Latina se desenvolveu uma hermenêutica atenta à dissimulação ideológica, em especial, à que serve para manutenção de situações de

---

[14] DAVEY, op. cit., p. XI.
[15] Cf. RICOEUR, P. *A memória, a história, o esquecimento*. Campinas: Editora Unicamp, 2007.

opressão dos pobres. A Teologia da Libertação desenvolveu uma hermenêutica crítica com alguns pressupostos marxistas que ajudaram a explicitar as estruturas de opressão, bem como exigiram uma nova leitura dos significados simbólicos da Bíblia.[16]

Hermenêutica e a virada linguística

Desde a chamada "reviravolta linguística" que a linguagem passou para o centro de preocupações filosóficas e hermenêuticas. A linguagem opera como um sistema contínuo de tradução, transposição, interpretação de sentidos. A linguagem diz o mundo e o ser. ("O ser se mostra na linguagem", segundo Heidegger). Se evitarmos os exageros que afirmam haver sentido somente onde há linguagem, podemos destacar a passagem do sentido não linguístico à linguagem. Essa observação nos aproxima da compreensão que a linguagem é originariamente hermenêutica. É nesta passagem que nos descobrimos diante de..., e, ao mesmo tempo, é onde acontece um essencial distanciamento reflexivo como uma apropriação do texto para pensá-lo. A existência é vivida, interpretada e recriada na mediação da linguagem. O mundo não é encerrado na linguagem (como pretendem filosofias analíticas que apresentam certo déficit de mundo).

Para evitar confusões com concepções outras de linguagem temos que precisar o que é linguagem, e para isso nos valemos da perspectiva de Ricoeur. Se, por um lado, tudo passa pela linguagem para ser interpretado, por outro, há diferença entre linguagem e ser. Mesmo que haja encarnação de sentido na linguagem, há resistência do sentido à própria linguagem. Essa é uma grande objeção de Ricoeur a Gadamer e Heidegger, ao estruturalismo francês, bem como às teorias de Humboldt, Whorf-Sapir:[17] a saber, "que a linguagem não é em si mesma um mundo, não contém um mundo, mas ela está submetida a um mundo e se direciona a um mundo". A linguagem como ação intencional se dirige a algo que não é ela mesma: ela é somente *diante de...* A expressão de Gadamer "o ser que pode ser compreendido é

---

[16] Sobre o assunto, cf. PANSARELLI, D. Verdades e interpretações. A filosofia hermenêutica no contexto latino-americano. In: PANSARELLI, D.; PIZA, S. (orgs.). *Filosofia e modernidade*. São Bernardo do Campo: Editora da Universidade Metodista de São Paulo, 2008, pp. 45-54.

[17] Cf. sobre a citada objeção de Ricoeur, D'AGOSTINI, F., *Analíticos e continentais*. São Leopoldo: Editora Unisinos, 2002, pp. 416-430.

linguagem" é ambígua e pode ser interpretada como se "mundo" (que não objeto) fosse um horizonte intralinguístico. A supressão da diferença leva a um panlinguismo que, como Midas só pode se relacionar com ouro, suprime a diferença ontológica entre linguagem e ser. Porém é evidente que a ontologia precisa lutar com a resistência do sentido e dialogar com outras instâncias de sentido. Não é possível, segundo Ricoeur, suprimir método em favor da linguagem-ser. A *linguagem* não é um mundo e implica em um discurso vivido que referencia o mundo. A experiência de transpor o mundo em linguagem não é a linguagem como sistema, nesse caso o sistema como pura virtualidade. O conhecimento de signos acompanha o conhecimento das coisas. A linguagem é mediação incontornável do conhecimento em nível humano. Mas, o conhecimento não se alimenta no interior da língua. O conhecimento é aberto pela linguagem, mas não é determinado pelos signos em si. Porém, o patrimônio linguístico permite muitos *usos*, como nos discursos sobre o sagrado e a religião. Por colocarmos o mundo em muitos e variados discursos, a hermenêutica tem que se posicionar diante da variedade de narrativas e estilos. Não é possível transcender a linguagem, mas as resistências a ela são reais. Nem tudo é linguagem. A linguagem pressupõe o pré-linguístico.

O sentido é o lado mais misterioso da linguagem e onde as teorias revelam mais suas fragilidades. A linguagem promove uma apropriação de sentido em um novo ambiente estrutural e sistêmico. Essa apropriação nunca é pura recepção nem pura doação: podemos tomá-la como uma síntese entre as duas coisas. Nessa síntese acontece já algo de interpretação ou de transcriação (a tradução do poético, segundo Haroldo de Campos, que aqui estendemos a toda hermenêutica). Na linguagem em sua instância hermenêutica assistimos uma estranha e fascinante alquimia de sentidos e de mundos. O sagrado implica em uma ampliação da fonte de sentido além da subjetividade e da linguagem humana. Essa fonte mostra que a linguagem, enquanto estruturas e funcionamentos sistêmicos de signos, possui em sua extremidade de atrito com o real a abertura receptiva de sentidos e de possibilidades do que vem a ela, mais plástica, modelável, capaz de receber sentidos cuja semântica extrapola os limites estruturais. O texto de expressão do sagrado revela a alquimia entre os sentidos controlados num sistema, sentidos que só podem ser absorvidos em parte, mas que extravasam ou transbordam os limites puramente intra-sistêmicos.

Tematização do sagrado – Há muitos modos de achegar-se ao sagrado para estudá-lo. Porém, a referência ao sagrado não se dá sem ambiguidades. As centenas de conceituações possíveis e conhecidas nos impedem de tentar o caminho conceitual. Porém, cabe perguntar: o que tematizamos quando tematizamos o sagrado?[18] Nossa resposta a essa questão é decidida pela impossibilidade de delimitar o sagrado como tal, o que nos leva a descrever e interpretar o seu *modo de manifestação*.

Em razão disso podemos entender porque um dos modos de aproximação do sagrado mais praticados hoje é o fenomenológico. A abordagem fenomenológica gira em torno de nossas condições primeiras de experimentar o mundo. Nossa experiência referencia o sagrado. Nossa estrutura experiencial é, como vimos, de essência intencional. Estamos voltados para o mundo e objetidades do mundo. Husserl enfatiza a necessidade de ampliar a ideia de experiência, notadamente se a tomamos seu sentido geral, para mostrar toda a gama de conhecimentos que ela produz e, ao mesmo tempo, o que ela pode oferecer se for metodicamente investigada. A estrutura experiencial humana do dia a dia é a nossa pedra de toque para tematizar algo. É nessa experiência que se produz o processo de ideação e que podemos intuir a essência mesma das coisas. Apesar dos enganos produzidos no cotidiano, essa experiência de repassar o vivido continua sendo a fonte fundamental de nosso conhecimento, e é nela que os conteúdos mais capitais e mais profundos da existência têm lugar. À luz dessa experiência ocorre também a experiência do sagrado naquilo que faz sentido para nós.

Hermenêutica fenomenológica, o sagrado, o discurso religioso

O sagrado que se faz texto – O discurso do sagrado precisa ser olhado a partir dele antes das operações críticas, isto é, sua diferença exige tratamento específico. Ainda que a hermenêutica demande o reconhecimento de sua face universal diante do texto, um texto é reconhecido em sua incidência teológica ou jurídica, ou outra. O estilo o denuncia.

---

[18] Tematizar na fenomenologia husserliana significa visar e manter o foco de atenção no objeto visado. O objeto sob visada atencional se destaca do fundo de outros objetos e seu conteúdo pode ser analisado fenomenologicamente.

A forma o denuncia. A hermenêutica tem que se adequar ao discurso e descer ao texto. O texto mantém relações com o tempo. O texto já é um entremeado de interpretações: a hermenêutica entra no emaranhado para re-inventar as interpretações da "coisa do texto", o dito e o não dito do texto. Precisa assumir o horizonte de mundo do texto e as características sem desvirtuar o horizonte competente do texto. O texto deve ser abordado em sua própria escala, como já vimos e na expressão de Eliade. A hermenêutica de um texto jurídico, mesmo com abordagens que mostrem o aspecto ideológico ou sociológico, constitui-se como um desdobramento do horizonte jurídico, sem o que a interpretação assume um caráter redutor e negador do próprio horizonte no qual o texto se situa. Podemos falar, pois, de uma hermenêutica de textos religiosos como se fala de uma hermenêutica jurídica. Se o texto se apresenta como um mito ou como narrativa de um evento hierofânico, a hermenêutica deve se adequar à motivação do horizonte e do mundo do texto.

O texto é a primeira validade do que se transmite. Por isso, uma hermenêutica atenta não escamoteia o texto em favor de sentidos da esfera do autor ou do contexto. A crítica reforça a textualidade. O texto deve ser reconhecido como texto, como obra literária. Não se deve atribuir ao texto mais do que ele contém. Por outro lado, a complexidade de um texto torna a tarefa hermenêutica uma tarefa não doutrinária e sempre inconclusa.

O sagrado se dá como uma experiência de excesso de sentido, que ultrapassa o limite da existência (*ex-sistir*: abertura humana para o mundo) doadora de sentido, que nos interpela e que se anuncia como força em relação ao próprio existir, mas que não se confunde com existência. A experiência do sagrado nunca é dada sem mediações, e nunca acontece sem que haja, direta ou indiretamente, a mediação linguística através de textos e discursos. Para chegar à expressão o sagrado sofre a *transgressão simbólica* na da linguagem, uma inovação semântica e uma forte transgressão na razão discursiva-proposicional, uma transgressão do racional que recusa o irracional. Sua verdade não é correspondência, e é dada na interpretação mesma. As verdades do texto são dadas em transgressões hermenêuticas.

Estes textos são documentos preciosos para uma arqueologia do humano e do sujeito. Van der Leeuw e Eliade praticam uma fenomenologia hermenêutica em torno de ritos, mitos, crenças, que revelam muito do comportamento religioso, signos de nossas *archés* de humanidade em relação ao sagrado. A questão chave parece ser as raízes em vivências não racionais de que o sagrado revela e devem ser colocadas em discursos, textos, escritas. A retomada interpretativa e reflexiva destes textos são exemplos de como a arqueologia do sujeito passa por reinterpretação do sagrado vivido por outros desde os tempos antigos. O símbolo religioso é o modo de linguagem destes textos e a decifração de sentidos latentes do texto sagrado implica método e critérios que nos permitam vê-los em estruturas que lhe servem de quadro. O símbolo resulta de uma função poética da linguagem que acumula sentido em um signo. Essa sobre-abundância de sentido simbólico exige uma concepção de linguagem que se abre a significações que não se alcançam de modo nem direto, nem intralinguístico.

Ricoeur retoma a expressão kantiana "o símbolo dá o que pensar...". Essa expressão chama a atenção para o símbolo religioso como jogo de sentido que explora a sua riqueza. O símbolo joga o sentido para além do signo. Mas, a característica mais importante do símbolo como signo do sagrado é que ele próprio dá o sentido, isto é, o sentido é apropriado através dele: o símbolo dá o que pensar. Essa expressão tem um alcance em Ricoeur que atribui *uma pré-compreensão simbólica* ao modo mesmo do ser humano pensar a sua existência no mundo, pré-compreensão que permeia toda atividade humana que se relaciona ao trabalho de dar sentido. O símbolo incrustado no rito, no mito, nas crenças, é provocante de uma atitude atenta às *archés* e às possibilidades de distintas arqueologias do sentido. Ricoeur desenvolve uma teoria geral do símbolo religioso quando trata da ordem do símbolo. Entretanto, por entender que o símbolo acontece no ambiente mais amplo, ele passa de uma mediação simbólica a uma mediação da narrativa. O símbolo exige uma coleção para que suas possibilidades de sentido sejam mais bem exploradas. O momento simbólico continua sendo, mesmo na narrativa, essencial à interpretação do sagrado.

O "enigma linguístico" nos põe em uma relação com o sentido das coisas e de nosso ser no mundo cujo significado não se restringe aos limites da linguística ou da semiótica contemporânea. Ela opera também com o sentido que lhe excede. A linguagem é antes meio e ambiente de elaboração de sentido, mas ela não é a fonte única nem a fonte primária. A linguagem se retorce com o excesso semântico. Hermeneutas, como Paul Ricoeur e Jean-Luc

Marion afirmam igualmente a necessidade de ir além dos limites da ontologia quando o tema é o sagrado ou a religião.[19]

Qual é o modo da experiência do sagrado?

Paul Tillich trata da religião como uma dimensão da vida espiritual humana que define nossa relação com o divino. A religião segundo o teólogo representaria a dimensão de profundidade na totalidade do espírito humano. Ao enfatizar a religião como dimensão do espírito humano Tillich permanece neokantiano. Mesmo que essa dimensão se correlacione com a "preocupação última" a experiência do sagrado se constitui num modo de realização de nossa condição espiritual *a priori*.[20] Como "dimensão" do espírito humano o sagrado não escapa da suspeita de subjetivismo e de um *parti pris* a favor da religião.

De modo semelhante, Mircea Eliade trata da questão chamando a atenção para a dificuldade própria em delimitar o sagrado. Apesar de toda complexidade do problema Eliade encontra um elemento comum em todos os modos de se tratar o sagrado: cada um procura a seu modo mostrar a relação entre o sagrado da vida religiosa e o profano da vida secular.[21] Entretanto, Eliade irá mais longe que Tillich. Para ele, a religião será a condição ontológica originária mesma do mundo e do ser humano como tal, e do seu modo de ser no mundo. "Mundo" (como "kosmos" significa coisa ordenada, constituição de uma ordem, de uma harmonia) é uma revelação originariamente de constituição religiosa.

Pensamos que as duas perspectivas podem ser aproximadas e criticadas nessas pressuposições. Em Tillich teríamos que modificar a expressão dizendo que o ser humano não tem precisamente uma "dimensão" espiritual especificamente religiosa. Preferimos dizer que nossa estrutura de experiência do mundo e das coisas possui a sensibilidade intencional

---

[19] Cf. DAVEY, op. cit., p. XIII: "A tese pivô que articula todas as outras é a cinco: a hermenêutica filosófica reinterpreta a transcendência. A Hermenêutica filosófica é uma filosofia anti-metafísica. Gadamer argumenta que não existe mais isto como uma metafísica, que crê numa verdade capaz de sustentar todas as outras. Para Gadamer, a filosofia pós-metafísica é um conhecimento... que é estrito e circunscrito por limites". Heidegger, por vezes admitiu um "além da ontologia" que aponta para a possibilidade de uma teologia: numa entrevista declarou que pensou escrever uma teologia onde a palavra ontologia não apareceria.

[20] TILLICH, P. *Theology of Culture*. London/New York: Oxford University Press, 1952. (Reed. 1972, pp. 3s)

[21] ELIADE, M. *Tratado de historia de las religiones*. Madrid: Edição do Instituto de Estúdios Políticos, 1954, pp. 15s.

e uma inquietude que podem captar manifestações do sagrado além de nossa subjetividade, como temos intencionalidades que captam a música, a beleza, o outro, as coisas do mundo. Trata-se, pois, de nossa estrutura disposta pela variedade de intencionalidades possíveis. A religião é uma possibilidade do espírito humano, mas não uma dimensão inerentemente e a priori. Podemos encontrar um ser humano absolutamente isento em matéria experiência religiosa. Podemos admitir que seja uma possibilidade muito forte e com presença social quase generalizada através do mundo. Mas apenas uma possibilidade.

Em Eliade teríamos que alterar o sentido da ontologia mítico-arcaica. O sentido ontológico religioso aparece estruturado em todas as culturas arcaicas. Mas, isso não implica que nós sejamos por natureza "seres religiosos", *homo religiosus* na expressão de Eliade. Porém, uma distinção importante pode ser feita aqui: a experiência do sagrado e da arte está inscrita em nossa estrutura experimental intencional, o humano religioso ou o humano artista ou humano poeta são possibilidades a serem *conquistadas*, isto é, *possibilidades* realizadas a partir de suas condições existenciais. O sagrado se inscreve na experiência humana como uma de suas possibilidades mais radicais e em relação com a inquietude existencial fundamental. Seria mais viável, fenomenologicamente, falarmos de manifestações do sagrado ou de revelação *do sagrado* que vem, ou do poder divino que percebemos, em oposição a uma dimensão "natural" do espírito humano. Reconhecemos, porém, que pela experiência o ser humano pode incorporar historicamente à sua condição humana o ter a relação com o sagrado, como uma importante abertura de suas experiências originárias.

A fenomenologia da religião não pode ser mais do que o que se manifesta na experiência religiosa. O encontro com o sagrado depende da estrutura experiencial que atinge um objeto com sentido religioso. Em qualquer uma das alternativas ela se constitui como uma possibilidade, mas que necessita de experiências concretas da vida no tempo para assumir forma social.

A experiência do sagrado deve ser vista como um possível que se realiza num tipo de experiência específica. De que modo a experiência do sagrado se concretiza? Temos que levar em consideração certa insuficiência ontológica do ser humano, da ciência, das expressões humanas. "Carência que gera uma profunda inquietude humana descrita em profundidade por filósofos desde a antiguidade".[22] O ser humano, ser de desejo, é essencialmente inquieto e carente de um *excedente de sentido*. A experiência do sagrado se manifesta como sentido além de si e além do ser. O sentido vivido em referência ao mundo simplesmente provoca inquietude e angústia. Faz parte da inquietude humana o investimento no sentido do ser; a experiência do sentido sobre-determinado nos leva para além dele. O sagrado implica na possibilidade de dar forma a essa necessidade de excedente de sentido. Essa excedência de sentido está na base de uma guinada teológica da hermenêutica fenomenológica com nomes como Ricoeur, Lévinas, Michel Henry, Jean-Luc Marion, R. Kearney. J. Caputo, Derrida, entre outros. A experiência religiosa não se adéqua aos limites da experiência impostos pela razão kantiana. Por isso, é preciso ampliar a esfera da experiência. Os limites nos ajudam a delinear a experiência por uma extensão dos limites: esse é o paradoxo de toda religião e da experiência do sagrado. "Religião" então não parece redutível, como outros fenômenos, que são mais facilmente mantidos *"into limits"*. Aqui está a raiz da polêmica, da controvérsia. O sagrado é *off limits*, na expressão de Terrin.[23] O sagrado *off limits* implica uma atitude muito diferente do tratado *into limits*. A experiência das fontes originárias (as *archés*) é uma experiência de um excedente de sentido que implica em uma atitude diferenciada face ao mundo. O sagrado pertence a uma esfera própria que em alguns autores proporciona uma reflexão renovada em torno da ideia do mistério. Na ontologia e na fenomenologia do sagrado a ideia do mistério não se confina a conceitos históricos como nas religiões de mistério, no gnosticismo, ou em qualquer expressão religiosa que o restringe ao que é ensinado em ritos de iniciação. O mistério é antes compreendido como o que acontece na dialética dessa esfera *off limits*, dialética entre o sondado na hermenêutica dos símbolos em relação com o insondável de sua profundidade.

Essa compreensão não significa uma contaminação "crente" do objeto em estudo. O que está em jogo é a compreensão que tem seus elementos próprios de universalidade na existência e transpostos na linguagem. O "ateísmo

---

[22] Filósofos como Platão, Agostinho, Pascal, Kierkegaard, Heidegger, Ricoeur, já citados anteriormente.

[23] Cf. JANICAUD, Dominique. The Theological Turn of French Phenomenology. Trans. Bernard G. Prusak. In: *Phenomenology and the "Theological Turn": The French Debate*. New York: Fordham University Press, 2000. Livro que debate o "theological turn", representado por obras de Emmanuel Levinas, Paul Ricœur, Jean-Luc Marion, Jean-François Courtine, Jean-Louis Chrétien e Michel Henry. Cf. MANOUSSAKIS (ed.). *After God*; *Richard Kearney and the ReligiousTurn in Continental Philosophy*. New York: Fordham Univ. Press, 2006. Cf. TERRIN, A. N. *O sagrado off limits*. São Paulo: Loyola, 1998.

metodológico" nas ciências hermenêuticas é um contrassenso e as cruzadas acadêmicas que se fizeram em seu nome foram tão inconsequentes quanto qualquer outro dogmatismo, religioso ou não. Nós interpretamos o mundo na pertença ao mundo: não estamos isentos de ideologias ou crenças quando interpretamos. Segundo Eliade, com pertença ou sem pertença, o fenômeno religioso deve ser estudado na escala religiosa.

Excedência de sentido e linguagem simbólica - O discurso religioso manifesta essa excedência de sentido através da linguagem simbólica. Os arquivos de humanidade são um testemunho de que as experiências que provocaram o "nascimento" do mundo são experiências de excedente de sentido onde o sagrado se manifesta.

Não precisamos, enfim, pressupor nenhum fundamento transcendental prévio, nem nada no mundo que possa diretamente significar uma dimensão transcendental. Mas, nossa experiência está inscrita na *possibilidade transcendental* (possibilidade de ir além da experiência pela experiência, na contracorrente de Kant). Há um investimento numinoso e performático de um sentido excedente. A experiência religiosa se realiza em diferentes modos de experienciar o excedente de sentido como ruptura de mundo absolutamente finito (Heidegger). As formações religiosas nos grupos sociais são exatamente isso: formações históricas e socialmente condicionadas, mas de um sentido que aborda o sondável do insondável. Em outras palavras, a experiência e a linguagem trazem limites que devem ser ultrapassados.

O sagrado, como vimos, vem do sânscrito e significa separado, à parte. A consideração semântica ajuda na indicação de que algo além dos limites se manifesta, além mesmo da ontologia. O paradoxo está em que a linguagem (palavra, discurso) e o distanciamento do mundo que nos permitem reconhecer que existimos em um mundo, exigem o excedente de sentido e compreender a condição de sermos "diante de" além da correlação sujeito e objeto. O sagrado aparece vinculado à experiência humana de uma possibilidade cujo sentido está em estabelecer e garantir uma ordem de coisas do mundo à qual o ser humano deve se submeter. O sagrado é originariamente um excesso de sentido que garante a ordem e o sentido das coisas. As cosmogonias procuram dar conta dessa experiência através de narrativas de origens supra-históricas ou arquetípicas. Esse excesso é expresso em símbolos e expressões que garantam a dimensão simbólica do discurso que o exprime.

Segundo Eliade o sagrado nessas formas arcaicas fornece as ontologias originárias e nos reportam a origens, fontes significativas da vida. A ideia de mundo com sentido fica suspensa na possibilidade e experiência de um excedente de sentido.

Renunciamos assim a uma abordagem da religião que busca uma dimensão universal do sagrado *na* natureza humana como algo imanente a ela. Mesmo a "dimensão religiosa" é constituída historicamente. Sem esse privilégio o sagrado é colocado ao lado de outras expressões em pé de igualdade para o diálogo. Numa visão ecumênica existimos entre polaridades que podem ser mediadas numa atitude dialogal. Em termos ricoeurianos temos que renunciar a uma "indivisível unidade" em favor de uma "hospitalidade dialógica".

Embora seja uma pretensão e uma tendência do texto sagrado negar essa face historiante, a questão da história se põe quando se está diante de um texto do passado e que representa um mundo.

A linguagem, o discurso, o texto, o escrito, carregados de símbolos possuem um aspecto que operam como se fossem um prolongamento do evento. Trata-se aqui de uma expansão do conceito de Gadamer de *Wirkungsgeschichte*, segundo o qual o evento repercute efetivamente em ação e pensamento na história. O discurso em torno do sagrado é motivado por essa dimensão performativa do texto (ideia performativa de "inspiração" e de palavras sagradas, da simbólica sagrada), bem como a de promover um envolvimento com o texto em termos de ações. O texto é um testemunho, um chamado, uma liturgia, uma proposta. Não é só questão de verdadeiro ou falso. Como tal o texto lido patenteia-se como performativo (sua existência e recitação pretendem-se como possível ocorrência de ato de fé) cuja performatividade visa alcançar o próprio intérprete e envolve-lo como parte e levá-lo à ação.[24] Através do texto escrito mais claramente aparece a face historiante do discurso em torno do

---

[24] "Opening a meeting, making a promise or a confession, testifying to something, saying a prayer, none of them are descriptions of some state of affairs: the speech act is itself the action that 'says', in which saying and doing are one. The truth of the utterance is not objectifiable; it is rather nothing other than the reality (event, act) that is evoked. The performative act thus disrupts the relationship of language to reality and of words to things. It refers not to something beyond itself in order to demonstrate its objectivity, but is its own truth and legitimacy. It is in a fundamental sense creative and experimental, since it does not have to be concerned with oppositions such as true and untrue, or good and bad. Performatives thus challenge modern ideas of truth, rationality, identity and responsibility." BORMAN, Erik et al. Desperate affirmation; on the Aporetic Performativity of Memoria and Testimony... *Literature & Theology*, v. 19, n. 3, September, 2005, pp. 200-220.

sagrado. Essa dimensão está também presente em algumas expressões artísticas, curiosamente denominadas em inglês "artes performativas" (*performing arts*).

Apesar de todos os elementos que permitem um discurso orientarem o sentido de frases e narrativas, a ambiguidade é mais intensa nesses discursos em função de operarem no limite e além dos limites do controle semântico do texto. A hermenêutica aparece também como um risco existencial. Assume o caminho perigoso. Riscos de escapes do histórico e de sujeição a códigos ideológicos. Porém, é necessário correr esse risco difícil de calcular, pois se trata de arquivos de humanidade que estão diante de nós.

A tematização do sagrado e a constituição de mundos: o exemplo da cosmogonia mítica de Gn 1,1-2.3

O "mito cosmogônico" na Bíblia

Propomos uma abordagem hermenêutica do mito dos começos dados na Bíblia. Para isso consideraremos apenas a narrativa de Gn 1,1-2.3. Se tomarmos como exemplo um dos mitos formadores da cultura ocidental, o mito da criação bíblica, a questão pode clarear-se um pouco mais. A seleção denuncia aqui uma pertença. Queremos apresentar apenas um exercício sobre um texto já bastante frequentado.[25] Os limites de espaço nos impedem maiores pretensões. Não podemos comparar com outras narrativas (o fazemos apenas incidentalmente) nem mesmo do próprio texto bíblico, nem ampliar o bloco narrativo para Gn 1–11, menos ainda para o cânon bíblico. A composição do texto, a teoria crítica e as tradições em conflito, foram deixadas de lado.

O texto foi colocado no registro de mito. Que é um mito? Literalmente significa "palavra". Mas é palavra que veio no recolhimento do sentido no mistério sagrado. Não pretendemos fazer mais uma tentativa de conceituar mito. Sugerimos apenas um entendimento inicial. Um mito é uma narrativa no horizonte do sagrado que procura dar sentido e fixar ordens originárias de mundo. Cada época tem um modo de viver essas origens e seus mitos,

---

[25] Muito do que vem a seguir são reflexões apoiadas na leitura de H. W. L. Moberly, *The Theology of the Book of Genesis*. New York: Cambridge University Press, 2009.

expressamente ou veladamente. O mito faz parte do arquivo de humanidade e abre uma discussão de como nós nos inserimos em um mundo inaugural. O mito inaugura a ordem de sentido de mundo em geral e dos mundos particulares. Expresso em modo narrativo, os gestos inaugurais se traduzem numa literatura das origens. Daí que o interesse pelo mito não se restringe ao interesse pela religião ou pela literatura e se inserta como horizonte da experiência do sagrado em distintas abordagens e em diferentes épocas. O mito inaugura uma dialética dos tempos e uma dialética dos espaços cuja significação tem origem em sentidos que não se deixam racionalizar plenamente num discurso. O mito encontra-se no limite da fenomenologia, e fora da fenomenologia, se a tomarmos no sentido estritamente husserliano. Na fenomenologia hermenêutica o mito pode ser abordado fenomenologicamente e entra na categoria de mistério. Na fronteira da fenomenologia o real vem do mistério abissal e a possibilidade arcaica do mito, na junção do mundo com o mistério, da palavra (sondável) com o insondável do abismo; exige a ampliação da fenomenologia com o enxerto hermenêutico.

Para Eliade as cosmogonias possuem um cunho exemplar no pensamento mítico por tratar mais diretamente do surgimento de mundos ou de particularidades importantes de mundo. A conotação original de "mundo" não se refere à matéria como tal (as cosmogonias não estão preocupadas com a origem "material", preocupação típica da mentalidade moderna). "Mundus" (lat., oposto de i-mundo) e "kosmos" (gr., ordem, harmonia, organização, proporção) traduzem preocupações com uma ordem formada em razão de um poder e com conotações culturais, éticas, religiosas e políticas. Trata-se muito mais de afirmar as condições de compreensão de uma ordem na qual vivemos. São formas culturais e religiosas de um mundo humano em relação com a arché divina. A preocupação originária de manifestação de um mundo não passa por teorias físicas ou biológicas ou explicações científicas de qualquer classe. A ordem manifesta por um mito (*mundus*) é mais próxima de uma ontologia arcaica que de qualquer teoria explicativa.

O mito pode abordado em diferentes códigos de interpretação e com ênfases variadas. O conflito e o diálogo interpretativo lhe são inerente. Abordagens críticas, históricas, comparativas, semióticas, semânticas, linguístico--estruturais, estruturas actanciais, estilísticas, literárias, simbólicas, ontológicas, etc. concorrem no mesmo espaço. Ricoeur, por exemplo, aborda o mito em três níveis: estrutural, fenomenológico e ontológico.

O estilo, a estrutura, a simbólica, a construção e a trama, a comparação com outros mitos, não deve deixar muita dúvida quanto à classificação geral da narrativa selecionada de Gn 1 como mito (embora há exegetas que interpretam o texto como uma ruptura com a estrutura mítica, como B. Anderson, Cross, e judeus como W. Herberg, I. Kaufmann e J. Levenson). O texto é dado no bloco literário de Gn 1–11 que reúne mito, folclore, lenda, saga, estória, reminiscências, etc.

O mito visto pelo aspecto essencial e inaugurador tem na hermenêutica fenomenológica o caminho próximo de sua compreensão. Ambos visam o(s) mundo(s) nesse aspecto inaugural, embora o mito o faça indiretamente numa narrativa com uma trama cultural, religiosa e ideológica. A fenomenologia através da *epoché* procura vê-lo e descrevê-lo exclusivamente em se aspecto inaugural e como preparação para um diálogo com várias interpretações necessárias e possíveis. A *epoché* não é propriamente um método. É a atitude de manter-se na abertura e no movimento que analisa o sentido do que se manifesta no modo de sua manifestação vivido e intencional, excluindo tudo o que é exterior e explicativo dessa manifestação. É começar pelo começo [inaugural, fenomenológico e hermenêutico]. Por aí podemos recuperar a virtude do mito que caiu no esquecimento (Heidegger) em explicações e abordagens que não podem tomá-lo pela raiz.

O mundo do texto em Gn 1,1-2.3 – O mundo do texto de Gn 1 é ricamente imaginativo. A representação do mundo colocado em ordem pode ser vista como ação de um Deus que trabalha como um artesão que dá forma ao mundo a partir de um não-mundo ou um caos, desordem, confusão. Temos aí uma oposição fundamental: Deus domina como força ordenadora as forças desordenadoras. O artesão perfeito e a obra perfeita (arquetípicos?). A imaginação que gerou o texto parece referir um mundo familiar a leitores ou praticantes do texto.

O texto traz um mundo (mundo do texto). Esse mundo entra em jogo num horizonte de possibilidades de mundos. Ele pode ser um mundo--mensagem ou um mundo perdido enquanto possibilidade de re-efetuação. A re-efetuação (*Wirkungsgeschichte*) do mundo na interpretação coloca em questão o mundo em que vivemos (nosso mundo vivido ou o *Lebenswelt*). O mundo do texto representado no primeiro capítulo é do Deus que age criando sua ordem pela palavra, fazendo uma ordem boa de coisas, reinando sobre essa ordem, dando ao ser humano um lugar privilegiado, e sendo soberano em face de poderes cósmicos (*tohu wa bohu*) e em face de outros poderes quaisquer que sejam eles.

A crítica oferece informações que servem para situar o texto no contexto cultural e político no qual foi gerado. O texto é recente (do Exílio e pós-exílico) e tem como pano de fundo as cosmogonias médio-orientais, especialmente a Babilônica (*Enuma Elish*, "Quando no alto"). Entretanto, tão ou mais importante que o ponto de vista crítico é o ponto de vista hermenêutico. A atitude do intérprete em relação à gênese de mundo que se manifesta encontra na compreensão existencial a base para uma análise descritiva. Está em questão nossa vivência compreensiva de mundo. Assim, diante do texto que nos interpela como intérpretes, temos que levar em consideração o que mundo o texto propõe.

O mundo do texto da narrativa hebraica é uma representação que traz as implicações teológicas, culturais, sociológicas, políticas, próprias do mundo hebreu da época. Muito diferentes são os mundos do texto das narrativas cosmogônicas paralelas de outros povos vizinhos. Osvaldo Ribeiro descreve assim uma cosmogonia

> ... cosmogonias são instrumentos culturais e retóricos, elaborados sob regime mítico-simpático cuja função é a legitimação simpático-cosmogônica da *oikouméne* da sociedade que compõe a cosmogonia, sob o(s) respectivo(s) deus(es) criador(es). A cosmogonia babilônica refere-se à "criação" da *oikouméne* babilônica, a ugarítica, da ugarítica, a egípcia, da egípcia – a judaica, da judaica.[26]

A hermenêutica do texto não exclui a possibilidade crítica de um estudo comparativo em relação às cosmogonias o entorno cultural. Especialmente a comparação com o mito cosmogônico da Babilônia, o *Enuma Elish*, tem se mostrado bastante fecunda. Muitos esclarecimentos poderiam ser feitos a partir dessa crítica. O texto pode adquirir conotação de um escrito de sabedoria, um texto litúrgico (reinauguração do Templo?), ou ainda uma conotação profética que projeta um mundo novo em oposição ao mundo projetado pelas narrativas dos vizinhos. Entretanto, o detalhamento foge à intenção de fornecer apenas um exemplo de hermenêutica de um texto religioso.

---

[26] Ribeiro, O. L. A Cosmogonia de inauguração do templo de Jerusalém – Sitz im Leben de Gn 1,1-3 como prólogo de Gn 1,1-2.4a, p. 98. Disponível em: <http://www.ouviroevento.pro.br>.

A representação de mundo ou o mundo texto de Gn 1 possui analogias com as representações de mitos da criação nas cosmogonias orientais (Babilônia, Assíria, Egito, Ugarit, mitos cananeus etc.). O estudo comparativo permite elucidar as *políticas* que envolvem o sagrado com ideologias de poder e indagar o texto sob outros ângulos. Não seria a criação do ser humano à "imagem e semelhança" uma universalização de um privilégio dos poderosos? Que política de memória temos quando a luta dos deuses é substituída por um poder de ordem absoluto que vence qualquer poder de desordem? Qual o sentido de uma afirmação de soberania divina sobre o tempo? O que está em jogo não é um poder de ordem em conflito com os poderes caóticos, que se prolongam por todo o texto bíblico e se radicaliza na escatologia e apocalíptica do Novo Testamento?

O mundo do texto e a linguagem

O mundo representado na língua hebraica não é típico da língua. Não há um "mundo" na língua hebraica. Não há mundo em nenhuma língua. O horizonte de mundo é dado no *uso* que é feito da língua. O "gênio da língua", se é que existe tal coisa, está no uso e na interpretação que é posta em jogo. A usina de significações não é língua enquanto sistema. É a língua enquanto vivência intencional concreta que provoca significações que alimentam a expressão linguística. A "criação", ou ordenação do mundo inaugural, pela fala de Deus é um indício da importância da linguagem nas cosmologias antigas. Aqui cabem algumas observações sobre a língua como potência criadora: a) o mundo (as coisas sob determinada ordem) aparece (se manifesta) organizado pela linguagem e, segundo o texto em análise, o ser humano também assume essa força ordenadora; b) o significado não emerge sem que a linguagem o interprete; uma ocorrência é sem significação até que seja interpretada (lembramos aqui a Nietzsche, "não há fatos, há só interpretação"). A linguagem tem essa capacidade quase mágica de fazer o sentido aparecer, mas para isso luta com a resistência que as possibilidades de sentido trazem; c) a hermenêutica é uma investigação do sentido pela incorporação do mesmo à compreensão através da linguagem; d) a re-apropriação do significado numa variedade de discursos implica em variedade de interpretações; e) toda interpretação implica em introduzir significados no mundo como *vivência humana da linguagem* que abre o horizonte humano de ver (mesmo quando falamos de significados "além dos limites"). Isso não significa fazer do mundo e da interpretação, mediados pela linguagem, realidades intralinguísticas.

O dado de que Deus cria por ordens faladas é um indício da performatividade da língua. O texto que se presta à pregação ou à liturgia reforça o aspecto performativo não apenas da ordem divina, mas do texto como um todo. As validades são apresentadas em pares de opostos como Deus-mundo, terra-água, céu e terra, homem – outros seres, alimento-não alimento, parentesco divino – sem parentesco divino, etc. O poder de trazer as coisas à ordem-mundo pela palavra é um traço comum na mitologia arcaica. O *Enuma Elish* abre o discurso assim: "Quando no alto os céus ainda não tinham sido nomeados, e o solo firme abaixo ainda não fora chamado pelo nome..." Um texto egípcio da criação diz: "De fato a ordem divina se manifestou pelo que o coração pensou e a língua ordenou...".

"Criação" ou "fundar uma ordem-divina-de-mundo"?

"Princípio" do verso 1, do primeiro capítulo de Gn, tem a ver mais diretamente com a "ordem" ou o mundo que forma o quadro existencial de vida vivida por aqueles que recitam miticamente o mundo. A passagem do caos (*tohu wa bohu*) à ordem narra a passagem de quando um mundo começa a ser como ordem. O texto não diz nada da *creatio ex nihilo,* nem tem preocupação metafísica ou mesmo doutrinária. No mito das origens o mito não apresenta nenhuma preocupação científica. A pergunta subjacente não é: como começou o mundo material? A pergunta vem da pré-compreensão religiosa do mundo: a ordem do mundo sagrado que vivemos é uma ordem divina inaugurada por Deus. O que entra em jogo é a validade divina das coisas e da própria narrativa. As águas originais antecedem a ordem que se vai criar. Isso é próprio desse tipo de cosmogonias. A ordem em pauta é do mundo essencialmente religioso, profético, litúrgico, moral e político. O texto se assemelha a uma liturgia da ordem divina para as coisas. A complexidade do texto estrutura "eventos" primordiais de tempos remotos, mas que que situam o mundo vivido no espaço e no tempo. A ordem do mundo (aqui um pleonasmo) é remetida à força e sabedoria divina. O mito afastado de sua fonte vivida na atmosfera inaugural do mistério sagrado se resseca e perde vida. Preso ao tempo da técnica e da ciência voltada para posse e intervenção em processos, o ser humano tecnológico vive no esquecimento da *archés* e sente enorme dificuldade em compreender um mito como esse.

Do ponto de vista da critica essa ordem se opõe à dos fortes babilônicos. Os componentes água, terra, céus, tipos de vida, são organizados pelo senhor do tempo e do espaço, menos por preocupação conceitual e muito mais por intuição da realidade simbolicamente vivida. Entes míticos de outras narrativas parecem se incorporar ao texto sem quebrar-lhe a unidade (a grande serpente do mar, Gn 1,21) A organização do espaço e tempo simbólicos deve orientar a existência humana.

A palavra é simbolicamente remetida à força divina criadora de mundo (que na narrativa seguinte da criação é compartilhada com o ser humano). Tudo que foi criado pela força divina é bom: bom parece referir-se à perfeição do ato e à qualidade moral do criador. A ordem criada, por seu lado, é, em parte, colocada sob força e exige obediência pelo ser humano que ocupa um lugar fixo na ordem estabelecida. A força humana recebida de Deus não deve transgredir a ordem do mundo estabelecida por ele. O sentido que se manifesta em relação à "imagem e semelhança", nos entrelaçamentos do texto da gênese do mundo e mantendo-se nessa referência interna deste tecido de palavras, é de que se trata desse poder parcial de assumir o mundo. Essa ordem, esse mundo foi abençoado, isto é, colocado sob a esfera do sagrado. O descanso divino do sábado "obriga" o ser humano a guardar o sábado como reconhecimento de uma ordem divina da criação.

A emergência de uma ordem divina no texto levanta uma série de questões hermenêuticas. Não se trata somente da ordem divina estabelecida. A pergunta que se põe naturalmente é: quem é e como é o Deus dessa ordem de mundo? Claro que o texto foi escrito com um fundo pré-compreensivo que já trazia uma ideia deste Deus. Mas, se nos atemos ao texto, ao mundo desse texto, ele diz alguma coisa sobre o modo de ser de Deus em relação à criação e ao ser humano. Se excluirmos as reflexões metafísicas, esse Deus é simbolicamente descrito em sua força, em sua sabedoria, em sua bondade, em sua disposição favorável em relação ao ser humano que se manifesta como uma criação muito especial e mais próxima de Deus que qualquer outra criatura. Mito da criação reinsere o mundo numa ordem mística na qual teve origem.

O lugar do ser humano nessa ordem divinamente fundada - Esse último ponto provoca outra pergunta sobre o modo de relação proposta entre Deus e o ser humano e entre o ser humano e a criação. A pergunta pode ser formulada assim: quem é e qual o modo de ser humano desse novo mundo? Algo de parceria em relação ao criado se estabelece entre Deus e o ser humano. O ser humano é "quase" um deus, pois foi criado à imagem e semelhança de Deus. A crítica contribui, lembrando que essa expressão é comum em hebraico para descrever um parentesco. De certo modo somos descritos por um parentesco com Deus. Esse parentesco aponta para a adequada dignidade do ser humano (que hoje teria relação com uma ontologia não metafísica). Outra pergunta poderia ser: qual a relação do ser humano em relação à ordem criada? A bondade da criação vem acompanhada de advertências implícitas na ordenação o que demonstra também a periculosidade da relação (que serão mais explícitas na segunda narrativa).O texto sugere que o ser humano ao fazer uso de seu poder sobre a criação ordenada por Deus assume uma responsabilidade em relação a ela.

Além da questão da hermenêutica antropológica o texto é um modo de interpelação de si mesmo; o si mesmo como tarefa, e não como ponto de partida, se representa em relação ao mundo como construção de identidade narrativa onde mundos se manifestam. A interpretação da cosmogonia não se descola da subjetividade que interpreta. De certo modo, a interpretação do mito cosmogônico é um modo pelo qual a identidade de si mesmo é revista e ressignificada. É uma resposta ao que vemos e que nos interpela. Re-efetivamos assim o mito da esfinge egípcia: interpreta-me ou te devoro. Não nos resta senão a possibilidade de interpretar e bem. Nós compartilhamos muitas questões com o ser humano que nos antecedeu e deixou traços narrativos que temos que interpretar para melhor nos reconhecermos.

Por fim uma última consideração, mas não a de menor importância. O texto revela no próprio estilo uma motivação e uma pretensão. A motivação pode ser resumida pelo conteúdo mesmo da pretensão: a de ser um texto sagrado que instaura um mundo ou uma ordenação divina das coisas. Essa performatividade transformativa não está isenta de ambiguidades. Mas provoca atitudes, ações, preocupações que nos fazem participantes do grande drama humano.

Conclusão

Nosso percurso de mostrar a inquietude originária como fonte originária de expressão do sagrado, das artes, da filosofia, da ciência, reconhece uma prioridade histórica em relação ao sagrado. Por ser histórica não é absoluta. A inquietude se expressa em formas que se descolam da religião e operam com autonomia sem necessariamente se pensar num "fundo religioso". Nessa perspectiva colocamos sob suspeita a dimensão religiosa a priori do *ultimate concern* e a *dimension of deph*" e a *teonomous culture* de Paul Tillich, e pela mesma razão, suspeitamos da afirmação deste teólogo de que "a religião é a substancia da cultura e a cultura, a forma da religião".[27] Igualmente, discordamos de Eliade em sua visão do *homo religiosus*. Ao mesmo tempo procurou-se enfatizar as contribuições fundamentais da hermenêutica em relação ao sagrado através da compreensão dos grandes enigmas humanos que têm suas raízes no tempo e na história. A investigação e interpretação dos arquivos de humanidade em torno do sagrado se revelam essenciais para que essas interrogações possam ser tratadas de modo mais crítico e com a preocupação voltada para as manifestações originárias detectadas nas vivências compreensivas do ser humano. A hermenêutica fenomenológica é um dos caminhos contemporâneos para essa tarefa e parceiro necessário para um diálogo entre os diferentes caminhos de abordagem dos textos.

Nessa linha constatamos que a hermenêutica de textos religiosos encontra-se hoje em fase de reaproximação de métodos e de promover o diálogo que envolve a hermenêutica fenomenológica com historiadores, semióticos, pós-estruturalistas, descontrucionistas etc. Há uma aproximação entre o conceito de origem fenomenológica do *Lebenswelt* da ideia de cotidiano e suas formações sociais. As obras de Eliade e van der Leeuw continuam relevantes, embora criticadas em alguns pontos, resistem e se reafirmam como passagem obrigatória, mesmo para os que discordam delas.

Digno de atenção é o interesse renovado da fenomenologia hermenêutica em torno de questões que envolvem o sagrado e a religião. Fenomenólogos como Michel Henry, com sua fenomenologia material, Jean-Luc Marion, talvez a mais significativa contribuição contemporânea, com a fenomenologia

---

[27] Cf. *inter alia*, TILLICH, P. *Theology of Culture*. London/New York: Oxford University Press, 1972; esp. *Ueber die Idee einer Theologie der Kultur*, G. W., v. I, pp. 320 e 329.

dos fenômenos saturados, John Caputo com sua ênfase na teologia desconstrutivista de inspiração derridadiana, John Kearney com sua fenomenologia da imaginação literária, além é claro das discussões que se renovaram em relação à abertura á religião de hermeneutas pós-moderno tidos e havidos como alheios à religião.[28]

Por outro lado, a *diversidade das interpretações* aparece como inerente e imperativa à própria compreensão. A hermenêutica leva em consideração as transformações da própria experiência histórica embora mantenha uma continuidade entre elas e as questões mais permanentes que as acompanham.

A tematização do sagrado a partir das experiências religiosas contemporâneas pode sofrer de miopia aguda se não leva em consideração as tradições mais remotas. Mesmo quando temos uma boa análise das transformações no modo mesmo de experimentar o religioso, faltam parâmetros que a coloquem em horizontes cujo ponto de convergência remonta a experiências e textos muito antigos. Daí a necessidade de se trabalhar na investigação com dimensões temporais que possam relacionar a experiência do presente com outras experiências que nos remetem aos discursos memoriais e imemoriais, às archés, às origens em sentido fenomenológico de perceber a manifestação do originário através dos tempos e por meios dos textos.

---

[28] Cf. obras tais como: HENRY, Michel. *Material Phenomenology; Incarnation: une philosophie de la chair;* Marion, Jean-Luc. *The Visible and the Revealed; On the Ego and on God: Further Cartesian Questions; In Excess: Studies of Saturated Phenomena; The Idol and Distance: Five Studies;* KEARNEY, Richard. *Poetics of Imagining: Modern and Postmodern; Debates in Continental Philosophy: Conversations with Contemporary Thinkers; Strangers, Gods and Monsters: Interpreting Otherness;* CAPUTO, John D. (ed.). *Deconstruction in a Nutshell: A Conversation with Jacques Derrida; More Radical Hermeneutics: On Not Knowing Who We Are;* CAPUTO, John D.; SCANLON, Michael (ed.). *God, the Gift and Postmodernism; etc.*

Referências bibliográficas

BORMAN, Erik et al. Desperate affirmation: on the Aporetic Performativity of Memoria and Testimony... *Literature & Theology*, v. 19, n. 3, September, 2005.

D'AGOSTINI, F. *Analíticos e continentais*. São Leopoldo: Editora Unisinos, 2002.

GARULLO, E. *Heidegger*. Roma: Cittadella Editrice, 1974.

GRONDIN, J. *Introdução à hermenêutica filosófica*. São Leopoldo: Ed. Unisinos, 1999.

DAVEY, N. *Unquiet Understanding*. Gadamer's Philosophical Hermeneutics. New York: Suny Press, 2006.

ELIADE, M. *Tratado de historia de las religiones*. Madrid: Edição do Instituto de Estúdios Políticos, 1954.

JANICAUD, Dominique. The Theological Turn of French Phenomenology. In: *Phenomenology and the "Theological Turn": The French Debate*. New York: Fordham University Press, 2000.

MANOUSSAKIS (Ed.). *After God*; Richard Kearney and the Religious Turn in Continental Philosophy. New York: Fordham Univ. Press, 2006.

MOBERLY, H. W. L. *The Theology of the Book of Genesis*. New York: Cambridge University Press, 2009.

PANSARELLI, D. Verdades e interpretações; a filosofia hermenêutica no contexto latino-americano. In: PANSARELLI D.; PIZA, S. (orgs.). *Filosofia e Modernidade*. São Bernardo do Campo: Universidade Metodista de São Paulo, 2008, pp. 45-54.

RIBEIRO, O. L. "Experiência do sagrado" e "religião". Análise do Prefácio de Origens, de Mircea Eliade. Disponível em: <http://www.ouviroevento.pro.br>.

_____. *A cosmogonia de inauguração do templo de Jerusalém – Sitz im Leben de Gn 1,1-3 como prólogo de Gn 1,1-2.4a*.

RICOEUR, P., *Du texte à l'action. II.* Essais d'Herméneutique. Paris: Seuil, 1986.

_____. *A memória, a história, o esquecimento*. Campinas: Editora Unicamp, 2007.

SALLES, Walter; SANTOS, Johnny. O mundo do texto e a construção da identidade religiosa no islamismo. *Teocomunicação*, Porto Alegre, v. 40, n. 3.

TERRIN, A. N., *O sagrado off limits*. São Paulo: Loyola, 1998.

TILLICH, P., *Theology of Culture*. London/New York: Oxford University Press, 1952.

Interpretação das imagens na teologia e nas ciências da religião

*Etienne Alfred Higuet**

Introdução

A nova grade curricular da área de Linguagens da religião no Programa de Pós-Graduação em Ciências da Religião da Universidade Metodista de São Paulo permite um tratamento das imagens, especialmente das imagens religiosas, em várias disciplinas, entre outras: *Linguagens da religião: questões epistemológicas; Ciências da linguagem e da interpretação; Estrutura simbólica de mitos e ritos religiosos; Temas de Teologia e Ética; Teologia e Cultura; Estudos das linguagens da religião popular;* mas, sobretudo, *Estudos de imaginários religiosos; Cultura visual, narrativas e religião* e *Religião e Arte*. A cultura visual pode também se fazer presente nos colóquios de doutorado, cujos temas são livres.

No currículo antigo da área de Teologia e História, já pudemos aproveitar a disciplina *Temas de teologia,* para desenvolver uma pesquisa sobre as imagens religiosas relacionadas com os temas da criação (imagens das origens), da escatologia (imagens do fim do mundo), da cristologia (imagens de Jesus), além de um estudo sobre o iconoclasmo e o lugar das imagens do divino e do sagrado na religião. Parece-me que uma breve descrição dos objetivos destas disciplinas não seria desprovida de interesse.

Começando com o iconoclasmo (que foi oferecida no I Semestre de 2003), pretendia-se pesquisar o significado dos surtos e das tendências iconoclastas recorrentes na história da religião, em particular no cristianismo.

---

* Doutor em Ciências Teológicas e Religiosas na Universidade Católica de Louvain (Bélgica). Professor no Programa de Pós-gradução em Ciências da Religião da Universidade Metodista de São Paulo. E-mail: <etienne.higuet@metodista.br>.

O iconoclasmo aparecia como reação quase espontânea à materialização do sagrado nas religiões monoteístas. Depois de considerar os antecedentes do iconoclasmo na filosofia grega e na *Torah* hebraica, fizemos um breve histórico da atitude cristã frente às imagens, em relação com a nova doutrina da encarnação. Foram então apresentadas os três grande surtos de iconoclasmo na história da cristandade: o Império bizantino, a Reforma e a Revolução francesa, analisando, ao mesmo tempo, os argumentos dos defensores das imagens. Alguns instrumentais teóricos foram mobilizados: a teoria do imaginário em Gilbert Durand e Gaston Bachelard, a simbolização em C.G. Jung e Paul Tillich, o pensamento pós-moderno de Jean-Marie Baudrillard e Marcella Althaus-Reid. Afinal, foram apresentados alguns trabalhos sobre as imagens no catolicismo popular brasileiro, na tradição teológica metodista, nos cultos afro-brasileiros e na teologia feminista. Concluímos com algumas reflexões sobre uma possível teologia das imagens religiosas.

O curso sobre a criação (oferecido no II semestre de 2003) foi intitulado: *Bereshit: mitos, relatos, imagens e símbolos das origens e da criação do mundo*. Como logo se percebe, as imagens representaram apenas uma parte do centro de interesse, ao lado das narrativas. Foi uma oportunidade para dar maior atenção à relação entre o texto e a imagem. Os temas tratados eram relativos aos mundos bíblico, ameríndio, afro-americano, moderno e pós-moderno.

A disciplina dedicada à escatologia (oferecida no I semestre de 2004) associou também as narrativas e as imagens. Procurou-se elucidar o sentido manifestado pelo simbolismo metafórico e narrativo dos mitos e relatos antecipados das religiões monoteístas e das ciências da natureza: física e biologia. As imagens diziam respeito a estados ou situações *ante* ou *post mortem*, referidos aos "novíssimos" da teologia tradicional: céu, purgatório, inferno. No caso, o principal referencial foi a teoria do imaginário e da função "imaginal" em Gilbert Durand. Foram usados também os estudos históricos de Jean Delumeau sobre o paraíso na cultura ocidental.

Enfim, a disciplina *Símbolos, sistemas e mentalidades nas religiões monoteístas* (I semestre de 2005) foi dedicada à Cristologia: *A diversidade das imagens de Jesus, símbolo do divino*. O estudo associou a consideração das imagens a momentos importantes da história da teologia. A primeira parte foi uma introdução teórica na "Hermenêutica das imagens e símbolos", especialmente na filosofia (Ricoeur, Nancy) e na teologia (Haight, Tamayo-Costa, Tillich). Em seguida, foram escolhidos alguns momentos da história do cristianismo, com as imagens correspondentes de Jesus, colocadas nos seus respectivos contextos histórico-culturais e religiosos: Jesus como Rei dos Reis, na época dos concílios dogmáticos dos séculos IV e V; a controvérsia bizantina sobre os ícones e os ícones de Cristo; a imagem do Cristo crucificado na Idade Média e na época da Reforma; o catolicismo brasileiro na época colonial, com imagens da paixão de Cristo de Aleijadinho; a imagem de Jesus na teologia da libertação latino-americana. Em conclusão, apresentei uma breve reflexão teológica sobre o caráter simbólico da cristologia.

Desde a implantação da nova grade curricular, uma atenção particular foi dada às pesquisas recentes sobre a cultura visual, sob o impulso do professor Paulo Augusto de Souza Nogueira. O acento foi colocado sobre estudos teóricos e metodologias de análise das imagens, especialmente em relação com a semiótica e os modos socioculturais do olhar. Esse tipo de reflexão vai guiar a orientação do trabalho que apresentamos aqui, sem, contudo, esquecer a hermenêutica dos símbolos, especialmente religiosos, e a leitura teológica das imagens.

A "cultura visual", desenvolvida desde os anos 90 do século passado, sobretudo no domínio anglo-saxão, apresenta-se como uma nova abordagem de objetos e imagens, uma espécie de "nova história da arte". Pretende-se superar a história tradicional, envolvida com as "verdades trans-históricas, obras de arte intemporais, critérios críticos e imutáveis" (Homer, 1998, p. 6). Para W. J. T. Mitchell, cultura visual é um campo novo, onde o estudo da construção social da experiência visual permeia toda uma variedade de campos e disciplinas. Isso requer "conversas entre historiadores da arte, estudiosos do cinema, teóricos e tecnólogos ópticos, fenomenólogos, psicanalistas e antropólogos", isto é, interdisciplinaridade. A cultura visual contempla a cultura e as artes populares, ao contrário da história da arte tradicional, centrada na arte das elites. Num mundo cheio de imagens, o texto deixa de ter prioridade, e devemos entender as imagens em nossos estudos com a mesma espécie de reverência que tradicionalmente se espera para os textos. A nova disciplina oferece um antídoto à preocupação com a textualidade associada ao estruturalismo e pós-estruturalismo dos anos 70 e 80, quando tudo virava texto e muita teoria crítica era dominada pelo diálogo interno entre um texto e outro.

Para Barbara Stafford, o mundo visual é uma fonte vibrante de informação, igualando e até superando a semiótica como fonte de conhecimento sobre um tempo e um espaço dados. Enquanto Mitchell defende um equilibrado intercâmbio entre imagens e texto, Barbara Stafford opta decididamente pela primazia do visual em todos os campos do conhecimento.

É preciso reavaliar a nova história da arte, que se abriu para um leque de abordagens – marxismo, feminismo, teoria gay e lésbica, pós-colonialismo, desconstrucionismo, semiótica e psicanálise. Tudo isso ajudou a quebrar o cânon exclusivo das obras primas, fabricado pelos varões brancos da Europa ocidental, assim como o privilégio das artes refinadas em relação às populares. Mas, na nova história da arte, a arte era vista, num extremo, como um texto sem "autor", ou, no outro extremo, como um instrumento político em vista da justiça social, de gênero ou de classe. O visual não tinha quase nenhuma importância. Com o advento da cultura visual, o olhar e o sentir estão de volta. Não é mais um crime falar do autor como criador de uma obra de arte, ou do espectador como um ser sensível, capaz de experimentar uma gama completa de sensações (Cf. Homer, 1998, pp. 6-9).

Nessa linha de pensamento, desenvolvem-se métodos de interpretação das imagens, que levem em conta o significado cultural, as práticas sociais e as relações de poder que se manifestam no visual. Analisam-se também os modos de ver e de imaginar, que são construídos socialmente e culturalmente. Gillian Rose enumera cinco aspectos na literatura recente sobre cultura visual que ajudam a pensar a respeito dos efeitos sociais das imagens. O primeiro é o modo com que as imagens tornam visível ou invisível a diferença social. As imagens podem "naturalizar" as diferenças e oferecer visões muito particulares de categorias sociais como classe, gênero, raça, sexualidade, força física etc. O segundo é o modo como imagens são vistas por determinados espectadores, em função das mesmas categorias sociais. Em terceiro lugar, o enraizamento das imagens visuais numa cultura mais ampla. A visão de uma imagem se produz num contexto social particular, que medeia o seu impacto, assim como num lugar específico com suas próprias práticas particulares. Quarto, os "públicos" particulares de uma imagem trazem cada um a sua própria interpretação do significado e dos efeitos da imagem. Enfim, as imagens têm a sua atuação própria, independentemente do contexto (cf. Rose, 2007, pp. 7-12).

O que é uma imagem?

A grande diversidade de significados dificulta uma definição, mas podemos dizer que a imagem é algo que toma alguns traços emprestados do visual e, de qualquer modo, depende da produção de um sujeito: imaginária ou concreta, a imagem passa por alguém que a produz ou reconhece (Joly, 2009, p. 13). Isto é, a imagem é resultado de um processo de representação: a imagem seria um objeto segundo com relação a um outro que ela representaria de acordo com certas leis particulares.

Entre os múltiplos tipos de imagens, mencionamos, no atacado: imagem de mídia (televisão, publicidade); semelhança, não necessariamente visual; os signos precursores da escrita, que imitam, esquematizando visualmente, as pessoas e os objetos do mundo real; representações religiosas; imagem da arte (pintura ou escultura), que se vincula essencialmente à representação visual; máscara mortuária usada nos funerais na Antiguidade romana; núcleo de reflexão filosófica desde Platão e Aristóteles; imagem mental (que conjuga a impressão dupla de visualização e semelhança); imagem de alguém ou de uma categoria social; imagem verbal ou metáfora; imagem científica (imagem de síntese, imagem numérica); imagem virtual (Joly, 2009, pp. 14-27).

Como o deus Proteu, "parece que a imagem pode ser tudo e seu contrário – visual e imaterial, fabricada e "natural", real e virtual, móvel e imóvel, sagrada e profana, antiga e contemporânea, vinculada à vida e à morte, analógica, comparativa, convencional, expressiva, comunicativa, construtiva e destrutiva, benéfica e ameaçadora" (Joly, 2009, p. 27).

Para Agnès Minazzoli,

> Mesmo limitada às artes visuais, a imagem não pode ser separada das raízes profundas que ela possui na memória, na imaginação, no pensamento ou no sonho. A imagem é, com certeza, o objeto de reflexão mais resistente às classificações por gêneros e espécies, pois ela participa das nossas operações mentais, da nossa vida afetiva: faz parte integrante da nossa atividade psíquica. As artes visuais tocam em nós muitas outras faculdades além da faculdade de ver (Minazzoli, 2011).

Seja qual for a sua forma, a imagem poderia ser definida a partir dos seus efeitos. Ela possui um poder que vai além das fronteiras entre o visível e o invisível, o figurativo e o abstrato. De onde vem este poder? A imagem é, ao mesmo tempo, imitação e invenção do modelo. A imagem é sempre referencial, pois remete ao original que ela substitui, e a imitação é uma forma de representação particular, fundada em critérios de semelhança e de conformidade ao modelo. Sempre suspeita de deformação ou traição, a imitação levou, na concepção platônica do simulacro, à condenação das artes da imagem e ao exílio do artista acusado de mentira ou de feitiçaria.

No pensamento cristão, a imagem se refere a Deus, modelo de toda perfeição e essencialmente invisível. Só o mistério da encarnação pode justificá-la. Ela se torna então ocasião de uma possível conversão, como o ícone bizantino, que leva à veneração do protótipo, do qual ela reflete o olhar e o esplendor. No duplo sentido de *mimésis* e *imitatio Christi*, a imitação é duplamente invenção, pois ressuscita o modelo e lhe dá uma forma que ele nunca teve.

A vocação da imagem, diferente do ícone, seria de dar vida e forma a figuras no espaço. Enquanto o ícone se apaga para revelar a presença do modelo divino, a imagem testemunha tanto a presença quanto a ausência do original que ela representa. A sua eficácia consiste também em suscitar um movimento de crença, de adesão e de espera da parte do espectador. Nisso reside o poder e a autoridade da imagem nas artes visuais: a coisa representada adquire, na obra de arte, uma autonomia e uma legitimidade inteiramente devidas à imagem, o que implica, ao mesmo tempo, exigências de interpretação intrínsecas. A hermenêutica não pode, então, ficar de fora do campo do visual, estendido às projeções da imaginação e às imagens da memória e do sonho. As exigências da interpretação levarão à definição de um ponto de vista: de onde ver a imagem? A partir de onde constituir uma linguagem que poderá iluminá-la, teoricamente e conceitualmente?

Mas,

> contribuindo a reforçar as oposições indevidas entre o sensível e o inteligível ou entre o visível e o invisível, o recurso ao conceito, à ideia, como princípio e fim último da imagem, a procura de uma forma transcendental como significação da forma figurada levam a ocultar a especificidade da imagem em si mesma, a sua materialidade, a sua presença, o seu poder, os seus efeitos de sentido e de surpresa, independentes do tema enunciado ou do assunto tratado (Minazzoli, 2011).

Uma das consequências da prioridade do conceito é o privilégio conferido ao tema, em detrimento do detalhe, que é também parte constitutiva da imagem, indício necessário à sua compreensão e, mais ainda, elemento revelador do estatuto específico da imagem e do seu modo de aparecer.

É que a imagem não depende apenas da figuração. A cor e a luz, a trajetória de um movimento, a matéria trabalhada, a escolha de uma perspectiva determinam a natureza da imagem assim como o seu poder de dirigir-se a nós. Uma pintura que questiona os nossos esquemas perceptivos habituais e a nossa posição no espaço renova o nosso olhar. Livre das convenções do olhar, a imagem torna-se lugar de uma interrogação sobre o ato mesmo de ver e perceber. A imagem é um processo vivo, mesmo quando abstrata, não figurativa, sem tema aparente. A imagem é o lugar de uma tensão entre o espaço e o tempo – passagem de um ao outro – entre o espaço físico bi ou tridimensional e o espaço mental do qual ignoramos a profundidade, entre o tempo e a percepção, o tempo de sua elaboração, e o tempo da memória e da rememoração, o tempo, enfim, da projeção do instante no espaço.

Impondo-se à nossa sensibilidade, a imagem desperta, em eco, associações possíveis com a nossa experiência e a nossa cultura, interrogando a nossa própria história e questionando o papel que desempenhamos nela. Por isso, apreender a imagem nos termos de uma reflexão crítica não é apenas uma experiência estética, é também um ato filosófico e político, quiçá teológico.

Uma imagem sempre constitui uma mensagem para o outro, mesmo quando nós somos esse outro. Daí, a importância de buscar para quem a imagem foi produzida, para compreendê-la da melhor forma possível. A função da mensagem visual é também, efetivamente, determinante para a compreensão de seu conteúdo (cf. Minazzoli, 2011).

Martine Joly distingue a função comunicativa e a função de intercessão das imagens. Aplicando ao visual o esquema desenvolvido por Roman Jakobson para a literatura, desdobra a função comunicativa em funções: denotativa, ou cognitiva, ou referencial; expressiva ou emotiva; conativa; fática; metalinguística; poética (Joly, 2009, p. 57). A imagem é também um instrumento de intercessão entre o homem e o seu próprio mundo. Intermediária entre o Além, o Sagrado, a Morte, pode ter função de símbolo, mas também de duplo. O ícone bizantino, por exemplo, era considerado pelos iconófilos como um instrumento de intercessão junto a Deus, por intermédio da beleza, mas pelos inconoclastas como um duplo blasfematório (Joly, 2009, p. 59).

A função informativa (ou referencial), muitas vezes dominante na imagem, pode também ampliar-se em uma função epistêmica, proporcionando-lhe a dimensão de instrumento de conhecimento, fornecendo informações sobre os objetos, os lugares ou as pessoas. É assim que as imagens são usadas na historiografia. A imagem é também instrumento de conhecimento porque serve para ver o próprio mundo e interpretá-lo. A função de conhecimento associa-se naturalmente à função estética da imagem (Joly, 2009, p. 60).

Modos socioculturais do olhar

Antes de passar à análise das imagens, vale a pena refletir um pouco sobre o nosso olhar. É o tema do livro de John Berger, *Modos de ver*, resultado de uma série de apresentações na BBC de Londres. O autor começa com uma constatação: ver precede as palavras. É o ato de ver que estabelece nosso lugar no mundo circundante. Por outro lado, a maneira como vemos as coisas é afetada pelo que sabemos ou pelo que acreditamos. Por exemplo, na Idade Média, a visão do fogo era influenciada pela ideia do inferno; uma pessoa apaixonada vê o retrato da pessoa amada de um modo diferente de outros retratos. Essa visão não é uma reação mecânica a estímulos. Só vemos aquilo que olhamos. Olhar é um ato de escolha. Além disso, estamos sempre olhando para a relação entre as coisas e nós mesmos. Nossa visão está continuamente ativa, captando coisas num círculo à nossa volta.

Podemos também ser vistos. O olho do outro combina com o nosso próprio olho. A natureza da reciprocidade da visão é mais fundamental do que a do diálogo falado. Todas as imagens são feitas pelo homem. Toda imagem incorpora uma forma de ver. Mesmo uma fotografia. E nossa percepção ou apreciação de uma imagem depende também de nosso próprio modo de ver.

As imagens foram a princípio feitas para evocar as aparências de algo ausente. Com o passar do tempo, a imagem passa a mostrar o modo como uma coisa ou alguém se pareceu antes, como o assunto foi antes visto por outras pessoas. A visão específica do fazedor de imagens acaba sendo reconhecida como parte do registro. Como testemunhos sobre o mundo que rodeava as pessoas em outras épocas, as imagens são mais precisas e ricas que a literatura.

Quando uma imagem é apresentada como obra de arte, o olhar das pessoas é afetado por uma série de premissas pretensamente universais aprendidas sobre arte, tais como condição humana, beleza, verdade, gênio, civilização, forma, status, gosto etc. Essas premissas mistificam o passado. Não damos mais atenção às condições pessoais e sociais do artista, nem ao seu contexto específico. A arte do passado está sendo mistificada porque a minoria privilegiada dos apreciadores de arte procura "inventar uma história que pode, retrospectivamente, justificar o papel das classes dominantes" (Berger, 1999, p. 13). É assim que são vistos, por exemplo, os retratos de Frans Hals, que, na realidade, foi o primeiro retratista a pintar os novos tipos e expressões criados pelo capitalismo, na Holanda do século XVII.

A partir do início da Renascença, a convenção da perspectiva passou a centralizar tudo no olho de quem vê. O mundo visível era organizado para o espectador assim como o Universo já foi organizado antes para Deus. Mas a pintura caiu na contradição intrínseca de estruturar todas as imagens da realidade na direção de um único espectador que, diferentemente de Deus, só podia estar num lugar a cada momento. Ficou diferente a partir da invenção da câmera fotográfica, que está em constante movimento. Ao isolar as aparições momentâneas, a câmara destruiu a ideia de as imagens serem atemporais. O que se via era relativo à sua posição no tempo e no espaço. A câmera demonstrou que não havia um centro, mudou o modo de ver do ser humano. Isso se refletiu na pintura: para os impressionistas, o visível, num fluxo contínuo, tornou-se fugidio; para os cubistas, o visível não era mais aquilo com que apenas o olho se defrontava, mas a totalidade das vistas possíveis, extraídas de pontos ao redor do objeto sendo retratado.

Muda também o modo de ver as pinturas do passado. A unicidade de cada pintura fazia parte da unicidade do local onde ela residia. Por exemplo, afrescos numa igreja. Quando a câmara reproduz uma pintura, ela destrói a unicidade de sua imagem. Na televisão, em cada casa a pintura é vista num contexto diferente. A unicidade do original reside agora no fato de ser ele *o original de uma reprodução*. O significado primeiro de uma imagem não está mais no que a imagem nos fala, mas no que ela é. Há mais uma mistificação, pois na nossa sociedade, a existência única do objeto é avaliada e definida em termos de valor de mercado. O valor espiritual do objeto só pode ser explicado em termos de magia ou de religião. A "obra de arte" fica envolvida numa atmosfera de religiosidade inteiramente falsa. As obras de arte são discutidas e apresentadas como se fossem sagradas relíquias. Exemplo: a *Virgem dos Rochedos*, de Leonardo da Vinci, na National Gallery de Londres, depois que foi confirmada a sua autenticidade, passou a ser mais bela. Outro exemplo: *A Virgem e o Menino com Sant'Ana e São João Batista*, do mesmo pintor, passou a tornar-se impressionante, majestosa, por causa de seu preço de mercado.

Pela reprodução, o significado das pinturas tornou-se transmissível. No uso feito das imagens reproduzidas, o significado pode ser alterado ou totalmente modificado. A imagem pode agora ser usada para vários e diferentes propósitos. Exemplos: a reprodução isola um detalhe de uma pintura de seu todo, mudando o seu significado; ou ela se torna matéria para o roteiro de um diretor de cinema, no qual uma imagem segue a outra, construindo um argumento irreversível; palavras acompanham a reprodução, modificando o seu significado. Por exemplo, quando se acrescenta a frase: "Este é o último quadro pintado por Van Gogh antes de se suicidar" à reprodução da tela *Campo de trigo com corvos*, é a imagem que ilustra o texto, não mais o contrário. O significado de uma imagem muda de acordo com o que é imediatamente visto ao seu lado, ou com o que imediatamente vem depois dela. Desde que as reproduções podem teoricamente ser usadas por qualquer um, a arte do passado deixa de ser vista nostalgicamente e as obras deixam de ser relíquias sagradas. O que fazemos do momento histórico representado pelo quadro vai depender daquilo que esperamos da arte, o que hoje depende de como já vivenciamos o significado de pinturas através de reproduções. O que importa agora é quem usa a nova linguagem de imagens e com que objetivo. Temos a possibilidade de nos apropriarmos do nosso passado em vista da nossa ação futura. "Eis por que – e esta é a única razão – a arte inteira do passado tornou-se hoje uma questão política" (Berger, 1999, p. 35).

John Berger dedica um capítulo inteiro à forma artística do nu europeu. Os pintores e os proprietários-espectadores eram geralmente homens, e as pessoas, em geral mulheres, eram tratadas como objetos. Esse relacionamento desigual está tão fortemente fincado em nossa cultura, que ainda estrutura a percepção que muitas mulheres têm de si próprias. Hoje, os comportamentos e valores que informaram aquela tradição se exprimem através de outros meios mais largamente difundidos – a propaganda, os jornais, a televisão – mas a forma essencial de ver a mulher, o uso básico a que se destina sua imagem, não mudou. A mulher é representada de uma maneira bastante diferente do homem – não porque o feminino é diferente do masculino – mas porque se presume sempre que o espectador "ideal" é masculino, e a imagem da mulher tem como objetivo agradá-lo (cf. Berger, 1999, pp. 65-66). Os homens olham as mulheres. As mulheres vêm-se sendo olhadas. Desse modo ela vira um objeto – e mais particularmente um objeto de visão: um panorama. Além disso, a beleza é competitiva, e o juiz é o homem, geralmente quem encomendou a pintura. O nu, muitas vezes, é um sinal da submissão da mulher aos sentimentos e exigências do proprietário (Cf. Berger, 1999, p. 54).

Berger caracteriza a história da pintura a óleo europeia pela "analogia entre *possuir* e o modo de olhar que se incorpora à pintura" (Berger, 1999, p. 85). Essa tradição, que atingiu seu auge durante o período da pintura a óleo tradicional (grosso modo, de 1500 a 1900) ainda forma muitas de nossas premissas culturais. Suas normas ainda afetam a maneira com que olhamos assuntos tais como paisagem, mulher, comida, dignitários, mitologia, etc. E ela nos provê dos arquétipos do "gênio artístico" (Berger, 1999, p. 86).

Antes de mais nada, as pinturas são objetos que podem ser comprados e apropriados. Objetos únicos. Elas exibem, para os seus proprietários, cenas daquilo que eles podem possuir, por exemplo, um palácio, uma galeria de arte, uma fazenda, animais domésticos, alimentos. Uma maneira de ver o mundo, que em última instância era determinada por novos comportamentos em relação à propriedade e ao poder de troca, encontrou sua expressão visual na pintura a óleo. A pintura a óleo reduziu tudo à igualdade de objetos ou mercadorias, transmitindo uma visão de exterioridade total (Berger, 1999, p. 89).

"O que distingue a pintura a óleo de qualquer outra forma de pintura é a habilidade especial que ela possui de devolver a tangibilidade, a textura, o brilho, a solidez daquilo que descreve" (Berger, 1999, p. 90). Ela define o real como aquilo que se pode tocar. Desse modo, ela podia demonstrar - pelo recurso ao senso do tato – o quanto era desejável o que o dinheiro podia comprar (Berger, 1999, p. 103). As aparências idealizadas que o proprietário encontrava na pintura eram um auxílio, um apoio, à visão que ele tinha de si mesmo. A capacidade da pintura a óleo de criar a ilusão de substancialidade emprestava plausibilidade a uma mentira sentimental: a saber, que eram os honestos e os que trabalhavam duro que prosperavam, e que aqueles que para nada prestavam merecidamente nada possuíam (Berger, 1999, p. 105).

As qualidades especiais da pintura a óleo levaram, elas próprias, a um sistema de convenções específico para representar o visível. A soma total dessas convenções é a forma de ver inventada pela pintura a óleo. Isso corresponde ao horizonte de expectativa, definido por Martine Joly como o contexto de experiência anterior no qual a percepção estética se inscreve, e que faz que o público de uma obra esteja predisposto a um certo modo de recepção. Este horizonte resulta das convenções relativas ao gênero, à forma ou ao estilo. A expectativa pode ser rompida por meio de uma nova criação, pela crítica , a paródia etc. É o caso da publicidade, que precisa surpreender, mas também dos movimentos artísticos que inovam e, por isso mesmo, são mais ou menos aceitos pelo público (Joly, 2009, p. 62). O contexto está associado aos diversos momentos da obra: momento de sua produção, o que a precedeu e o momento de sua recepção. O jogo com o contexto pode ser uma maneira de burlar a expectativa do espectador surpreendendo-o, chocando-o ou divertindo-o (procedimentos de descontextualização) (Joly, 2009, p. 63).

John Berger trata, enfim, da imagem publicitária, onipresente na nossa sociedade. O sistema de imagens publicitárias propõe uma transformação das nossas vidas, ao comprar alguma coisa a mais. Sua mola é a inveja, ao mostrar pessoas invejáveis, isto é, ao fabricar glamour. A publicidade oferece ao futuro comprador uma imagem de si próprio tornada glamour pelo produto ou pela oportunidade que está tentando vender. O poder dos glamourosos reside na sua suposta felicidade. É isso que explica o olhar distante, não focalizado, de tantas imagens glamourosas. Elas olham *por cima* dos olhares de inveja que as sustentam.

Há uma continuidade direta com a pintura a óleo, e ao mesmo tempo uma diferença profunda. A continuidade se manifesta na 'citação' de pinturas específicas: sinal de opulência e de riqueza cultural. A publicidade usa também a linguagem da pintura a óleo, às vezes através da exata correspondência pictórica, mas sobretudo pelo uso do mesmo conjunto de signos. A publicidade é a cultura da sociedade de consumo. A pintura a óleo era a celebração da propriedade privada. Como forma de arte ela derivou do princípio de que *você é aquilo que possui*. A publicidade é, em essência, nostálgica. Ela tem de vender o passado ao futuro. Ambas as mídias usam meios semelhantes, extremamente táteis, para jogar com o sentimento que o espectador experimenta de adquirir a coisa *real* que a imagem mostra.

Contudo, a função da publicidade é muito diferente. O espectador-comprador posiciona-se, na relação com o mundo, de uma maneira bem diversa do espectador-proprietário. A pintura a óleo mostrava do que seu proprietário já estava usufruindo, ela consolidava o sentimento que ele tinha de si próprio. O objetivo da publicidade é tornar o espectador ligeiramente insatisfeito com seu atual modo de vida, oferecendo-lhe uma alternativa melhorada do que ele é. Além disso, toda publicidade lida com a ansiedade, joga com o medo de que, nada tendo, uma pessoa nada é. O dinheiro é a garantia e a chave para toda capacidade humana. Aqueles que não têm poder para gastar dinheiro se tornam literalmente sem rosto. Aqueles que têm esse poder se tornam dignos de amor. A publicidade usa, de modo crescente, a sexualidade para vender qualquer produto ou serviço. Ser capaz de comprar é o mesmo que ser sexualmente desejável (Cf. Berger, 1999, p. 131-156).

A análise das imagens

O método do "olhar afinado" (*The good eye*)

O primeiro método de análise das imagens que vem à mente é o método tradicional do apreciador e do historiador de arte. Envolve um conhecimento dos artistas, das escolas, dos estilos, das fontes e das influências. Na base desses dados, poderá ser emitido um julgamento qualitativo, inserindo as imagens dentro de um "cânon". Esse método dá pouca atenção às práticas sociais envolvendo o ato do pintor e as próprias interpretações, mas olha com muito cuidado o conteúdo e a forma das imagens, sendo assim o ponto de partida para o uso de outros métodos. Focaliza, sobretudo, a modalidade tecnológica: material e técnica, ajudando a descrever as características particulares da obra.

A análise da composição dá atenção ao conjunto dos elementos que se combinam na imagem. Esses elementos são: o conteúdo, tema ou assunto; a cor (tonalidade, saturação, valor), que inclui a harmonia relativa da sua combinação, o efeito "realista" e o efeito de distância; a organização espacial dentro da imagem (volumes, perspectiva geométrica) e em relação com a posição do espectador; iluminação, em relação com a cor e com o espaço; o conteúdo expressivo, efeito combinado do tema e da forma visual, que inclui as características afetivas. Fundado na ideia de "gênio" da arte, esse método privilegia a qualidade da arte como esfera autônoma de atividade, refletindo muito mais a universalidade da condição humana que as condições culturais específicas (cf. Rose, 2007, pp. 33-56).

O método semiótico ou semiológico

A teoria semiótica aborda a imagem sob o ângulo da significação, considera seu modo de produção de sentido. A semiótica ou semiologia apresenta-se então como ciência dos signos. O conceito de signo designa algo que se percebe – cores, calor, formas, sons – e a que se dá uma significação. Para Peirce, "essa coisa que se percebe está no lugar de outra; esta é a particularidade essencial do signo: estar ali, presente, para designar ou significar outra coisa ausente, concreta ou abstrata" (Joly, 2009, p. 31) Em outras palavras, um signo é "algo que está no lugar de alguma coisa para alguém, em alguma relação ou alguma qualidade" (Peirce). Assim, o signo mantém uma relação solidária com pelo menos três polos: a face perceptível do signo, "representamen" ou significante; o que ele representa, "objeto" ou referente; e o que significa, "interpretante" ou significado. Essa estrutura é comum a todos os signos, incluindo a imagem como um tipo de signo. Todos podem significar algo além deles mesmos e constituir-se, então, em signos.

Peirce classifica os signos em função do tipo de relação que existe entre o significante e o referente (não o significado). Há três tipos principais:

- O ícone corresponde à classe de signos cujo significante mantém uma relação de analogia ou semelhança com o que representa, isto é, com seu referente. O ícone é a representação de algum objeto. Por exemplo, o desenho de uma árvore, que representa a árvore real e que se parece com ela. Temos as pinturas iconográficas que sempre remetem a pessoas ou coisas por sua semelhança.

- O índice corresponde à classe dos signos que mantém uma relação causal de contiguidade física com o que representam. É o caso dos signos ditos "naturais". O índice não se parece, necessariamente, com o objeto, mas recebe uma influência dele e, por isso mesmo, possui algo em comum com o objeto. Exemplo: a fumaça é índice de fogo, ou seja, indica a presença de fogo (cf. Nasser, 2003, p. 34).

- O símbolo corresponde à classe dos signos que mantém uma relação de convenção com o seu referente. Por exemplo, a pomba da paz, a bandeira nacional.

Não existe signo puro, mas apenas características dominantes.

Para Pierce, a imagem entra como uma subcategoria do ícone. A categoria da imagem reúne, então, os ícones que mantém uma relação de analogia qualitativa entre o significante e o referente. Um desenho, uma foto, uma pintura figurativa retomam as qualidades formais de seu referente: formas, cores, proporções, que permitem reconhece-los.

A semiologia da imagem apegou-se essencialmente ao estudo das mensagens visuais. A imagem tornou-se, portanto, sinônimo de "representação visual". A questão inaugural de Roland Barthes é: "Como o sentido chega às imagens?" A imagem é heterogênea, isto é, reúne e coordena dentro de um quadro diferentes categorias de signos: "imagens" no sentido teórico do termo (signos icônicos, analógicos); signos plásticos (cores, formas, composição interna, textura); signos linguísticos (linguagem verbal). O sentido é produzido pela sua relação ou interação.

O ponto comum entre as significações diferentes da palavra "imagem" (imagens visuais/imagens mentais/imagens virtuais) parece ser, antes de tudo, o da analogia. Uma imagem é, sobretudo, algo que se assemelha a outra coisa. A imagem entra na categoria das representações. Sua função é evocar outra coisa que não ela própria, utilizando o processo da semelhança. Isso quer dizer que a imagem é percebida como signo, e como signo analógico. Há uma circulação da imagem entre semelhança, traço e convenção, isto é, entre ícone, índice e símbolo.

A metodologia de Roland Barthes consiste em postular que os signos a serem encontrados nas imagens têm a mesma estrutura que a do signo linguístico, proposta por Saussure: um significante ligado a um significado. Pode-se partir dos significados para encontrar os significantes: linguísticos, plásticos, icônicos, ou, inversamente, enumerar sistematicamente os diversos tipos de significantes presentes na mensagem visual e fazer com que a eles correspondam os significados que lembram por convenção ou hábito. O segundo procedimento é mais adequado para descobrir as mensagens implícitas veiculadas pela mensagem visual.

Barthes usa o procedimento clássico da permutação, comprovado em linguística. O princípio de permutação é um meio de distinguir os diversos componentes da imagem. Permite descobrir uma unidade, um elemento relativamente autônomo, substituindo-o por um outro. Vale para os três tipos de signos mencionados. Este tipo de associação mental, que ajuda a distinguir os diversos elementos uns dos outros, tem o mérito de permitir a interpretação das cores, das formas, dos motivos, pelo que são, mas também e, sobretudo, pelo que não são. Esse método acrescenta à análise simples dos elementos presentes a da escolha desses elementos entre outros, o que a enriquece consideravelmente. Os elementos percebidos na mensagem visual, descobertos por permutação, encontrarão sua significação não apenas por sua presença, mas também pela ausência de certos outros que são, contudo, mentalmente associados a eles.

Terminamos com uma observação: a análise semiótica não se interessa pela intenção do autor.

> Ninguém tem a menor ideia do que o autor quis dizer; o próprio autor não domina toda a significação da imagem que produz. [...] Interpretar uma mensagem, analisá-la, não consiste certamente em tentar encontrar ao máximo uma mensagem preexistente, mas em compreender o que essa mensagem, nessas circunstâncias, provoca de significações aqui e agora, ao mesmo tempo em que se tenta separar o que é pessoal do que é coletivo (Joly, 2009, p. 44).

Devemos nos colocar deliberadamente do lado em que estamos, ou seja, do lado da recepção, o que, é claro, não nos livra da necessidade de estudar o histórico dessa mensagem (tanto de seu surgimento quanto de sua recepção). A interpretação proposta deverá ser relativizada pelo contexto de emissão e de recepção da mensagem e ela ganhará em plausibilidade se for efetuada em grupo (cf. Joly, 2009, pp. 28-54).

Imagem e símbolo

A linguagem visual constitui uma parte importante da expressão religiosa. Em particular, as imagens contribuem na elaboração e apresentação dos símbolos religiosos, mesmo quando existe uma proibição do uso de imagens do divino ou até da figura humana. Enquanto símbolos, as imagens exercem uma função de intercessão entre o ser humano e o seu próprio mundo, o qual inclui o que ficaria além desse mundo, como o divino ou o sagrado (cf. Joly, 2009, p. 59). Por isso, vamos dedicar um momento à interpretação dos símbolos, especialmente visuais.

Tradicionalmente, o termo de símbolo abrange três conjuntos de significados nitidamente distintos:

- um sentido próximo da analogia emblemática: a pomba é o símbolo da paz, o leão é o símbolo da coragem, a cruz latina é o símbolo do cristianismo, o cetro e a coroa são os símbolos da realeza, ou do poder.

Trata-se geralmente da concretização (objeto, animal, figura...) de uma realidade abstrata (virtude, estado, poder, crença...).

- o sentido etimológico da palavra grega *symbolon*, derivada do verbo *symbollô*, "reunir", define um objeto repartido em dois, a posse de cada uma das partes por dois indivíduos diferentes permitindo-lhes reunir-se e reconhecer-se. Num sentido mais amplo, o símbolo é uma fórmula que permite a membros de uma comunidade reconhecer-se enquanto tais: o Símbolo dos Apóstolos (o Credo), por exemplo, no cristianismo.
- o símbolo lógico-matemático, pelo qual se entende todo signo gráfico que indica uma grandeza dada ou que prescreve uma operação precisa sobre essas grandezas.

Essas três definições iniciais indicam uma grande extensão de significado do termo, passando do mais concreto ao mais abstrato, ainda reforçada pela disseminação do termo nos diversos registros dos fenômenos naturais, estéticos, sociológicos, psíquicos etc. Podemos ver isso na psicanálise, na linguística, na história da arte, na história das religiões, na etnologia, na lógica, na sociologia etc.

Para que servem os símbolos? O símbolo possui pelo menos três funções bem distintas: o símbolo mostra, reúne, obriga. Em primeiro lugar, o símbolo mostra, torna sensível: valores abstratos, poderes, vícios, virtudes, comunidades. Nesse sentido, o símbolo é exclusivo, pois precisa ser reconhecido por todos, e assim possui um valor para o grupo, para a comunidade, para a sociedade, ele tem poder de reunião, de consenso, isto é, ele é social. Em segundo lugar, o símbolo reúne: além da sua função consensual, ele indica a pertença, ele "inclui e exclui" (Georges Gurvitch). Por exemplo: a bandeira nacional, o símbolo comunista da foice e do martelo, simbolizando a união dos camponeses e dos operários, o sinal da cruz no cristianismo. Não há símbolo sem comunicação através dele. Enfim, o símbolo obriga, prescreve: o cetro e a coroa não apenas assinalam o poder, mas convidam a respeitá-lo. Por exemplo, a arquitetura religiosa atende a critérios simbólicos, como a forma do navio simbolizando a Igreja no meio das tempestades do mundo exterior hostil (cf. Jameux, 2011).

A hermenêutica mostrou que a definição do símbolo pela semiótica peirceana não era suficiente. Segundo Ricoeur, todo símbolo é signo, mas nem todo signo é símbolo. Todo símbolo também é signo por conter sentidos que podem ser captados. O que diferencia o símbolo do signo é sua dupla intencionalidade, o duplo sentido que o símbolo esconde. Ricoeur define símbolo da seguinte maneira: "chamo de símbolo todas as estruturas de significado nas quais o sentido direto, primeiro e literal designa, por excesso, outro sentido indireto, secundário e figurado incapaz de ser apreendido a não ser por ele" (apud Pires, 2006, p. 35, nota 28). Quando Ricoeur afirma que o símbolo dá o que pensar, o pensamento se relaciona com a intenção secundária do símbolo, intermediada pelo sentido literal. O signo, por sua vez, relaciona-se apenas com a intenção primária, literal. O signo indica apenas um sentido, é denotativo, ao passo que o símbolo indica uma pluralidade de sentidos, é conotativo ou polissêmico.

O fato do símbolo ter sido usado na linguagem como sinônimo de signo, ou como uma categoria do signo, pode trazer confusões conceituais e, mais do que isso, uma redução do significado de símbolo. O símbolo entendido como signo fica preso em uma camisa de força, o que o impede de representar o excesso de vida que há em nós (Nasser, 2003, p. 35). O símbolo também se distingue da alegoria. Alegoria é constituída de uma imagem, formada de vários componentes que, no conjunto, representam algo, como a representação da justiça pela figura feminina de olhos vendados, com a espada e balança. A alegoria parte de algo conhecido para terminar em uma figura, a qual, por sua vez, remete a algo conhecido, mas lido a partir da imagem (Nasser, 2003, p. 37; Croatto, 2001, p. 95).

Os símbolos estendem as suas raízes até o fundo mais recôndito da alma, arrebatam o espírito para além dos limites do finito e mortal até o reino do ser infinito. Eles estimulam intuições e são capazes de, em certo sentido, tornar visível até o divino, aproximando o divino do humano: é a ponte que os liga, como as duas metades da mesma medalha.

> A linguagem simbólica é uma ponte que liga o homem ao outro homem no que de mais humano cada um possui. A linguagem simbólica acontece quando, ao invés de conter um sentido objetivo e apreensível, ocultamos um sentido invisível e mais profundo e que não pode ser expresso diretamente. Assim, a linguagem simbólica vai além do nome que identifica o objeto, ampliando seu sentido, dando-lhe novo significado e direção. A linguagem simbólica é usada quando se esgotam as expressões comuns, quando o desconhecido está presente. É a linguagem dos poetas, dos artistas (Nasser, 2003, p. 8).

Por outro lado, o símbolo difere da metáfora. A metáfora é um recurso da linguagem para podermos dizer que uma coisa é outra, através de uma aproximação de atributos (qualidades) de duas substâncias, que podem ser totalmente diferentes. Exemplo: Maria é uma flor. Maria é bela, suave e bonita e outras tantas coisas. A flor é bela, suave e bonita e outras tantas coisas. Mas há algo em comum que me permite dizer que Maria é uma flor, mesmo sabendo que Maria é uma pessoa e a flor é uma planta. Na metáfora, uma coisa *é* a outra. A metáfora, contudo, "leva mais adiante", a outro sentido, apoiando-se somente no sentido direto, na base de uma experiência anterior.

No símbolo, uma coisa está no lugar de outra, ou seja, *representa* outra. Assim, pode ser qualquer coisa – apreensível por nossos sentidos (audição, visão, olfato, paladar e tato) e que se remeta a algo – à qual atribui-se um sentido (significado e direção), que engloba e vai além da própria coisa. Quando eu não consigo representar um sentimento, uma emoção, uma compreensão através de palavras "normais", eu utilizo símbolos ou a linguagem simbólica, que pode conter metáforas. Exemplo: A cruz é um símbolo do cristianismo, pois representa o próprio Cristo, a cruz está no lugar de Cristo. Quando carrego uma cruz comigo, estou carregando Cristo. Mas o símbolo não atribui algo conhecido. É intuição do desconhecido. A metáfora é uma comparação, o símbolo é uma trans-significação (cf. Nasser, 2003, pp. 51-52).

O símbolo trans-significa: "O símbolo é um elemento desse mundo fenomênico (desde uma coisa até uma pessoa ou um acontecimento) que foi 'trans-significado', enquanto significa algo *além* de seu próprio sentido primário" (Ricoeur, apud Croatto, 2001, p. 87). No símbolo não podemos objetivar a relação analógica que une o segundo sentido com o primeiro; o primeiro sentido nos leva além dele mesmo, enquanto nos movemos no primeiro sentido. "O símbolo dá *em transparência*" ao passo que a alegoria revela *em tradução* (Ricoeur, apud Croatto, 2001, pp. 89- 90).

Distinguindo entre signo e símbolo, Jung reservou ao símbolo a função de linguagem da alma por meio dos sonhos, dos mitos e de outras manifestações:

> Toda concepção que explique a expressão simbólica como uma analogia ou uma descrição abreviada de uma coisa conhecida é 'semiótica'. Uma concepção que explique a expressão simbólica como a formulação de uma coisa relativamente desconhecida, que não poderia apresentar-se de forma mais clara ou significativa, é simbólica. Toda

concepção que explique a expressão simbólica como um circunlóquio procurado, ou uma transposição de uma coisa conhecida, é alegoria (Jung, apud Croatto, 2001, p. 100 e nota 7).

Parece que os fenômenos ligados à visão foram sempre percebidos como contendo um valor simbólico de suma importância. Pode-se até dizer que a visão é como o centro e o eixo do conhecimento simbólico. Resulta daí a abertura do olhar para um invisível além do visível, para um outro mundo, ou, melhor, para uma outra visão do mundo. Isso exige de nós uma mudança de atitude ou de atenção, uma nova presença às coisas e aos humanos, uma verdadeira conversão do olhar. Conforme C. G. Jung, "é preciso ensinar ao homem a arte de ver, pois é evidente que muitos seres humanos são incapazes de estabelecer qualquer relação entre as figuras sagradas, de um lado, e os conteúdos de sua própria *psychè,* do outro lado, eles não podem ver até que ponto as imagens correspondentes permanecem adormecidas no próprio inconsciente. Para facilitar esta visão interior, precisamos primeiro abrir o caminho desta faculdade de ver" (*Psychologie et alchimie,* apud Delaunay, 2001).

A teoria do símbolo em Paul Tillich

Podemos enumerar cinco características do símbolo, em particular do símbolo religioso, nas obras de Paul Tillich (cf. Josgrilberg, 2006, pp. 23-24; Pires, 2006, pp. 29-39; Carvalho, 2007, pp. 31-55).

O símbolo se assemelha e se distingue, ao mesmo tempo, do sinal ou simples signo. Tanto um como o outro aponta para além de si mesmo, para alguma coisa diferente dele. O signo tem sua origem a partir de convenções, como o sinal de trânsito, por exemplo. Por ser formado a partir de acordos, o signo pode ser trocado por razões de conveniência ou convenção. Ao contrário, o símbolo não pode ser trocado por acordo ou por imposição. Determinado símbolo somente morre quando não mais corresponde às expectativas daqueles a quem se dirige.

O símbolo participa da realidade que simboliza. É por isso que não pode ser substituído por outro. O símbolo é um modo de abrir e ampliar o sentido pela propriedade de participar da natureza daquilo que é simbolizado. Quando Tillich afirma que o símbolo participa da realidade significada, ele se refere a um laço ontológico de sentido. Esse laço ontológico de sentido é que permite a interpretação "para algo além" do sentido. Na relação ontológica de sentido, o símbolo pode ser interpretado como modo de ser de algo em relação ao sentido do ser mesmo. A verdade do símbolo religioso manifesta-se quando ela é capaz de exprimir existencialmente nossa relação com o fundamento último do ser.

O símbolo tem capacidade de abrir para nós níveis de realidade para os quais a linguagem não simbólica é inadequada. Ou o símbolo é uma forma de expressão indireta de ir além de um sentido que, de outro modo, permaneceria sem possibilidade expressiva. Uma pintura de Rubens, por exemplo, nos conduz a uma experiência de sentido que não pode ser atingida por outra via, nem por descrições verbais, que só é dada por meio da particularidade daquela pintura. Nesse sentido, todas as artes são criadoras de símbolos. Um quadro, um poema nos revelam aspectos da realidade que não são acessíveis ao método científico. Os símbolos abrem janelas para diferentes níveis de realidade, mas os símbolos religiosos abrem janelas para o nível supremo, que é o nível do Ser, do incondicionado transcendente. Símbolos ordinários se referem a realidades que tem existência objetiva não simbólica. Já os símbolos religiosos têm a tarefa de "expressar um objeto que, por sua própria natureza, transcende tudo que há na ordem empírica, portanto, um objeto que não pode adquirir um caráter objetivo por meio de um ato do espírito" (Tillich, 1968, p. 60). Assim, a devoção ao crucifixo é realmente dirigida à crucifixão no Gólgota, e a devoção à última intenciona, na realidade, a ação redentora de Deus, que é, em si mesma, uma expressão simbólica para uma experiência do incondicionado transcendente. Em sua máxima possibilidade, o símbolo é a forma pela qual o ser humano pode exprimir seu *Ultimate Concern* (sua "preocupação última"). A linguagem da fé é a linguagem dos símbolos. A fé enquanto fato de ser tomado por uma preocupação absoluta não possui outra linguagem. Nessa direção, a linguagem da teologia ou das religiões são linguagens essencialmente simbólicas. A teologia ou filosofia religiosa é um trabalho hermenêutico de interpretar os símbolos religiosos e descobrir as estruturas que os sustentam. Tillich fala também de certa irredutibilidade do símbolo: a realidade para a qual o símbolo aponta e da qual ele participa permanece intocável e misteriosa.

Semelhantemente, o símbolo seria capaz de pôr diante de nós a realidade que ele representa e, ao mesmo tempo, de abrir a nossa alma a essa realidade, nos dando acesso às dimensões e estruturas da nossa alma que correspondem às dimensões e estruturas da realidade. E isso ocorre, sempre, por meio da particularidade daquele símbolo. Assim, uma grande obra teatral, não apenas nos dá uma visão nova do drama humano, mas revela profundezas ocultas do nosso próprio ser. Há dimensões em nós que só se tornam conscientes por via de símbolos, por exemplo, o sentido das melodias e dos ritmos na música.

Vida e morte dos símbolos: os símbolos não podem ser criados conscientemente. Surgem do inconsciente coletivo e só podem desempenhar o seu papel depois de serem aceitos pelas profundezas inconscientes do nosso ser.Indivíduos não têm poder de criar símbolos, mesmo que eles tenham um papel especial em sua aparição.O símbolo não é religioso em razão do seu conteúdo positivo, mas de sua função. [...] Nenhum conteúdo especial habilita o símbolo a representar o religioso; são as condições históricas e a experiência religiosa particulares que tornam certo objeto um representante do incondicionado. "Os símbolos religiosos são tomados da infinidade do material que a realidade experimentada nos dá. Tudo, no tempo e no espaço, tem se tornado em algum momento na história da religião, um símbolo para o Sagrado. E isto é natural, porque tudo o que nós encontramos no mundo repousa sobre o fundamento último do ser" (Tillich, 1968, p. 62).

Pelo fato de não poder ser inventados, os símbolos crescem e morrem, como os seres vivos, em função das circunstâncias e situações. Para nascer, não dependem do desejo dos seres humanos e não morrem por causa da crítica científica ou do abandono prático. Desaparecem porque não encontram mais ressonância dentro do grupo do qual eram originariamente a expressão.A quebra do símbolo, que ocorre a partir do seu reconhecimento como símbolo, pode levar à sua substituição ou mesmo a um possível vazio simbólico (cf. Tillich, 1968, pp. 57-63).

A teologia da arte de Paul Tillich

As reflexões de Tillich sobre as imagens estão presentes, sobretudo, nos comentários que ele fez, de modo oral e escrito, de obras pertencendo ao domínio das artes plásticas, especialmente a pintura. Esses comentários se inscrevem na perspectiva da teologia da cultura, que acompanhou a carreira inteira de Tillich, desde a conferência de 1919 *Sobre a ideia de uma teologia da cultura*, até a Teologia Sistemática (1951, 1957, 1963). Durante os anos do primeiro ensino (1919-1926), a teologia da cultura pretende manifestar a substância ou conteúdo religioso da cultura, isto é, o que diz respeito à questão do absoluto e dos limites da existência humana, e que transparece nas funções teóricas (artes, ciências – como a sociologia ou a psicologia profunda -, filosofia) e práticas (direito, moral, educação, política, técnica) da cultura. Esta se identifica com o mundo propriamente humano do espírito, o conjunto das atividades criadores do ser humano.

A religião, por sua vez, é "a experiência do incondicionado, isto é, a experiência da realidade absoluta na base da experiência do nada absoluto. Trata-se da experiência do nada do que existe, do nada dos valores, do nada da vida pessoal" (Tillich, 1990, p. 35). É uma experiência nos limites da existência. "Através das coisas, esta realidade se impõe a nós, sendo, ao mesmo tempo, o não e o sim às coisas. [...] É, para usar uma fórmula mística, o além do ser. [...] Não se trata de uma realidade de ser, mas de uma realidade de sentido e, além disso, do sentido último, o mais profundo, que abala tudo e edifica tudo novamente". "[...] A revelação do conteúdo dominante acontece à medida que a forma fica sempre mais insuficiente, que a realidade, na sua plenitude transbordante, faz estourar a forma que deveria retê-la" (Tillich, 1990, pp. 36-37).

Em consequência, "a tarefa de uma teologia da cultura é de perseguir e expressar este processo (de rompimento da forma pelo conteúdo, sem que a forma seja perdida) em todos os setores e todas as criações da cultura. [...] Importa que todas as experiências religiosas concretas, que estão ancoradas em todas as grandes manifestações da cultura, sejam ressaltadas e levadas à expressão" (Tillich, 1990, p. 37). Entre as tarefas da teologia da cultura, a principal é a análise geral de todas as criações da cultura. Trata-se de manifestar o "conteúdo substancial" (*Gehalt*) – ou sentido (*Sinn*), ou esprit (*Geist*), ou sagrado (*Heilig*) ou ainda substancialidade espiritual – que, por meio da forma, é apreendido e levado à expressão num determinado objeto (*Inhalt*). "É no conteúdo que a realidade religiosa aparece com o seu sim e o seu não às coisas" (Tillich, 1990, p. 38).

Na Teologia Sistemática, a teologia da cultura torna-se disciplina auxiliar da sistemática: é a

> tentativa de analisar a teologia subjacente a todas as expressões culturais e de descobrir a preocupação última no fundamento de uma filosofia, de um sistema político, de

um estilo artístico, de um conjunto de princípios éticos e sociais. Esta tarefa é mais analítica do que sintética, mais histórica do que sistemática e constitui uma preparação para o trabalho do teólogo sistemático. No momento, uma teologia da cultura está sendo construída continuamente [...] em conexão com a história do pensamento moderno, da arte, da ciência, dos movimentos sociais (em alemão, *Geistesgeschichte*, "a história do pensamento humano"). [...] Ela deveria ser ensinada como "teologia da cultura" em todas as instituições de ensino teológico; por exemplo, como história teológica da filosofia, artes etc. (Tillich, 2005, p. 55).

Na Introdução da Teologia Sistemática, Tillich prossegue: "No que diz respeito ao método desta análise teológica da cultura [...] a chave para a compreensão teológica de uma criação cultural é o seu estilo. Estilo é um termo que procede do campo das artes, mas é possível aplica-lo a todos os domínios da cultura. [...] O estilo de uma época se expressa em suas formas culturais, na escolha de objetos, nas atitudes de suas personalidades criativas, em suas instituições e costumes. 'Ler estilos' é tanto uma arte quanto uma ciência. Requer-se uma intuição religiosa, com base em uma preocupação última, para penetrar nas profundidades de um estilo, para chegar ao nível em que uma preocupação última exerce o seu poder condutor" (Tillich, 2005, p. 55).

Além do estilo, vários outros conceitos importantes operam na análise religiosa da cultura. Em primeiro lugar, a noção de teonomia, na sua dialética com as ideias de autonomia e heteronomia. A cultura é "teônoma" quando o sentido supremo da existência ilumina todas as formas finitas de pensamento e ação, quando a cultura se torna transparente e suas criações se tornam receptáculos de conteúdo espiritual. Ela é "heterônoma" quando a esfera religiosa procura dominar e controlar a criatividade cultural autônoma. Enfim, a cultura é "autônoma" quando os vínculos da civilização são rompidos, junto com o seu fundamento e o seu fim últimos, num completo vazio espiritual. A partir desses conceitos, a teologia da cultura torna-se análise teônoma da cultura, capaz de mostrar a presença do fundamento teônomo incondicional e sagrado em todas as épocas e em todas as formas da cultura, até nas culturas predominantemente autônomas (ou seculares) ou heterônomas.

A ideia de teonomia deve ser completada pelas noções de *kairós* e de "demônico". O *kairós* é o tempo teônomo por excelência, é um tempo qualitativo, cheio de sentido, de tensões, de possíveis e impossíveis. Deve ser pensado como princípio geral da história, válido também para o tempo presente: os momentos de *kairós* são manifestações extraordinárias do eterno – aceitas, recebidas, reconhecidas – em pontos determinados da história, a qual se abre então ao incondicional. Surgindo na história, o eterno a abala e a transforma, instaurando a crise até as profundidades da existência humana. O *"Dämonisch"* é "um princípio ambíguo, que contém um elemento criador e um elemento destruidor. É a face obscura do fundamento abissal; é o lado tenebroso do divino, assim como o experimentou Lutero. Poderíamos dizer também que é a perversão do sagrado, o sagrado com um sinal negativo". Segundo Jean-Paul Gabus, "ao contrário do satânico, que significa uma destruição completa da realidade, sem criação compensadora, o demônico exprime um aspecto essencialmente dialético, positivo e negativo, do processo vital. O demônico corresponde a uma irrupção das profundidades inesgotáveis e abissais do ser, que procura romper as formas finitas do ser para suscitar novas formas" (Gabus, 1969, pp. 5-6). É o elemento abissal do não ser presente na criatura.

Apresentamos, enfim, as noções de "princípio protestante" e de *Gestalt* (figura, estrutura vital) de graça. O princípio protestante é um princípio universalmente significativo, que se concretizou historicamente no protestantismo, mas que atua em todos os períodos históricos, já que expressa um aspecto da relação divino-humana. Ele contém o protesto divino e humano contra toda pretensão absoluta apresentada por realidades relativas, inclusive as próprias igrejas protestantes. A *Gestalt* de graça é um poder de criar formas novas e superiores (artísticas, litúrgicas, comunitárias, políticas etc.) além da atitude protestante crítica em relação às formas. Embora o princípio protestante rejeite toda identificação da graça com a realidade visível, a *Gestalt* de graça pode, contudo, ser objeto de uma "intuição imaginativa", como no caso da figura neotestamentária de Jesus enquanto Cristo. A *Gestalt* de graça é transparente. Ela irradia uma realidade que é mais que ela mesma. Ela pode manifestar-se através de todas as formas seculares ou profanas, com ousadia e risco. Isso diz respeito tanto ao conhecimento quanto à ação, tanto ao culto religioso quanto à cultura autônoma.

Para Tillich, as criações artísticas expressam algo além delas, elas remetem ao fundamento incondicionado do ser, elas revelam algo do fundamento divino de todas as coisas. Através de uma experiência do sagrado, que vai além da experiência de qualquer realidade cotidiana, as formas artísticas, tanto seculares quanto religiosas, fornecem as chaves da interpretação da existência humana. Quando contempla uma obra pictural, o ser humano é capaz de romper a superfície das formas e penetrar, ainda que fragmentariamente, em seu conteúdo substancial, no poder espiritual que pulsa nelas. Há pinturas que não se relacionam com a religião no sentido estrito da palavra, mas expressam o poder do ser, e tudo o que expressa o poder do ser é indiretamente religioso (Cf. Calvani, 1998, 75-77).

Na conferência *Art and Ultimate Reality*, proferida no Museu de Arte Moderna de New York em 1959, Tillich aponta cinco formas possíveis de experiência religiosa com o incondicionado e sugere que a cada uma delas corresponde um determinado estilo artístico. Esses tipos são o sacramental, o místico, o profético, o idealista e o extático-espiritual. Na religião de tipo sacramental, a Realidade Última é fortemente determinada pelo visual e se encontra associada a objetos, pessoas, símbolos e eventos. O estilo artístico que corresponde a esse tipo religioso é o realismo mágico ou numinoso.

Na religião de tipo místico, a Realidade Última é buscada sem a mediação de objetos particulares, considerados obstáculos à comunhão divina. Os estilos artísticos mais próximos a esse tipo de religiosidade são aqueles em que se privilegia a abstração. Nas religiões de tipo profético, a história toma o lugar da natureza como lugar da manifestação da Realidade Última. O estilo artístico correspondente é um realismo histórico, ora científico-descritivo, ora ético-crítico. As obras contém certo elemento de crítica à injustiça do mundo e à desumanização. O quarto tipo de experiência religiosa é a idealista. Nela, a perfeição futura já foi antecipada. Expressa-se no estilo artístico que reproduz a suposta perfeição já encontrada na sociedade em formas as mais harmônicas possíveis, como as tendências naturalistas.

Enfim, a religião de tipo extático-espiritual tem seu correlato no expressionismo. Ela é de caráter dinâmico, que vai além da aparência das coisas e pessoas, sendo, ao mesmo tempo, realista, mística e de cunho profético. Ou seja, ela simultaneamente critica o mundo, expressando suas contradições, submerge no poder da Realidade Última, rompendo a prisão das formas, e antecipa possibilidades de ser. Tillich deu particular importância ao expressionismo como arte profundamente religiosa (cf. Calvani, 1998, pp. 77-79; Tillich, 1987, pp. 139-157).

Na palestra *Art and Society*, de 1952, Tillich aponta as funções básicas de toda arte: expressão, transformação e antecipação. A arte expressa a nossa relação com o fundamento infinito da realidade. Ela transforma realidades ordinárias de modo a que estas expressem o poder de algo, além delas mesmas.

Pela transformação, a arte é capaz de elevar os elementos naturais da realidade bruta ao nível de símbolos do que transcende o material. E ela antecipa possibilidades de ser que transcendem as possibilidades já dadas. A arte tem o poder de antecipar fragmentariamente a salvação, a reconciliação com o infinito, ou seja, opera uma "essencialização" das realidades históricas, mesmo as mais distorcidas. O expressionismo foi o estilo artístico que, na visão de Tillich, melhor realizou essas funções da arte (cf. Calvani, 1998, pp. 79-80; Tillich, 1987, pp. 11-41).

O expressionismo foi um movimento artístico, abrangendo em particular a literatura e as artes plásticas na Alemanha do início do século XX. Nasceu da angústia provocada pelo fim de um mundo e pela aparição de uma nova era. O seu lugar de origem é uma sociedade insolentemente capitalista, cínica e conquistadora, simbolizada pela figura do Kaiser Guilherme II. O movimento é uma insurreição, uma revolta, cuja busca formal expressa com toda a força o tormento interior dos artistas. Os poetas e pintores expressionistas inventaram o estilo da angústia e a técnica do mal estar na civilização. Precursor declarado do expressionismo foi o quadro do norueguês Edvard Munch, "O Grito", pintado em 1893. O quadro expressa o grito trágico de horror existencial lançado numa sociedade escandinava conformista, puritana e burguesa. O expressionismo vai usar a culpabilidade e a agonia (o "suor frio") como suportes da expressão, ampliados sem medida pela ênfase dramática do estilo: o corpo nasceu para ser desarticulado. Tillich entendeu o expressionismo, não apenas como corrente situada na Europa do Norte, especialmente na Alemanha, mas também como tipo, que pode ser encontrado em qualquer período da história da arte (cf. Toniutti, 2005, pp. 17-30).

Tillich não interpretava o expressionismo como um movimento apenas de teor subjetivo, mas que, pela dissolução das formas individuais, buscava uma expressão metafísica objetiva, evocando o abismo do ser, em novas linhas, cores e formas. Nessa nova forma de pintura, ele via uma "transparência mística" (RS, 88) que questionava as formas autossuficientes próprias do idealismo em sua vertente impressionista. O expressionismo vinha criticar a própria arte religiosa da sociedade capitalista, que reduz os símbolos religiosos tradicionais ao nível da moralidade da classe média e os esvazia de seu caráter transcendente e sacramental (Calvani, 1998, p. 91).

Para Tillich, o expressionismo é a representação clássica da Teologia da Cultura. A arte expressionista, como parte da cultura, contém um elemento sagrado, que traduz a sua dimensão religiosa. A revelação do incondicionado no condicionado da obra de arte pode dar sentido ao ser humano e à sua história. Através do estilo expressionista, Tillich descobriu que a arte constitui uma linguagem na qual a forma e o conteúdo substancial podem tornar-se o lugar da revelação do incondicionado. Isso graças à destruição da forma e ao êxtase criador implicado neste processo. "Não podemos dizer nada do incondicionado nem do fundamento do ser, mas a arte expressionista balbucia, no coração da sua forma e do seu conteúdo, os vestígios da sua experiência intuitiva" (Toniutti, 2005, p. 181).

Na arte expressionista, o incondicionado se deixa apreender na ordem da experiência mística. A atmosfera mística, onde se experimentou o fundamento e o abismo do ser nas coisas e através delas, pode ser sentida no expressionismo como vontade artística de renunciar à forma das coisas para poder expressar o seu sentido profundo (Toniutti, 2005, p. 161). As formas extáticas subjetivas do expressionismo mantém uma estreita relação com a profundidade abissal e o poder das origens que constituem o ser humano.

Tillich compara a intuição mística do incondicionado através da arte com a participação mística na natureza. Para ele, o tipo expressionista é a forma de revelação da substância espiritual de uma época ou de um meio cultural, substância que é objetivamente válida e misticamente imediata. Até o que se manifesta na forma do terrível ou do horror tem sentido. Mais ainda, até o que parece não ter nenhum sentido revela-se portador do vazio pelo qual toda coisa sente-se carregada. O expressionismo, enquanto processo de revelação do incondicionado, torna-se portador do incondicionalmente-real no seio da sociedade burguesa. Apresenta-se como o evento estético profético que denuncia a autonomia da sociedade burguesa, em ruptura com o fundamento essencial que a anima.

Análise do quadro *Guernica* de Picasso

Realizaremos esta análise a partir dos métodos apresentados neste ensaio: modos de ver socioculturais, semiótica e teologia da cultura.

Iniciaremos com o contexto histórico. Em 1936, um golpe militar nacionalista, sob a direção do general Franco, desencadeia a guerra civil na

Espanha contra o governo republicano de frente popular. Franco recebe ajuda da Alemanha e da Itália, com o envio de aviões. No dia 26 de abril de 1937, dia de feira, quatro esquadrilhas da legião Condor (alemã), protegidas por aviões de caça italianos, bombardeiam a pequena cidade de Guernica, capital histórica e espiritual do país basco. Deixaram 20% da cidade em chamas, 1654 mortos e mais de 800 feridos, entre os sete mil habitantes. O bombardeio marcou os espíritos da época, não apenas pela amplitude do massacre de uma população civil sem defesa, mas também por causa do valor simbólico da cidade, capital histórica do País Basco.

A pintura Guernica foi encomendada a Pablo Picasso (1881-1973), então exilado na França, pelo governo republicano espanhol, com a finalidade de traduzir numa imagem o sentido e o drama da pátria arrasada pelo fascismo durante a guerra civil espanhola. A pintura foi exposta na Exposição Universal de Paris, dedicada ao progresso e à paz, em 1937. Atualmente, o quadro encontra-se no Centro Nacional de Arte Rainha Sofia, em Madrid. No entanto, ficou por um longo período no Museu de Arte Moderna de New York.[1]

A análise semiológica[2] inclui a descrição (denotação) e a simbolização (conotação). Trata-se de uma pintura a óleo sobre tela de 3,51 x 7,52 metros, isto é, de um quadro de grandes dimensões. É um formato tipicamente horizontal e, portanto, narrativo. Este espaço de representação engole o espectador pela sua monumentalidade.

No primeiro plano, horizontalmente, da esquerda para a direita: uma mulher com uma criança nos braços, um touro, um homem deitado com espada na mão direita, um cavalo, uma lâmpada no teto, uma mulher na janela, segurando uma lâmpada a óleo, uma mulher em fuga, uma personagem em chamas numa habitação. As expressões são fortes (mulher gritando de dor, cavalo aterrorizado, soldado morto...) e reforçadas pela deformação do conjunto das personagens. No segundo plano: arquiteturas internas que alternam com vistas externas, portas, janelas, chamas, telhados, um pavimento, uma pomba.

A luz. Denotação: há várias fontes de luz: a lâmpada do teto, a lâmpada a óleo, aberturas para fora (portas e janelas). A luz divide a cena em duas partes, esquerda e direita. Conotação: a luz do teto simboliza as bombas ou a

---

[1] O leitor não encontrará dificuldades para ver a imagem do quadro na internet.
[2] Apresentamos aqui uma análise bastante simplificada, pois não constitui o objeto principal do ensaio.

destruição, a lâmpada a óleo simboliza a resistência, a esperança; a iluminação externa simboliza a verdade.

A cor/ a matéria. Denotação: ausência voluntária de cores. Utilização do preto e do branco e de um tipo de cinza, inclusive cinzas coloridos. As personagens são realçadas por uma cor mais clara do que o cenário. Conotação: o preto e o branco contribuem à dramatização da cena, reforçando a ideia de morte. Há também uma referência aos recortes e imagens de jornais que Picasso usou nas suas pesquisas.

A composição, o espaço: um eixo vertical divide o quadro em duas grandes partes, que se distinguem também pela luz (a parte esquerda é bem mais escura que a parte direita). Quatro partes correspondem aos diversos grupos de personagens: a mulher com criança (evoca talvez uma "pietá") e o touro (símbolo da força bruta, da crueldade); o cavalo (símbolo do povo sacrificado) e a lâmpada (símbolo da esperança); as duas mulheres; a personagem com os braços em forma de cruz, nas chamas (referência à tela de Goya "Tres de mayo", de 1808, representando um fuzilamento, e simbolizando a resistência do povo oprimido).

Temos uma composição clássica de tipo piramidal, delimitada, à direita, pela mulher fugindo, e à esquerda, pelo soldado morto (linha imaginária que parte da sua mão): essas personagens permitem unificar o conjunto do quadro. Na base da pirâmide, temos a morte representada pelo soldado e, em cima, a promessa de revanche simbolizada pela lâmpada segurada. Há uma oposição entre o movimento da mulher da direita, que se dirige para a luz, e o touro que se afasta. Conotação: a horizontal evoca a morte, ao contrário da vertical, que significa o elã rumo à vida. O movimento, que parte em diferentes direções, está "congelado". O papel da composição é de fragmentar o espaço e dar uma impressão de desordem organizada.

O jogo dos olhares: visa-se atrair o olhar para a lâmpada (esperança, revanche). O touro simboliza a brutalidade, a violência e representa os nacionalistas. A lâmpada do teto, as bombas, as chamas representam a dominação do inimigo. Os olhares convergem para esses elementos, salvo o touro que olha para nós (ameaça?). A pomba está na sombra e mostra o desespero da população. Ela se refere à personagem da direita e ao cavalo (símbolo do povo), inspirado numa crucifixão realizada em 1930: sacrifício do povo republicano espanhol.

Interpretação: A obra denuncia o massacre de inocentes pelos nacionalistas ajudados pelos nazistas, suscitando uma sensação de horror. Picasso, pela deformação das personagens, objetiva uma expressividade maior. O preto e o branco reforçam a dramatização da cena. Picasso usa uma característica própria do estilo cubista: a representação simultânea de frente e de perfil, ele fragmenta o mais possível o espaço, para ampliar a ideia de desordem e afirma a bi-dimensionalidade do quadro excluindo qualquer profundeza (Analyse de tableau: "Guernica", 2011).

O sentido político da obra é discutido. Pode ser corroborado pela finalidade da encomenda. Cita-se, a respeito, a palavra de Picasso: "A pintura não é feita para decorar os apartamentos. É um instrumento de guerra ofensiva e defensiva contra o inimigo". Contudo, para Julio Plaza, "a pintura não é um manifesto político ou uma pintura engajada, pois não há inimigos, sendo identificados somente destruição e brutalidade cega, que falam de sofrimento e esperança. De forma simultânea (narração qualitativa), não linear. O que Picasso representa é um drama humano codificado em 9 personagens: 4 mulheres, uma criança, a estátua de um guerreiro, um touro, um cavalo e um pássaro". A pintura seria apenas um símbolo da luta do homem pela vida. A pintura pode ser sintetizada como representação da contradição antagônica vida/morte. Há também diversas interpretações possíveis dos símbolos, como o touro e o cavalo. Por outro lado, os significados que o Guernica produziu nos seus anos de existência se caracterizam pelo grande investimento ideológico dos espectadores (Plaza, 2011).

Em contraste com a análise semiótica, a leitura de Paul Tillich é teológica e existencial.

No capítulo 6 da Teologia da Cultura, "Protestantismo e estilo artístico", Tillich caracteriza a Guernica de Picasso como um quadro protestante, em razão do radicalismo da questão protestante presente na obra. Em primeiro lugar, o autor examina o caráter particular da compreensão protestante do ser humano e de sua situação. O princípio protestante salienta a distância infinita entre Deus e o ser humano, com a separação do nosso ser verdadeiro e a escravidão às forças demoníacas – forças de autodestruição. Só podemos superar essa situação aceitando com coragem a reunião com Deus, na qual somente Deus toma a iniciativa. No quadro de Picasso, o caráter negativo e protestante é óbvio. "Picasso põe diante de nós, com tremenda força, a questão do ser humano num mundo de culpa, ansiedade e desespero. Mas não é o tema da tela – a destruição brutal de uma pequena cidade por aviões fascistas – que dá ao quadro tal força expressiva; é, antes, seu estilo" (Tillich, 2009, p. 114).

Entre os três elementos contidos numa obra de arte: tema, forma e estilo, é a forma que providencia o poder expressivo da obra, mas a forma é sempre qualificada pelo terceiro elemento que chamamos de estilo. Cada estilo indica a autointerpretação do ser humano em resposta à questão do significado último da vida, demonstra a preocupação suprema do artista, que é a mesma de seu grupo e de seu tempo (Tillich, 2009, p.115). A questão é de saber se alguns estilos expressam melhor do que outros a temática religiosa, e se há estilos essencialmente religiosos em contraposição a outros, essencialmente seculares.

Depois de afirmar que a preocupação suprema pode estar presente em todos os estilos, Tillich se concentra na afinidade do estilo expressivo com a religião. O elemento expressivo representa o absoluto diretamente, expressando adequadamente o significado religioso de modo direto, embora por meios seculares e temas religiosos tradicionais. É porque o elemento expressivo do estilo implica na transformação radical da realidade ordinariamente encontrada, usando elementos dela modificados que não se encontram no dia a dia. "O que se expressa é a "dimensão de profundidade" na realidade encontrada, o fundamento e abismo onde tudo se enraíza" (Tillich, 2009, p. 119).

Tillich conclui com a seguinte declaração: "[...] percebemos que no estilo expressivo dos últimos cinquenta anos, as tentativas de recriar a arte religiosa voltaram-se para símbolos que expressam a negatividade da situação humana. O símbolo da cruz tem sido tema de inúmeras obras de arte, em geral no mesmo estilo da Guernica de Picasso. Símbolos, como a ressurreição, não são frequentes nem os que representam a glória. Trata-se do elemento protestante na presente situação. Não se tenta encontrar soluções prematuras. Ao contrário, a situação humana com seus conflitos tem sido representada artisticamente com coragem. Ao ser expressa já é transcendida. Os que carregam e expressam a culpa, mostram que sabem o significado da "aceitação apesar de". Os que agem da mesma forma com a falta de sentido, experimentam o sentido no deserto da falta de sentido" (Tillich, 2009, pp. 120-121).

No artigo "Aspectos existencialistas da arte moderna" (*Existentialist Aspects of Modern Art*), seguramente o texto mais conhecido de Tillich sobre religião e arte, o teólogo Tillich distingue quatro categorias de obras de arte, em relação com a religião: 1. Estilo não religioso, conteúdo não religioso, como em Jan Steen. 2. Estilo religioso, conteúdo não religioso, como em Van Gogh e Picasso. 3. Estilo não religioso, conteúdo religioso, como em Rafael. 4. Estilo religioso, conteúdo religioso, como em El Greco, Grünewald, Sutherland e Nolde. Para Tillich, esta última forma é geralmente chamada de expressionista, porque se trata da forma na qual a superfície é rompida, para expressar algo de mais profundo, forma já existente muito tempo antes dos tempos modernos. Por exemplo, as "crucificações" de El Greco, Grünewald e os Cristos de Rouault (cf. Calvani, 1998, pp. 87-88).

Contudo, Tillich situa a Guernica de Picasso no segundo nível, que é o nível existencialista. Os artistas modernos "reduzem o mundo colorido dos impressionistas e do embelezamento idealista do passado a formas cada vez mais cúbicas. Este tratamento começa com Cézanne. Formas cúbicas são as formas inorgânicas das quais o mundo é constituído. [...] Incorporado nestas formas verdadeiramente inorgânicas está o próprio poder de ser. Desta maneira, os rompimentos de movimentos como impressionismo, surrealismo e de todas as outras formas recentes de estilo, tais como o cubismo e o futurismo, não são nada mais do que uma tentativa de observar dentro do profundo da realidade, abaixo de qualquer superfície e de qualquer embelezamento da superfície e de qualquer unidade orgânica. É a tentativa de ver os elementos da realidade como poderes fundamentais de ser, dos quais a realidade é constituída" (Tillich, 2006, pp. 38-39).

Para Tillich, Picasso pinta o imenso horror do bombardeio de Guernica – "os pedaços da realidade, homens, animais e peças inorgânicas de casas, tudo junto – de uma maneira em que o "pedaço" que descreve a nossa realidade é, talvez, mais horrivelmente visível do que em quaisquer outras das pinturas modernas" (Tillich, 2006, p. 40). É o que faz da Guernica a melhor pintura protestante dos nossos dias. Pois ela mostra a situação humana sem qualquer disfarce, como ruptura, dúvidas existenciais, vazio e falta de sentido. Ora, o protestantismo significa, antes de tudo, que temos de olhar a situação humana em sua profundidade de alienação e desespero. Por isso, "Guernica" é uma das mais poderosas pinturas religiosas. E, embora ela não tenha nenhum conteúdo religioso, tem estilo religioso em um sentido intenso e profundo.

Em Visual Arts and the Revelatory Character of Style, Tillich fala novamente dos tipos de estilo: realista, idealista e expressionista ou expressivo.

Depois, trata da interpretação do último. Um dos elementos é a ruptura da superfície do mundo cotidiano. Pode-se dizer que a estrutura categorial da realidade (tempo, espaço, causalidade, substância) entra em colapso sob o impacto do desejo da pura expressão. Partes dos corpos dos animais, de grupos humanos, de rostos, de paisagens ou de estruturas técnicas são cortadas do seu contexto natural, colocadas em lugares diferentes e relacionadas com pedaços da mesma realidade. Parece-se com a construção da ficção literária e com as artes primitivas e asiáticas. Nesse sentido, a obra clássica do estilo expressivo contemporâneo que manifesta o caráter rompido da estrutura categorial do mundo cotidiano é a Guernica de Picasso. Aqui, o material histórico, usado em vista da expressão artística, mostra do modo mais óbvio o sentido da ruptura da superfície na arte contemporânea (Tillich, 1987, p. 136).

Em Religious Dimensions of Contemporary Art, Tillich apresenta Guernica como um dos clássicos do cubismo. O estilo de Picasso nos abre um mundo que está, de fato, em pedaços.

> O que não está em pedaços, o que continua inteiro, solta um grito de desespero, enquanto está perto de ser desintegrado por bombas, fogo e outras formas de morte. Tanto homens quanto animais estão envolvidos, num nível cósmico, na mesma catástrofe. O touro que aparece do lado esquerdo exprime o elemento demônico. Já chamei uma vez este quadro de maior pintura protestante do nosso tempo, porque enfrenta a realidade do mundo com protesto e ira profética contra os poderes destrutivos e demônicos do mundo. É um exemplo impressionante do que chamei a desintegração do mundo (Tillich, 1987, p. 179).

Enfim, em The Demonic in Art, Tillich esboça uma ontologia, uma psicologia e uma teologia do demônico. Como já vimos, o demônico é ambíguo, é, ao mesmo tempo, criativo e destrutivo. É o fundamento de toda realidade criativa, a qual, no seu modo de aparecer, torna-se destrutiva. Ontologicamente, o demônico depende do criativo, do positivo, do divino. Para representar o demônico, todos os pintores precisam mostrar o humano, ou os animais, isto é, a bondade criada numa forma distorcida. Isso significa que o demônico é uma distorção do criado e da sua bondade. Quer dizer que o mau, o negativo não pode viver sem o positivo que ele distorce. Determinadas pinturas são expressões artísticas da vitória do positivo sobre o negativo. Nesse caso, quando um grande artista usa a feiura conscientemente, a pintura torna-se bonita. Tillich cita representações de Cristo de Rouault e também a Guernica de Picasso. Uma extrema feiura encontra a sua expressão no poder da forma que o próprio Picasso criou. Ninguém antes dele usou estes tipos de formas cúbicas e abstratas para descrever a fé viva. Mas, fazendo isso, ele produziu um quadro de uma grande feiura aparente, mas, na realidade, um quadro de uma grande beleza. É que uma grande pintura pode fazer do demônico algo de criativo. Então, o demônico torna-se fascinante (Tillich, 1987, p. 107-110).

Alguns estudos de Picasso para Guernica, prossegue Tillich, possuem o fascínio do demônico. Aqui, Tillich responde a uma crítica do seu amigo Reinhold Niebuhr a respeito da Guernica. Lembra ter declarado que Guernica era a pintura mais protestante dos tempos modernos, porque mostra radicalmente o caráter destrutivo da vida, de modo honesto, aproximando-se assim de uma descrição profética do nosso tempo. Tillich reconhece que Guernica não representa a totalidade do protestantismo, que possui também uma face positiva, pois oferece também uma resposta, não apenas uma pergunta. Mas "o que Guernica representa deve ser entendido, não apenas para compreender a arte moderna e a sua expressão da ruptura inerente à realidade, mas também para compreender o julgamento protestante sobre tudo o que faz parte dos nossos modos cotidianos de viver, até das nossas boas maneiras de viver. O divino é um julgamento até sobre o que há de melhor no protestantismo, e é isso que eu queria expressar. Penso que isto foi soberbamente expresso por Picasso" (Tillich, 1987, p. 111).

<http://pt.wikipedia.org/wiki/Ficheiro:Mural_del_Gernika.jpg>. Acesso em 30/09/2011

Considerações finais

Procuramos fazer deste capítulo uma introdução ao estudo das imagens nas ciências da religião, em particular na teologia. Tratando-se de uma primeira tentativa, o nosso trabalho apresenta necessariamente um caráter limitado e fragmentário. Iniciamos com um breve histórico da nossa própria pesquisa no seio do Programa de Pós-Graduação em Ciências da Religião da UMESP (Universidade Metodista de São Paulo), para chegar às perspectivas da recente "cultura visual". Ressaltamos a dificuldade de definir a imagem, em razão da grande diversidade de seus significados: imagens psíquicas, mentais, verbais, visuais, virtuais, sociais, científicas etc. Falamos das funções da imagem e da sua relativa superioridade em relação ao conceito.

Percorremos também os modos socioculturais do ver e do ser visto através da história da pintura a óleo europeia, da fotografia e da publicidade, mostrando que eles refletem as condições de classe, educação, gênero e religião, entre outras, exercendo ao mesmo tempo uma influência sobre estas condições.

Passamos, em seguida, ao exame de alguns métodos de análise das imagens e de interpretação do seu sentido: o "olhar afinado", a semiótica, a hermenêutica dos símbolos e a teologia da cultura. A importância dos símbolos na linguagem religiosa, inclusive visual, exigiu que a análise semiótica fosse ampliada pelo recurso à hermenêutica, pois, "se todo símbolo é signo, nem todo signo é símbolo". A análise religiosa das produções culturais pela teologia da cultura dá uma especial atenção ao estilo, em especial à capacidade relativa dos diversos estilos artísticos de deixar transparecer o Incondicionado. O estilo expressivo ou expressionista se destaca em relação aos outros, enumerados por Paul Tillich. Enfim, aplicamos ao quadro Guernica, de Pablo Picasso, uma breve análise sócio-histórica, semiótica e teológico-existencial.

Em futuros trabalhos sobre o campo da cultura visual, outras metodologias deverão ser acrescentadas, tais como a análise do discurso, a psicanálise, a antropologia, a fenomenologia e os estudos do imaginário. Já os métodos sociocultural, semiótico e teológico poderão ser ampliados para outras perspectivas e outros autores. Temas já abordados anteriormente merecem também ser retomados, como as imagens de Deus, de Jesus e dos santos, o aniconismo do judaísmo e do islã, a iconofilia e o iconoclasmo, as imagens de culto ou de devoção. Poderá se manifestar uma abertura maior às culturas populares e à diversidade religiosa no Brasil e no mundo, assim como aos suportes contemporâneos das imagens, que são a fotografia, o filme, o vídeo e o computador. O pesquisador encontra-se frente a um campo imenso e fascinante a ser desbravado.

Referências bibliográficas

ANALYSE de tableau: "Guernica" de Pablo Picasso 1939. Disponível em: <http://artplafox.blogspot.com/2010/01>. Acesso em: 30 de abril de 2011.

BERGER, John. *Modos de ver*. Rio de Janeiro: Rocco, 1999.

CALVANI, Carlos Eduardo B. *Teologia e MPB*. São Bernardo do Campo/São Paulo: UMESP/Loyola, 1998.

CARVALHO, Guilherme Vilela Ribeiro de. *A interpretação simbólica da queda em Paul Tillich*; um estudo em hermenêutica teológica (Dissertação de mestrado). São Bernardo do Campo, SP: Universidade Metodista de São Paulo, 2007.

CROATTO, José Severino. *As linguagens da experiência religiosa*; uma introdução à fenomenologia da religião. São Paulo: Paulinas, 2001.

DELAUNAY, Alain. Vision (symbolique). In: *Encyclopaedia Universalis*, CD-Rom, Paris, 2001.

GABUS, Jean-Paul. *Introduction à la théologie de la culture de Paul Tillich*. Paris: Presses Universitaires de France, 1969.

HIGUET, Etienne. La méthode de la théologie de la culture au Brésil. In: *Association Paul Tillich d'expression française. La méthode de Paul Tillich*. Luxembourg, 1997, pp. 157-181.

HOMER, William Innes. Visual Culture: A New Paradigm. *American Art*, v. 12, n. 1 (Spring 1998), pp. 6-9.

JAMEUX, Dominique. Symbole. In: *Encyclopaedia Universalis*, DVD-Rom, Paris, 2011.

JOLY, Martine. *Introdução à análise da imagem*. 13. ed. Campinas: Papirus, 2009.

JOSGRILBERG, Rui de Souza. A concepção de *símbolo* e *religião* em Freud, Cassirer e Tillich. In: HIGUET, Etienne Alfred; MARASCHIN, Jaci (ed.). *A forma da religião*. São Bernardo do Campo: Universidade Metodista de São Paulo, 2006, pp. 17-26.

MINAZZOLI, Agnès. Image. In: *Encyclopaedia Universalis*, DVD-Rom, Paris, 2011.

NASSER, Maria Celina de Q. Carrera. *O que dizem os símbolos*. São Paulo: Paulus, 2003.

PIRES, Frederico Pieper. A dança do símbolo no cenário da hermenêutica. In: HIGUET, Etienne Alfred; MARASCHIN, Jaci (ed.). *A forma da religião*. São Bernardo do Campo: Universidade Metodista de São Paulo, 2006, pp. 27-44.

PLAZA, Júlio. Análise da Pintura Guernica, disponível em: <http://www.sciarts.org.br/textos/_pucspat1/txtartes_analguernica.asp>. Acesso em: 30 de abril de 2011.

ROSE, Gillian. Visual Methodologies. An Introduction to the Interpretation of Visual Materials. 2. Ed. London: SAGE Publications, 2007.

TILLICH, Paul. La dimension religieuse de la culture. Paris/Genève Québec: Cerf/Labor et Fides/Laval, 1990.

_____. Dynamique de la foi. Paris: Casterman, 1968.

_____. On Art and Architecture. Ed. John e Jane Dillenberger. New York: Crossroad, 1987.

_____. Teologia da cultura. São Paulo: Fonte Editorial, 2009 (Tradução Jaci Maraschin).

_____. Teologia Sistemática. 5. Ed. Revista, Tradução Getúlio Bertelli e Geraldo Korndörfer. São Leopoldo, RS: Sinodal, 2005.

_____. Textos selecionados. São Paulo: Fonte Editorial, 2006 (Seleção: Eduardo de Proença).

TONIUTTI, Emmanuel. Paul Tillich et l'art expressionniste. Québec: Presses de l'Université Laval, 2005.

Literatura latino-americana e arquétipos míticos: uma proposta de análise

*Ana Lúcia Trevisan**

Embrenhar-se na leitura do universo literário do escritor mexicano Carlos Fuentes implica renovadas possibilidades de reflexão sobre os conjuntos temáticos de sua obra, as quais permitem diferentes propostas de investigação científica, seja na área de Literatura, História, Antropologia ou Filosofia.

As chaves para a leitura do cosmos narrativo de Carlos Fuentes são sempre múltiplas e exigem do leitor a interpretação tanto de sua obra ficcional como de sua obra ensaística. A elaboração de um diálogo entre diferentes culturas ou mesmo entre diferentes tradições religiosas é um aspecto da obra de Fuentes que o sintoniza com os debates sobre a formação das identidades plurais, tão relevantes na produção literária latino-americana do século XX.

Fuentes tem protagonizado a reflexão sobre os mecanismos de sobrevivência e até mesmo de resistência, das culturas e religiões indígenas e das tradições culturais e religiosas ocidentais, e vem conseguindo explicitar a amplitude cultural latino-americana, posicionando-a no âmbito de uma complexa diacronia histórica.

As ideias de Fuentes sobre a multiplicidade de culturas e tradições religiosas do sujeito latino-americano se refletem em seus romances, por meio de diferentes maneiras de expressão literária, e apontam para a necessidade de perceberem-se os povos dentro de suas respectivas tradições, por um prisma individualizante, e não como mistura cultural e religiosa amorfa, sem origem e sem referências próprias.

---

* Professora da Universidade Presbiteriana Mackenzie e da Universidade Metodista de São Paulo.

Nesse sentido, o presente texto estuda os mecanismos constitutivos da expressão literária em diálogo com as narrativas míticas, a fim de refletir sobre a constituição dos sentidos renovados dos mitos, quando deslocados em sua atemporalidade original. É sabido que a fusão entre mitos religiosos e história marca inúmeros relatos referentes à formação do imaginário do continente americano. Desde os textos que relatam a colonização até a produção literária do século XX observamos como mito, história e religião se rearticulam e imprimem as marcas da diversidade cultural.

A análise literária que se apresenta nesse estudo busca entender como os relatos míticos, pertencentes ao universo religioso dos povos latino-americanos, se interseccionam com valores culturais e religiosos trazidos pelos conquistadores europeus e se traduzem na literatura contemporânea, apontando para questionamentos identitários perenes dos povos que vivenciaram a colonização.

O primeiro romance de Fuentes, *La region más transparente* (1958), é a base para refletir-se sobre um fenômeno estético denominado "mitologismo", que se expressa na rearticulação das narrativas míticas e em sua posterior reconfiguração nos textos literários, sob a forma de arquétipos literários. Com o desvendamento do sentido do mitologismo na obra fuentiana, amparada pelo instrumental crítico desenvolvido pelo estudioso russo E. M. Mielietinski, em sua obra *A poética do mito*, é possível averiguar como se formam as diretrizes básicas de uma discussão sobre a heterogeneidade cultural de povos que vivenciaram processos de colonização e as consequentes sobreposições de tradições míticas e religiosas.

Quando o mito se transforma em mitologismo, é possível pensar uma dimensão interpretativa maior que uma simples identificação de "resgates" do passado ancestral. O mitologismo é um *modus operandi* da estruturação do romance moderno latino-americano e conjuga-se perfeitamente, no caso de Fuentes, com a discussão do problema das identidades americanas – uma temática muito explorada nas décadas de 50 e 60 do século XX.

Neste ponto, o resgate dos mitos pelo autor aqui estudado escapa à crítica etnologizante da literatura, pois não se deve buscar nesta utilização dos mitos no romance moderno apenas uma tematização exótica. Fuentes aproveita os mitos do passado pré-hispânico de forma moderna, desejando refletir, por meio da reestruturação do novo romance latino-americano, a questão ideológica que obras ensaísticas como *El laberinto de la soledad*

(1950), de Octavio Paz, ou *Visión de Anáhuac* (1915), de Alfonso Reyes, já haviam tematizado. Ele apropria-se dos mitos como um suporte formal e reestruturador de um romance que pretende interpretar a condição histórica do homem latino-americano. Este movimento remete ao entendimento dos mitos como estruturas arquetípicas originais e profundas, como metáforas fundadoras da religião e da cultura, logo, passíveis de deslocamentos de significados que renovam o seu poder de coesão social, cunhados de forma veemente em sua origem.

O contexto literário do *boom*[1] é determinante em si mesmo para o presente estudo, pois o uso dos mitos religiosos antigos ressurge na estruturação literária justamente por estar vinculado a uma reflexão sobre as nuances das identidades nacionais. Os mitos ancestrais, dispersos nos romances, visam tanto explicitar a experiência cultural indígena como salientar que a ordem dos mitos convive na ordem do mundo concreto e cotidiano, ou seja, os romances que expressam o mitologismo refletem a dinâmica cultural inerente à realidade latino-americana. A obra fuentiana, no caso, o romance *La región más transparente*, torna-se uma ilustração de que os mitos podem permanecer latentes no âmbito da ficção, como um substrato oculto e ao mesmo tempo revelador de sentidos mais profundos das culturas em sua dinâmica histórica. Esta é uma constatação importante, pois o mito torna-se um artifício usado na produção de uma estética moderna; torna-se um mitologismo no romance cujo sentido aponta para a convivência de diferentes ordens de pensamento: mítico e histórico.

O estudioso russo Mielietinski destaca que as literaturas latino-americanas revelam em seu bojo uma tradição mítico-folclórica que ainda encontra respaldo na realidade. Para o teórico, no que diz respeito aos escritores latino-americanos: "as tradições mitológicas ainda são um subsolo vivo da consciência nacional e até mesmo a repetição constante dos mesmos motivos mitológicos simboliza, primordialmente, a estabilidade das tradições nacionais, do modelo vivo nacional" (MIELIETINSKI, 1976: 353-354).

---

[1] Nos estudos de Rodríguez Monegal, em *Narradores de esta América* (1969), pode-se entender que esta explosão da produção literária latino-americana originou-se a partir do surgimento de uma nova forma de narrar, de uma nova linguagem. O romance torna-se, nesta época de efervescência, um meio de expressão privilegiado. As influências dos ensaístas e a revolução que se operou na elaboração formal do romance são responsáveis pelo surgimento de uma nova concepção da arte de narrar. A linguagem torna-se uma realidade paralela à realidade mesma que está sendo retratada. Estas renovações formais são o grande traço e o grande trunfo do *boom* das literaturas americanas da década de 1960.

Segundo Mielietinski, no romance europeu do século XX, o mitologismo "não se baseia nas tradições folclóricas", mas nos romances latino-americanos e afro-asiáticos, "as tradições folclóricas, arcaicas e a consciência folclórico-mitológica podem coexistir, ao menos em forma de resquício, com o intelectualismo modernista de tipo puramente europeu" (MIELIETINSKI, 1976: 433). Desta forma, entre os escritores latino-americanos "o mitologismo acarreta a superação dos limites puramente sociais, mas o plano histórico-social continua a conviver com o mitológico também em relações especiais de complementaridade" (MIELIETINSKI, 1976: 353-354).

Constata-se, a partir destas afirmações, como duas formas de utilização do mito pela literatura se configuram. Na Europa, esta experimentação literária com os mitos está permeada basicamente por um intelectualismo e por uma prática que não se baseia nas tradições folclóricas. Logo, surge nesse ponto uma ironia, que tenta amenizar o espaço abismal existente entre a cultura moderna e as culturas ancestrais retomadas pelos mitos na produção literária. Na América Latina, uma vez que as tradições míticas das culturas pré-colombianas constituem um substrato vivo de parte das populações americanas, há uma necessidade de salientar-se a ideia de que a recriação literária dos mitos permitiria a revelação de uma cultura efetivamente "nacional". Segundo a comparação estabelecida por Mielietinski entre diferentes escritores que utilizam a estruturação mitopoética:

> "um mesmo mitema adquire sentido diferente (dependendo do contexto cultural do autor)". Por exemplo, a morte-ressurreição para Joyce simboliza a infinitude sem perspectiva das máscaras vazias do pavor da história, enquanto para Mann indica a eterna renovação das velhas formas de vida do espírito e, para alguns escritores, o renascimento da cultura nacional (MIELIETINSKI, 1976: 439-440).

Na produção dos escritores latino-americanos, o uso dos mitos tradicionais de seu país é capaz de operar um processo de reflexão sobre os segmentos culturais que formam o imaginário das diferentes nações latino-americanas. Usam-se os mitos mesclados aos acontecimentos da história para ilustrar o diferencial inerente ao cotidiano americano. Sendo a realidade das populações americanas, autóctones ou mestiças, multicultural, não se pode escolher um único componente para representá-las. Nesse sentido, Mielietinski é parcial, pois o uso das mitologias autóctones na literatura americana apenas chama a atenção para a diversidade cultural, e não é capaz de estabelecer um "caráter nacional". O caráter nacional revelado pelo uso do mitologismo está na capacidade que a obra literária possui de traduzir o aspecto realmente original das populações americanas: sua heterogeneidade cultural e religiosa, sua experiência multitemporal. O mitologismo, ao rearticular os sentidos arquetípicos religiosos, vale-se de uma estrutura que carrega em si mesma a capacidade operacional de situar-se em dois tempos e, no seu deslocamento significativo, explicita o convívio entre múltiplos sistemas de cultura.

Nesse ponto é importante refletir sobre a capacidade adquirida pelas populações americanas, desde a colonização, de transitar e decodificar os diferentes acervos culturais e religiosos nos quais elas são obrigadas a conviver diariamente. Portanto, deve-se pensar também no porquê de tradições folclóricas e mitológicas coexistirem na literatura latino-americana com outras tradições míticas, como as greco-romanas ou judaico-cristãs, por exemplo. Este é um importante sentido que subjaz à utilização dos mitos na literatura americana: a constatação de uma heterogeneidade cultural, e não a valorização dos mitos autóctones como o único elemento unificador do "caráter nacional" americano.

Há um aspecto do mito, introduzido pela produção romântica alemã, especialmente pela técnica dramático-musical de Richard Wagner, que se insere na retomada das tradições míticas por Fuentes. Trata-se da repetição de determinados temas contínuos, os *leitmotiven*, os quais, segundo a interpretação de Mielietinski, se explicam como:

> a esse simbolismo mitológico neoromântico corresponde a técnica dramático musical de temas contínuos – *leitmotivs* (sic) –, elaborada por Wagner sob a forma de "citações" repetitórias de frases isoladas, de desdobramento de motivos particulares em cenas inteiras, do desdobramento contrapontístico desses motivos etc. Essa técnica dos *leitmotivs* (sic) foi posteriormente transferida para o romance mitologizador do século XX. Assim, a música se revela um meio de análise dos mitos antigos, estes, um modo de expressão metafórica dos conflitos universalmente humanos (MIELIETINSKI, 1976: 348).

Na análise do romance *La región más transparente*, observa-se a presença de alguns temas recorrentes, que se aproximam do sentido de um *leitmotiv*, e como esses temas compõem o mitologismo. O tema que será analisado parte de uma imagem difundida nos relatos que descrevem a trajetória da divindade mesoamericana Quetzalcóatl. Os relatos que envolvem a divindade trazem em sua profundidade um sentido permanente: a dicotomia do deus que se biparte na condição humana e também, no percurso de sua trajetória, os sentidos da "revelação", que se imprime como um ritual de passagem.

Fazendo uma leitura atenta ou até mesmo um rápido estudo do universo das narrativas míticas dos povos mexicanos, qualquer estudioso se deixa fascinar pela figura do deus tolteca Quetzalcóatl. Sua figura mítica é uma das mais complexas e instigantes do panteão mítico presente no universo religioso americano e, também, do panorama histórico dos povos toltecas, astecas e maias.

É interessante destacar que são inúmeras as versões deste mito, inclusive, nas narrativas existentes, a figura mítica e a figura histórica de Quetzalcóatl se fundem em muitos momentos, sendo muitas vezes impossível estabelecer os limites entre uma e outra. Sem dúvida, como muitos antropólogos assinalam, a importância de Quetzalcóatl está em sua essência arquetípica e não em sua provável existência histórica; o sentido desta essência arquetípica é que explicaria a sua reiterada aparição em momentos distintos da história dos povos mesoamericanos e também se justifica na sua permanência como arquétipo literário.

Cabe o esclarecimento das perspectivas amplas das narrativas que envolvem esta figura mítica. Ao deus Quetzalcóatl, é atribuída a criação dos homens, assim como os ensinamentos das artes e o plantio do milho. Ele é o principal representante do povo e da cultura tolteca. Existem registros em compilações e anais que a "pessoa" de Quetzalcóatl esteve envolvida em disputas históricas, que se configuraram em lutas pelo poderio militar entre astecas e toltecas. Neste ponto dos relatos conhecidos, a figura mítica e a figura histórica perdem seus limites precisos. No *Códice Chimalpopoca* há um longo relato denominado "Leyenda de los Soles", no qual se descreve como a divindade Quetzalcóatl, a "serpiente emplumada", realizou uma viagem mítica ao reino dos mortos, de onde roubou os ossos sagrados da primeira mulher e do primeiro homem e, pelo autossacrifício, deu vida a estes ossos, nascendo assim os primeiros homens.

Na trajetória descrita nos Anales de Cuauhtitlán, o rei-sacerdote, Quetzalcóatl aparece como um deus que é tentado por divindades infernais, especialmente Tezcatlipoca. Segunda o relato, ele cede à tentação de ver o seu próprio rosto refletido no espelho de Tezcatlipoca. Com isto, entra em conflito, por perceber-se diferente das criaturas por ele criadas, e cai em tentação, desejando assemelhar-se aos homens. Por essa razão, ele se embriaga e dorme com sua irmã. Esta transgressão o induzirá posteriormente a abandonar sua posição de símbolo de pureza – o reino das divindades – e a imolar-se conseguindo uma espécie de transcendência, ao transformar-se em astro celeste.

Estas narrativas míticas são a base para a configuração do mitologismo que será observado na narrativa literária de Carlos Fuentes, isto porque a essência do conflito do deus Quetzalcóatl é retomada na ficção contemporânea para expressar os conflitos dos personagens literários, retratados em diferentes momentos da história do México. Na transformação artística deste mito, Fuentes estabelece uma perspectiva mítica para a reflexão sobre a sociedade e a história mexicana. Configura-se, pois, a prática do mitologismo, cuja definição e instrumentalização está em sintonia com a análise de Mielietinski, que sustenta que o mitologismo "é um instrumento para a estruturação da narrativa" (MIELIETINSKI, 1976: 351). Assim, a estruturação da narrativa fuentiana parte deste mito e de seus mitemas principais, resgata os sentidos operacionais que legitimam a trajetória do deus e rearticula estes sentidos em sintonia com o contexto histórico e filosófico da sua época.

O estudo das narrativas sobre a figura de Quetzalcóatl permite delimitar os mitemas principais que auxiliarão na interpretação do romance de Fuentes. Basicamente, a dinâmica dos mitemas e dos romances caminha no sentido de constatar como algumas personagens romanescas vivem as angústias de Quetzalcóatl, quando a divindade se encontra com "el espejo humeante" de Tezcatlipoca.

Neste estudo, será analisada a forma como o mitema principal, pertencente à trajetória mítica da divindade Quetzalcóatl, revela-se na estrutura e na articulação das personagens. Tanto a trajetória de Quetzalcóatl como o texto do romance partem de uma motivação centrada no ato de "revelar", implícita ao *leitmotiv* que acompanha Quetzalcóatl e seu duplo Tezcatlipoca. No desenvolvimento da análise do romance *La región más transparente*, a imagem do espelho aparece representada por uma personagem central, Ixca Cienfuegos, a qual assume o aspecto de "revelador", uma espécie de tradutor de faces ocultas que outras personagens do romance insistem em esconder.

Da mesma forma, observa-se como o sentimento de dessemelhança conduz as personagens a vivenciarem diferentes experiências, no caso, as dicotomias da mescla cultural, as experiências europeias e indígenas que fazem parte de sua dualidade cultural. Esta motivação provocada pelo "espejo humeante" conduz as personagens a diferentes transcendências, ou seja, a diferentes formas de resolver sua dialética cultural. Sem dúvida, o ponto realmente importante na construção metafórica de Fuentes é a exposição das personagens à experiência, à vivência da multiplicidade cultural, e até mesmo temporal, inerente às suas personalidades, muito mais do que a resolução deste conflito. Aqui se retoma o sentido primigênio do mito e seu deslocamento no mitologismo.

A postura crítica que adotamos, diante de tantos dados históricos e míticos, parte da análise da figura de Quetzalcóatl proposta por Sejourné, na qual:

> Quetzalcóatl asume el papel de arquetipo, su omnipresencia deja de ser misteriosa. Por otra parte, los textos expresan unánimemente que hasta la caída del Imperio azteca, el más alto dignatario del sacerdocio llevaba el título de Quetzalcóatl, y que representaba ritualmente los principales episódios de su vida. Lo que explica la multiplicación de esos reyes que abandonan periódicamente su ciudad para dirigirse hacia el País del Sol y que hace tan confusa la cronología de los anales (1962: 18).

Da mesma forma: "el comportamiento mítico de Quetzalcóatl está tan indisolublemente ligado a la existencia humana del rey de Tula, como esta última a divindad creadora" (SEJOURNÉ, 1962: 15).

Dessa forma, esta análise se direciona levando em conta o aspecto simbólico que envolve os mecanismos internos da trajetória do herói cultural Quetzalcóatl. Parte do pressuposto de que estes mecanismos que povoam o imaginário religioso dos povos mesoamericanos, pela sua simbologia, permitem ser reincorporados a novas propostas, contemporâneas, como a de Carlos Fuentes. Sem dúvida, aceitar a existência mítica de Quetzalcóatl no universo cultural dos povos americanos, ainda que sua existência histórica seja passível de análise, é a postura mais condizente com o relevo alcançado por esta controvertida divindade mesoamericana. Assim, pode-se abranger com mais firmeza o sentido de insistência perene em torno de uma mesma figura. Como considera Sejourné:

> A fin de sustraerse a las polémicas estériles que surgen de la interpretación materialista, es necesario entonces considerar a Quetzalcóatl en toda su amplitud fabulosa, aceptando que debe haber, quizá, razones más profundas que un gran reino personal para que una civilización de la trascendencia de la náhuatl lo haya reclamado tan obstinadamente como su creador (1962: 16).

Os mitemas que compõem a trajetória de Quetzalcóatl permitem estabelecer as bases para a correlação entre este substrato mítico e as estruturas temáticas e formais do romance. Cada um dos mitemas representa tanto uma face da intrincada narrativa mitológica quanto as diversas fases da trajetória do deus na consumação de sua transcendência em planeta – em "estrella de la mañana".

No inicio da narrativa contida nos Anales de Cuauhtitlán introduz-se uma questão primordial relativa à essência do mito: descreve-se, com muito cuidado, a postura de pureza e o resguardo na qual vivia Quetzalcóatl. Do mesmo modo, insiste-se na ideia de que este ideal de pureza e bondade de Quetzalcóatl era motivo de constantes tentações. Esta situação propõe a noção de um estado de equilíbrio em que a extrema perfeição é sempre um risco para o deslize. No texto aparece:

> Cuando vivía no se mostraba públicamente: estaba dentro de un aposento muy obscuro y custodiado.
>
> Se refiere que cuando vivía Quetzalcóatl, reiteradamente quisieron engañarle los demonios para que hiciera sacrificios humanos, matando hombres. Pero él nunca quiso ni condescendió, porque amaba mucho a sus vasallos, que eran los toltecas, sino que su sacrificio era siempre sólo de culebras, aves y mariposas que mataba (*Códice Chimalpopoca*: 08).

O primeiro mitema estaria, então, representado por este primigênio estado de equilíbrio, o qual, em inúmeros relatos compilados por cronistas, aparece como uma clara referência a uma verdadeira idade de ouro, na qual reinou Quetzalcóatl (aqui a figura mítica e a histórica se confundem). No que diz respeito a esta ideia de não sacrifício, vale fazer uma ressalva: posto que a compilação católica dos relatos indígenas teria interesse em manter Quetzalcóatl nesta condição de penitente contrário aos sacrifícios humanos, seria esta uma forma da divindade poder continuar sendo esperada e confundida com os princípios do deus cristão.

Na sequência da narrativa, pode-se assinalar um segundo mitema. Observa-se que a queda de Quetzalcóatl está sendo tramada. Pode-se notar que, na sequência, a embriaguez de Quetzalcóatl está sendo preparada, inicia-se a trama de sua queda. Vê-se que, no momento da traição, busca-se macular o perfeito equilíbrio, a retidão do estado de constante penitência do deus. No texto:

Cuando no los obedeció en cuanto a hacer sacrificios humanos, se concertaron los demonios. Los que se nombraban Tezcatlipoca, Ihuimécatl y Toltécatl, dijeron: "Es preciso que deje su pueblo, donde nosotros hemos de vivir": "Hagamos pulque; se lo daremos a beber, para hacerle perder el tino y que ya no haga penitencia (*Códice Chimalpopoca*: 09).

Observa-se que Quetzalcóatl cede às primeiras investidas de Tezcatlipoca e dos outros "demônios". Tentado pela oferta deste último de ter conhecimento de seu próprio rosto, Quetzalcóatl embarcará em um processo de aproximação dos atos humanos e de distanciamento de sua origem divina. O relevante a ser destacado neste mitema é a sensação de dessemelhança que acomete a divindade. Desta forma, em tal mitema, inicia-se o desligamento do mundo divino e inicia-se a integração ao mundo profano. Assim, ele beberá, cantará e dormirá com sua irmã. Toda esta sequência de atos, instigados pelos demônios, é liderada por Tezcatlipoca.

Luego habló Tezcatlipoca: "Yo digo que vayamos a darle su cuerpo".

Luego le dió el espejo y le dijo: "Mírate y conocete, hijo mío; que has de aparecer en el espejo". En seguida se vió Quetzalcóatl; se asustó mucho y dijo: "Si me vieran mis vasallos, quizá corrieran. Por las muchas verrugas de sus párpados, las cuencas hundidas de los ojos y toda muy hinchada su cara, estaba disforme. Después que vió el espejo, dijo: "Nunca me verá mi vasallo, porque aquí me estaré" (*Códice Chimalpopoca*: 09).

Carlos Fuentes, no livro de ensaios *Tiempo mexicano*, fixa-se neste episódio do estranhamento de Quetzalcoatl ante a revelação de seu rosto e considera:

Quizá la tentación de Quetzalcóatl consistió en parecerse a sus criaturas; quizá la tentación ofrecida por el espejo humeante de Tezcatlipoca no consistía sino en un doble operación de terror sagrado: mostrar a las criaturas que la cara de Quetzalcóatl no era como la de ellos, que fueron creados, sino un rostro anterior a la creación, un rostro espantable en el que no podía dejar huella el tiempo dulce y vulnerable de los hombres.

E mais adiante: "y mostrar a Quetzalcóatl que su rostro no era como el de los hombres" (FUENTES, 1971b: 20).

Na sequência da narrativa dos Anales de Cuauhtitlán, Quetzalcóatl é induzido a vestir uma máscara que o aproxima dos homens e, portanto, vive a experiência da perda de seu estado de equilíbrio inicial, iniciando a sua nova descida aos infernos, agora, representada pelo mundo dos homens. Este mundo profano, no qual habitam os homens por ele criados, exerce nele uma forte atração e provocará a perda de seu cosmos sagrado, idealmente solidificado nos princípios de autossacrifícios e penitências. No texto:

> Hijo mío, yo digo que salgas a que te vean los vasallos; voy a aliñarte, para que te vean. Y aquél dijo: A ver. Hazlo abuelo mío. Luego hizo esto Coyotlináhual, oficial de la pluma. Hizo primero la insignia de pluma (apanecayotl) de Quetzalcóatl. En seguida le hizo su máscara verde; tomó color rojo, con que le puso bermejos los labios; tomó amarillo, para hacerle la portada; y le hizo los colmillos; a continuación le hizo su barba de plumas, de xiuhtótotl y de tlauhquéchol, que apretó hacia atrás, y después que aparejó de esta manera el atavio de Quetzalcóatl, le dió el espejo. Cuando se vio, quedó muy contento de sí, y al punto salió de donde le guardaban [...] (*Códice Chimalpopoca*: 09).

Na sequência deste mesmo mitema, temos o momento em que Quetzalcóatl se embriaga:

> Después que comió, le rogaron de nuevo y le dieron el pulque. Pero él les dijo: "No lo beberé, porque estoy ayunando. Quizás es embriagante o matante". Ellos le dijeron: "Pruébalo con tu dedo meñique, porque está enojado, es vino fuerte". Quetzalcóatl lo probó con su dedo; le gustó y dijo: "Voy, abuelo, a beber tres raciones más". Porque le dijeron los diablos: "Has de beber cuatro". Así que le dieron la quinta, le dijeron: "Es tu libación". Después que él bebió, dieron a todos sus pajes, cinco tazas a cada uno, que bebieron y los emborracharon enteramente (*Códice Chimalpopoca*: 10).

Como se não bastassem as duas transgressões já assinaladas, haverá na sequência da narrativa o momento em que Quetzalcóatl mantém relações incestuosas com sua irmã:

> Estando ya alegre Quetzalcóatl, dijo: "Id a traer a mi hermana mayor Quetzalpétlatl; que ambos nos embriaguemos". Fueron sus pajes [...] Y cuando vino a sentarse junto a Quetzalcóatl, luego le dieron cuatro raciones de pulque y una más, su libación, la quinta. (*Códice Chimalpopoca*: 10).

Nesta sequência de atos, Quetzalcóatl rompe a cadeia de equilíbrio na qual se mantinha. A ordem inical de seu mundo é aquebrantada no exato momento em que lhe é dado conhecer seu rosto. A sua frustração, motivada pela sua dessemelhança, move o seu desejo de assemelhar-se aos homens, de mascarar-se e agir como suas criaturas. Segundo a visão de Fuentes, em *Tiempo Mexicano*: "La fuga de Quetzalcóatl es la huida de un dios desesperado por parecerse a sus criaturas: como ellas, bebe, como ellas, ama, como ellas se adueña de un rostro que es el espejo del tiempo" (FUENTES, 1971b: 20). Após estes atos de transgressão, Quetzalcóatl perde seu reino e deverá partir, pois perdeu sua identidade sagrada diante dos deuses e dos homens:

> Quetzalcóatl le dijo: "Abuelo y paje, basta. Voy a dejar el pueblo, me voy. Mandad que hagan una caja de piedra". Prontamente labraron una caja de piedra. Y cuando acabó de labrarla acostaron ahí a Quetzalcóatl. Sólo cuatro días estuvo en la caja de piedra (*Códice Chimalpopoca*: 11).

Como se observa no fragmento anterior, Quetzalcóatl se impôs alguns sacrifícios, ou provações, como se fossem fases de um rito de passagem que culmina com sua partida e com sua transubstanciação no planeta Vênus:

> Se dice que en el año 1 acatl, habiendo llegado a la orilla celeste del agua divina (a la costa del mar), se paró, lloró, cogió sus arreos, aderezó su insignia de plumas y su máscara verde etc.
>
> Luego que se atavió, él mismo se prendió fuego y se quemó: por eso se llama el quemadero ahí donde fué Quetzalcóatl a quemarse. Se dice que cuando ardió, al punto se encumbraron sus cenizas, y que aparecieron a verlas todas la aves preciosas, que se remontan y visitan al cielo. (...) Decían los viejos que se convirtió en la estrella que al alba sale; así como dicen que apareció, cuando murió Quetzalcóatl, a quien por eso nombraron Señor del alba. Decían que, cuando él se murió, sólo cuatro días no apareció, porque entonces fue a morar entre los muertos (mictlan); y que también en cuatro días se proveyó de flechas; por lo cual a los ocho días apareció la gran estrella (el lucero), que llamaban Quetzalcóatl. Y añadían entonces que se entronizó como Señor (*Códice Chimalpopoca*: 12).

Com esta sequência de ações, cumpre-se a trajetória de Quetzalcóatl, descrita nos Anales de Cuauhtitlan. Conforme está assinalado, o ano de Ce Acatl é o ano em que nasce e morre Quetzalcóatl. Como observa Soustelle,

> Ce-acatl es el nombre cíclico de Quetzalcóatl en tanto que dios del Este y de la estrella de la mañana, de la resurrección. Todo el "Quinto Sol" estará dominado por este gran tema de la muerte y del renacimiento, del sacrificio necesario para la vida de los astros y del universo (SOUSTELLE, 1979: 105-106).

No que diz respeito a este ano, Ce-acatl, a história coincide com o mito porque os conquistadores espanhóis, quando vieram ao México, chegaram em um ano Ce Acatl. É uma nova cadeia de sobreposições que se forma com a chegada destes "homens loiros", vindos da imensidão do mar, no ano consagrado a uma possível volta do deus benfeitor Quetzalcóatl (DUVERGER, 1979: 218). Novamente, reitera-se a dicotomia de morte-renascimento – implícita na trajetória de Quetzalcóatl –, pois se inicia a fundação de uma nova nação, fruto da morte-renascimento da cultura indígena e da cultura mestiça.

Essa trajetória do deus permite uma possibilidade de estudo e de subdivisão dos mitemas principais desta narrativa mitológica, o que permite estabelecer uma esquematização, partindo-se dos mitemas relacionados nos Anales de Cuauhtitlán. Desta forma, na análise literária, as referências aos mitemas evocados pela obra de Carlos Fuentes poderão ser mais facilmente identificáveis. Partindo dos enunciados dos Anales, podemos esquematizar a narrativa mitológica com os seguintes mitemas, que utilizaremos logo na análise literária:

- Mitema (1): o deus Quetzalcóatl em sua morada celestial. A ausência de sacrifícios humanos: O EQUILÍBRIO.
- Mitema (2): a ação de Tezcatlipoca revelando, pelo "espejo humeante", o rosto de Quetzalcóatl: A REVELAÇÃO.
- Mitema (3): a descoberta, por Quetzalcóatl, de sua dessemelhança com suas criaturas. Conflito com a própria identidade de criador: A DESSEMELHANÇA.
- Mitema (4): a adoção de uma máscara que torna Quetzalcóatl semelhante aos homens. O envolvimento com o mundo profano (bebidas e relação sexual): A MÁSCARA.
- Mitema (5): a percepção de sua queda, a perda do mundo sagrado. A necessidade de autossacrifício: A QUEDA.
- Mitema (6): a transcendência de Quetzalcóatl no planeta Vênus: A TRANSFIGURAÇÃO.

Esta divisão do mito em pequenos núcleos remete à simbologia de um rito de passagem clássico, como no exemplo EQUILÍBRIO-TRANSIÇÃO--TRANSCENDÊNCIA, pois no interior de cada uma destas experiências pode-se agrupar os sentidos da trajetória de Quetzalcóatl.

Estando esclarecida esta primeira ideia da divisão da trajetória do mito de Quetzalcóatl em mitemas, segue um comentário sobre certas interpretações simbólicas e religiosas do mesmo, encontradas nos estudos de Sejourné.

A partir da formulação desta antropóloga sobre o mito, percebe-se que seus pressupostos analíticos também se delineiam na trajetória de determinadas personagens da obra *La región más transparente*, de Carlos Fuentes.

Quetzalcóatl, sendo o protagonista da tentativa bem-sucedida da criação dos homens (mitema 2), é um ser mítico que insere a revelação da verdade espiritual que guiará a postura religiosa dos povos mexicanos. Como assinala Sejourné:

> con el advenimiento de la Era de Quetzalcóatl la humanidad fue creada. Esto parece indicar que no es sino después del descubrimiento del principio espiritual que en él vive, cuando el hombre pudo ser. Es sin duda por lo que Quetzalcóatl era considerado como el creador del ser humano y de todas las cosas (1957: 65).

Este princípio espiritual desvendado por Quetzalcóatl está implícito em sua trajetória – tanto na descida aos infernos como na confrontação com Tezcatlipoca –, na experiência corpórea e na sua transfiguração em planeta. Segundo Sejourné, analisando a trajetória do planeta Vênus e comparando-a com a trajetória da alma, estaria expressa uma verdade descrita pelo caminho mítico de Quetzalcóatl:

> Después de su presencia en el cielo occidental, Venus desaparece "bajo tierra" y queda oculta varios días para reaparecer, más deslumbrante que nunca, en el cielo oriental donde se reúne con el sol. Es este mismo itinerario el que sigue el alma: desciende de su morada celeste, entra en la oscuridad de la materia para elevarse de nuevo, gloriosa, en el momento de la disolución del cuerpo (1957: 69).

Percebe-se, então, que a transfiguração de Quetzalcóatl em planeta Vênus significa a transfiguração da matéria em espírito, do corpo em alma. Esta observação se confirma também por meio do paralelo simbólico existente entre o planeta Vênus e a ideia de alma, de essência espiritual do homem – esta referência pode ser constatada em numerosas interpretações de textos dos anais e, também, em textos de cronistas do novo mundo, como o de Sahagun. Tal referência à imagem de Vênus como equivalente à imagem da alma também encontra um paralelo com a imagem do sol, que também representaria a alma humana. Nesse sentido, observa-se que a trajetória do planeta Vênus é uma ilustração perene do próprio mito de Quetzalcóatl e da própria aventura espiritual humana sobre a terra.

Como assinala Sejourné em outro momento de seu estudo, o mito de Quetzalcóatl surge também como uma tentativa de solução dos problemas da dualidade da natureza humana. A rígida sociedade asteca tinha um sentido de moralidade muito acentuado: nela o destino individual era algo sem sentido, tudo girava em torno da coletividade, que unida poderia manter o cosmos inabalável e o sol brilharia dia após dia.

Esta visão impulsiona uma vocação para a espiritualidade, pela oração e penitência. Disto resulta o fato de Quetzalcóatl ser o fundador das bases do sacerdócio e representar para os astecas o senhor da oração e do sacrifício. A partir disto, compreende-se o porquê dos altos sacerdotes levarem o título de Quetzalcóatl, fato que está assinalado nos Anales e que contribui para a profusão de "quetzalcóatls" e para a consequente nebulosidade que envolve a trajetória desta figura mítico-histórica do universo mexicano. Sejourné assinala como o mito é, em certo sentido, uma parábola da experiência humana na terra, segundo as perspectivas astecas:

> Que sean cumplidos durante la vida o después de la muerte, estos ritos que reproducen la parábola del hombre convertido en planeta constituyen sin duda pruebas del paso a niveles espirituales superiores que deben progresivamente llevar a la unión con lo trascendente. Se trata verosímilmente de ritos de iniciación secreta en el curso de los cuales el iniciado se preparaba a recibir el alma y aprendía a morir, es decir a sacrificar su yo perecedero para renacer a una vida regeneradora (1957: 77).

Com relação à trajetória de Quetzalcóatl expressa na "Leyenda de los Soles", pode-se pensar em um mesmo sentido filosófico e religioso que anima esta narrativa e a outra, expressa nos Anales de Cuauhtitlán. Segundo a interpretação de Sejourné, estas duas narrativas míticas protagonizadas por Quetzalcóatl se interseccionam no que diz respeito à importância da vivência da matéria no movimento de alcance da transcendência. Assim como Vênus

> debe atravesar la Tierra para reunirse con el Sol, el rey de Tollan (Quetzalcóatl) inicia su viaje liberador solamente después de haber cometido el acto carnal". Para a autora, a matéria, longe de constituir um elemento inútil que está em desacordo com o espírito, é necessária porque unicamente pela ação recíproca dela sobre o espírito, consegue-se uma libertação (1957: 81-82).

Ou ainda: "sumirgiéndose hasta el centro de la materia – la tierra por el primer caso, y el cuerpo para el segundo – se llega hasta la realidad última" (1957: 85).

121

Toda esta reflexão de Sejourné serve como apoio na interpretação da trajetória de algumas personagens do romance *La región más transparente*. Observa-se que a vivência dialética implícita no mito – a experiência material e espiritual – se reconfigura no caráter das personagens, por meio de sua confrontação com Ixca Cienfuegos – na dicotomia entre a aparência e uma verdade oculta revelada. Personagens como Rodrigo Pola, Federico Robles e Norma Larragoiti vivem uma trajetória similar à de Quetzalcóatl, pela confrontação com Ixca Cienfuegos – o Tezcatlipoca moderno. Ao contrário de Quetzalcóatl, estas personagens partem de uma experiência material, corpórea, para alcançar uma experiência espiritual, de encontro com suas verdades ocultas. Cada personagem revive uma parte obscura e escondida de sua vida para efetuar seu rito de passagem, a fim de conseguir sua transfiguração, porém, o resultado desta experiência não é similar ao efeito enobrecedor alcançado por Quetzalcóatl.

Na análise literária, vê-se que para cada personagem o abandono da matéria (aparência) e a experiência espiritual (face oculta) resultam em uma transfiguração diferente. Para Rodrigo Pola, significa o enriquecimento e o aprofundamento nos valores da burguesia mexicana. Para Robles, é o oposto: a negação de suas conquistas no mundo material e o encontro com o amor de Hortencia Chacón. Para Norma Larragoiti é a morte, sob a aparência do sacrifício desejado por Teódula e Ixca Cienfuegos. Em todos os casos, o que se observa é a negação dos princípios originais de beleza e verdade implícitos no mito. São heróis modernos, cuja ação paralela à ação de Quetzálcoatl está permeada de ironia.

O romance *La región más transparente* possui uma estrutura complexa cuja personagem central, Ixca Cienfuegos, destaca-se como o núcleo do relato. Uma vez que a trama do romance se desenvolve pela trajetória de suas distintas personagens, cabe destacar que cada personagem não está separada uma da outra. Todas estão interligadas, seja por sua ação no tempo presente ou no passado. A Cidade do México, como espaço físico, é um meio de integração das diferentes personagens, assim como os meios social e profissional. Uma vez que a trajetória individual e coletiva das personagens define a trama do romance, o melhor método para organizar uma síntese da narrativa seria seguir a ação destas principais personagens.

Toda ação do romance gira em torno de Ixca Cienfuegos, posto que sua mãe, Teódula Moctezuma, deseja oferecer aos seus mortos, marido e filhos, um sacrifício humano, o qual propiciaria o descanso necessário a estes parentes mortos. Assim, ela incumbe seu filho Ixca Cienfuegos de buscar uma vítima espontânea para participar deste sacrifício. O parentesco entre Ixca e Teódula é questionável, já que a diferença de idade entre Ixca e os outros filhos de Teódula é imensa. Esta filiação pertenceria mais ao plano espiritual. A partir deste pedido de Teódula, Ixca parte em sua empresa e começa uma peregrinação pelas diferentes camadas sociais mexicanas. A sua relação com cada um dos personagens apresentados está marcada pela intenção velada de subjugá-las e enfraquecê-las, o que permitiria sua disponibilidade ao sacrifício.

No centro do movimento dialógico, praticado por Ixca, está a estrutura do mitema 2, a revelação, o qual cumpre a função de mostrar, de trazer ao conhecimento de Quetzalcáotl, sua face. Dentro da trama do romance, a função principal de Ixca é fazer com que cada personagem "fale". Ixca incita-os a monólogos interiores mediante os quais revelam seu passado e as faces ocultas de sua origem (ORDIZ, 1987: 207) (HELLERMAN, 1972: 48-50).

Cabe salientar que toda ação empreendida por Ixca está em sintonia com sua proposta primigênia: encontrar uma vítima espontânea para participar de um sacrifício ritual asteca. Esta empresa faz com que Ixca tente uma aproximação com as personagens e busque o desvendamento da parte mais oculta do caráter das mesmas. Este desvendamento da origem, escondida ou renegada, expressa o desejo de obter um "conhecimento", cuja finalidade é a manipulação dos destinos das personagens.

A trajetória de Ixca Cienfuegos é um caminho que conduz ao fracasso. Sua empresa – encontrar em 1951 um mexicano disposto a ser vítima de uma celebração ritual asteca – não se cumpre, pelo menos da forma em que foi concebida a princípio (ORDIZ, 1987: 191). A trajetória da personagem Ixca transcende qualquer teorização, ao contrário, por exemplo, de uma personagem como Manuel Zamacoma, que se dedica ao estudo do pensamento "americanista" e à análise dos segmentos culturais que compõem o "ser mexicano". Zamacoma revela-se como a própria voz de Fuentes e aponta a influência das diretrizes americanistas. Cabe destacar que esta personagem é vista carregando um exemplar de *El laberinto de la soledad*, de Octavio Paz.

Ixca é, na verdade, a prática exacerbada das teorias filosóficas concebidas e estudadas por Manuel Zamacoma. Segundo Ixca, a glória do passado religioso mexicano deve ser restaurada mediante a prática do sacrifício, no que expressa a sua tentativa de impor o acervo cultural e religioso indígena como o único relevante e, potencialmente, transformador do mexicano. Este projeto fracassa justamente para comprovar-se que esta pureza das origens não possui mais espaço na realidade, posto que não há mais espaço para uma única origem e preceito religioso que justifique o mexicano. Um novo mito fundacional se deu no México, no momento da conquista, e outra tradição religiosa se formou.

Com esse fracasso de Ixca Cienfuegos, Fuentes introduz a ideia da impossibilidade de tomarem-se as tradições religiosas ancestrais como um ponto de partida único para o entendimento da cultura e da religião dos sujeitos latino-americanos contemporâneos. Não se pode negar que os mundos religiosos, europeu e americano, estão para sempre interligados. A resposta de Fuentes para o questionamento sobre a "identidade mexicana" encontra-se na própria estrutura do romance, no mitologismo que conjuga diferentes símbolos, tanto do mundo moderno como do mundo ancestral indígena. As diferentes personagens transitam, convivem e dominam diferentes códigos culturais: esta é visão de Fuentes sobre a heterogeneidade cultural; esta é uma resposta para a "identidade".

Entretanto, embora o projeto de Ixca esteja assentado sobre uma impossibilidade, a estrutura de sua trajetória remonta a estrutura do mitema 2, a revelação. Ixca encarna a própria figura de Tezcatlipoca ou, mais precisamente, a figura do "espejo humeante", na medida em que tenta revelar a face escondida de distintas personagens e, com isso, fragilizá-las, expondo-as a uma situação limite e abrindo assim um espaço para exigir-lhes a participação no sacrifício ritual.

A revelação imposta por Ixca se dá na forma de confissão: ele próprio torna-se o "espejo humeante", como assinala M. Hellerman: "Cienfuegos becomes the Tezcatlipoca who makes these people aware of the original face wich they have disguised" (HELLERMAN, 1972: 50). O aspecto de "revelador" atribuído a Ixca-Tezcatlipoca é apenas uma das características que serão tratadas no presente texto. A maior relevância existente nas relações de Ixca-Tezcatlipoca e as outras personagens (os novos Quetzalcóatls) é a experiência da reflexão sobre a dicotomia básica das personagens: face oculta-indígena e face aparente-europeia. Isto se apresenta em sintonia com a narrativa mítica em que Tezcatlipoca obriga Quetzalcóatl a fazer uma experiência de sua porção corpórea e espiritual.

Na comparação de Ixca com Tezcatlipoca deve-se destacar a atitude de revelar, como aparece nos sintagmas do mito: (Tezcatlipoca) "Yo digo que vayamos a darle un cuerpo" ou "Hijo mío, Ce acatl Quetzalcóatl, yo te saludo y vengo, señor a hacerte ver tu cuerpo", ou ainda "Mírate y conócete, hijo mío, que has de aparecer en el espejo" (CC: 09). Todos estes enunciados míticos podem ser relacionados às atitudes de Ixca Cienfuegos, que deseja ser o agente da revelação das partes ocultas das vidas de diferentes personagens.

No exemplo seguinte, temos o diálogo de Ixca com Federico Robles, no qual este aspecto de "revelador" se mostra. Embora Ixca não possua o "espejo humeante" de Tezcatlipoca, seus olhos serão o ponto em que se reflete a face verdadeira do banqueiro Robles:

> Detuvo su mirada en la de Ixca, y éste en la de Federico. Robles se olvidó de sus manos y su cuerpo; dejó caer los brazos y levantó la espesa cortina de su mirada. Su mirada y la de Cienfuegos se fundían en una sola pupila, pupila de recuerdos, liquida y punzante. Ixca no se permitió mover un músculo. Como un ídolo elocuente, con su rigidez invitaba a Robles no a abrir los labios sino a abrir los ojos, apenas rasgados en una linea de tinta entre gruesos párpados, a licuar las dos pupilas, a permitir que una revelación – siempre un recuerdo – madurara todos los días que no había recogido en la memoria o el anhel. Los ojos de Robles se poblaron de luces fugaces, trepidantes, como un ala de turquesas incendiada en la noche (FUENTES, 238-239).

No que diz respeito aos elementos semânticos do eixo paradigmático, pode-se destacar a correlação entre "el espejo humeante" e a construção de um *leitmotiv* que acompanha a personagem Ixca Cienfuegos: o cigarro sempre aceso e a fumaça. Há uma adaptação moderna do elemento mítico que cerca a figura de Tezcatlipoca, "espejo humeante". O que ocorre é uma operacionalização, em que o elemento mágico da narrativa mítica se converte num objeto comum do mundo moderno. No texto são vários os momentos em que se assinala esta imagem "humeante" de Ixca transfigurada. Sempre é precedente a seus contatos – ou suas confissões – com as personagens:

> Ixca Cienfuegos entró en la sala, se detuvo y encendió, con una mueca, un cigarrillo (FUENTES, 1958).

> De pie junto a la ventana, Robles señaló la extensión anárquica de la Ciudad de México. Cienfuegos prolongaba sus columnas de humo, silencioso (FUENTES: 246).

> Rodrigo respira fundo y a su lado Ixca cubría con ambas manos la luz naranja del fósforo y sorbía con lentitud un cigarrillo (FUENTES: 257).

> Ixca lanzó el cerillo al aire y dejó que el humo le ascendiera por las aletas de la nariz hasta nublarle la vista (FUENTES: 258).

Na comparação entre Ixca Cienfuegos e Tezcatlipoca, outras relações podem ser feitas. É sabido que esta divindade, cujo atributo "espejo humeante" é o próprio significado de seu nome, caracteriza-se pelo aspecto guerreiro e também de defensor dos sacrifícios humanos. Como o define Sejourné:

> Aunque dios, sus contradicciones no pueden ser más humanas: estimula la licencia sexual, al mismo tiempo que figura como confesor; es el dueño de los bienes de este mundo que puede a la vez dispensar y recobrar; es el amigo de los poderosos que lo adulan o lo insultan y de los esclavos de los que es el protector titular (1962: 88).

As particularidades destacadas por Sejourné entram em sintonia com a descrição das atitudes de Ixca Cienfuegos no interior do romance *La región más transparente*. O aspecto de confessor já foi ressaltado e é determinante para a análise das outras personagens da obra. Da mesma forma que Tezcatlipoca detém o poder sobre os bens materiais, Ixca será o responsável pela ascensão financeira de Rodrigo Pola e pela bancarrota do banqueiro Federico Robles. Os paralelos são muito explícitos entre Ixca e tais aspectos de Tezcatlipoca levantados por Sejourné. A crítica fuentiana que se atém às reciprocidades entre Ixca e Tezcatlipoca distingue-se por assinalar uma simetria com o deus dos sacrifícios humanos (ORDIZ, 1981: 73-74)), já que esta é a empresa principal de Ixca, o fim que justifica todas suas atitudes (mitema 5). Da mesma forma, observa-se que a crítica também prima por assinalar o aspecto de "revelador" de Tezcatlipoca, relacionado com a atitude dos "tlamantinime", atributo que está em sintonia direta com a ação da personagem (HELLERMAN, 1972: 48-49), (ORDIZ, 1987: 207).

Entretanto, a caracterização que assinala a preferência de Tezcatlipoca pelos poderosos, e, ao mesmo tempo, sua dedicação aos mais humildes, não é destacada pela crítica e, no entanto, ilustra perfeitamente a trajetória de Ixca por todas as classes sociais mexicanas da década de 1950. Na verdade, justifica sua presença em meios sociais tão diferentes, fazendo dele a personagem "coringa" do texto, o revelador das pluralidades de faces da sociedade.

Para Sejourné, a figura de Tezcatlipoca ilustra a própria contradição inerente à pessoa humana. Em suas palavras:

su jeroglífico aparece como una síntesis del concepto nahuatl de la humanidad: un espejo que "da humo, como niebla o sombra", una superficie opaca y deformadora cuya naturaleza es, sin embargo, para resplandecer, para reflejar las cosas en su verdad perfecta (1962: 90).

Ixca encarna este potencial contraditório de Tezcatlipoca já que provoca nas personagens a vivência de uma dicotomia, a experiência de segmentos distintos de seu caráter. Trata-se da exigência de um olhar interior sobre sua formação cultural e psíquica. Esta revelação das personagens que se dá mediante o contato com Ixca está inserida no texto do romance por meio de diálogos e monólogos interiores. Muitas revelações começam com um diálogo entre Ixca e as pesonagens, mas, depois, pelos monólogos interiores destes – motivados sempre pela inquisição inicial de Ixca – se completa a revelação.

Cabe assinalar que as verdadeiras intenções das personagens somente são conhecidas por seus monólogos interiores – motivados pela ação de Ixca. Através das falas introspectivas se expressam as verdades. Muitas vezes, nos diálogos, ocorre uma confusão de intenções, como no caso de Ixca e Rodrigo Pola, em que há uma intenção por parte de Ixca que, na verdade, Pola não consegue apreender. Pola revela-se à Ixca, mas este confunde suas verdadeiras ambições. Os leitores são conscientes das verdadeiras intenções de Ixca, mas as personagens não conseguem apreender esta verdade. Somente nos monólogos interiores elas revelam suas reais ambições e os mais escondidos segredos.

Na confrontação do personagem Rodrigo Pola com Ixca Cienfuegos, surgem questões importantes tanto a respeito da temática do romance como da composição do mitologismo. A evolução das relações estabelecidas entre Pola e Cienfuegos revela, pouco a pouco, a reconfiguração dos mitemas da trajetória de Quetzalcóatl.

Como vimos, a ação de Ixca Cienfuegos está centrada no mitema 2, a revelação. Rodrigo Pola, por sua vez, assume o papel de um Quetzalcóatl moderno, já que, como a divindade, vive uma experiência entre aparência e essência. Por meio das conversas com Cienfuegos, ele é levado a rememorar sua vida e a constatar sua diferença em relação aos demais, o que o leva a um consequente sentimento de dessemelhança. A personagem submerge no conflito com sua própria identidade, como ocorre no mitema 3.

No que diz respeito ao mitema 4, a máscara, pode-se ressaltar que está presente no momento em que Pola assume uma postura de jovem da moda, frequentador dos círculos mais importantes do México, e ainda no momento em que abandona sua mãe e o que ela representa.

O mitema 5, a queda, equivale, na trajetória de Rodrigo Pola, ao momento da morte da sua mãe, em que todos os seus valores, ressentimentos e complexos vêm à tona.

Já o mitema 6, a transfiguração, possui um sentido totalmente diverso na trajetória da personagem de Fuentes. Daí que sua transfiguração seja negativa, não no sentido moral, mas, sim, porque nega a ordem implícita no mito. Enquanto no mito, o momento da transfiguração equivale à elevação sublime da divindade, no romance, a personagem de Pola vive a sua submissão aos valores da burguesia mexicana. Isto porque a personagem adapta sua vocação de escritor às exigências do mercado, tornando-se roteirista de filmes populares e casando-se com Pimpinela de Ovando, aristocrata decadente que, contudo, legitima "aparência de nobreza" e ascensão social.

No texto do romance observam-se como estas equivalências simbólicas se operam. Partindo do mitema 3, a dessemelhança, é possível explorar a face aparente de Rodrigo Pola e a sua face oculta, revelada pela insistência de Cienfuegos. Motivado pela presença de Ixca, Pola recorda a história de sua vida e reflete:

> Qué raro, cómo te recuerdas, así de pronto, de los detalles pequeños y te ves a ti mismo como a otra persona, tan lejana que casi parece un dibujo, o una fotografía vista por encima al ojear una revista (FUENTES: 260).

Da mesma forma, são vários os momentos de sua vida, por exemplo, na infância, em que a pobreza e o complexo de inferioridade aguçam o seu sentimento de dessemelhança, como no momento em que se aproxima de Roberto Régules, o garoto rico que tudo pode no colégio, ou dos amigos da "Preparatoria", que se reúnem em tertúlias literárias.

Rodrigo, na infância e adolescência, vive uma vida dupla, de um lado estão sua mãe e o fantasma da memória de seu pai sempre presente. De outro, as possibilidades de realização, como a literatura, que devem ser sacrificadas em nome de responsabilidades junto a sua mãe. A relação de Rodrigo Pola com sua mãe configura a parte secreta de sua vida – um mundo silencioso, quase sem diálogos entre os dois –, que deixa marcas que o tempo não apaga. Ele nega a mãe na esperança de com isto anular seu passado. O passado nada glorioso de seu pai e a figura materna amargurada se revelam com a devida amplitude nesta recordação de Pola, junto a Ixca:

> (Rodrigo Pola) Por eso cuando le pregunté: Era bueno contigo mi papá?, ella supo todo, leyó mis ojos idiotas y abiertos se mordió los labios y dejó las agujas sobre el regazo [...] Tu padre fue un cobarde que delató a sus compañeros y murió como un tonto, dejándonos en la miseria (FUENTES: 269).

Para Rodrigo Pola, negar a vida de seu pai e de sua mãe equivale a negar seu sentimento de não pertencer e, por outro lado, é o mesmo que afirmar sua ambição de riqueza e bem-estar. Pola deseja tornar-se o oposto do que foram seus pais, como aparece no texto: "Que yo sí quería participar, que yo sí quiero arrancarme a esa bolsa de derrotas que ellos me heredaron. No quiero caer hecho polvo como ellos" (FUENTES: 382). Apesar de ter abandonado sua mãe e negado sua origem humilde, ele continua sentindo-se um derrotado: "por más que me justifique... no pude alcanzar la fama literaria que me devoraba de adolescente... no pude alcanzar el amor de la única mujer que quise... no pude darle a mi madre dos gotas de cariño que bastaban..." (FUENTES: 381). Assim, ele, em outros momentos, tenta justificar seu orgulho e sua derrota, pois, na verdade, os seus ideais de riqueza e status ainda não se cumpriram. Tenta encontrar motivos para o fato de ser desprezado, na descrição do narrador: "la ilusión de que era rechazado porque quienes lo rechazaban lo sentían superior, y la superioridad acobarda a la inferioridad" (FUENTES: 371).

Tais referências ao caráter da personagem compõem a correlação com o mitema 3, a dessemelhança. Este sentimento de alteridade é aproveitado por Ixca – da mesma forma que Tezcatlipoca se aproveita da dessemelhança de Quetzalcóatl –, na tentativa de convencer Pola de que o sacrifício pode redimi-lo de uma existência medíocre. No texto, as palavras de Ixca são explícitas: "Quieres el sacrificio – Ixca silbaba entre los dientes, brillantes esculpidos, que se alargaban fuera de la boca rígida – En él te podrás redimir. Ven conmigo; yo te enseñaré..." (FUENTES: 381).

O mitema 4, a máscara, permite estabelecer uma correlação com a aparência sustentada por Rodripo Pola – a despeito de todos os sacrifícios que se vê obrigado a fazer para manter esta aparência. A questão da aparência é central na vida de Pola, como aparece no texto pela boca de Norma Larragoiti, que foi sua namorada na adolescência e segue sendo uma obsessão em sua vida. Ela faz uma consideração sobre esta aparência de Pola – que é a explícita revelação de seu desejo de assemelhar-se: "Andas muy pachucón, Rodrigo. Veo que los tiempos han cambiado para bien" (FUENTES: 176). Cabe destacar que o sentido de "pachucón", uma gíria, é explicado por García Gutiérrez como relativo a pessoa que se veste com extravagância, e tem relação com as pessoas de classe mais baixa que, desejando vestir-se elegantemente, imitavam a moda norte-americana dos anos 1950.

Em outro momento, na festa de Bobó, apesar de todos os seus conflitos interiores e dos seus ressentimentos motivados pelo desprezo de Norma, Rodrigo Pola se expõe desmesuradamente. Ele se propõe a realizar um número cômico para os participantes da festa (RMT: 181-182), e a consequência é mais indiferença. Observa-se que Pola, nesta festa, vive a plenitude de sua aparência mascarada, de seu desejo de pertencer, ser semelhante a um tipo de vida e de pessoa que está diametralmente oposta ao seu íntimo, à sua essência.

Nas recordações de Norma Larragoiti, ele parece também comprometido por seu discurso de mentiras velada, ou afirmações mascaradas: "Le contaba (a Norma) de su papá, que había sido un gran general zapatista asesinado por Huerta, y de cómo su mamá se había sacrificado para darle educación y ahora iba a entrar en Leyes [...]" (RMT: 251).

O mitema 5, a queda, corresponde ao momento limite em que Rodrigo Pola toma conhecimento da morte de sua mãe, que não visitava há onze anos. A partir da notícia da morte de Rosenda, ele reflete sobre sua vida, suas faces ocultas e sobre as máscaras que se obriga a sustentar. No texto:

> Mi madre se murió anoche. Una criada vieja la mandó enterrar esta mañana. Yo ya no la vi. Estaba...estaba tratando de conquistarme a un cuero en la casa de Charlotte, estaba tratando de demostrar...carajo! – Rodrigo trató de sonreír – Ni siquiera estaba invitado. Me colé, igual que a la fiesta del Bobó ese otro día (FUENTES: 375).

Cienfuegos se aproveita deste momento em que Pola está fragilizado, posto que o mundo oculto de sua mãe emerge com toda a plenitude. Deve-se dar atenção especial a este desgaste emocional que sofre Pola, se o relacionarmos com o processo de sacrifícios humanos da sociedade pré-colombiana: um desgaste físico ou emocional era exigido daqueles que seriam sacrificados (DUVERGER, 1970: 119). Neste momento, em que caem por terra as máscaras de Pola, Ixca deseja incitar a sua participação no sacrifício ritual pré-hispânico. Na trajetória mítica de Quetzalcóatl, será este o momento em que a divindade se autossacrifica, se impõe provas de purificação. Na correspondência com o romance, será exatamente isto o que Cienfuegos cobra de Pola. Assim, no texto: "Rodrigo no respondió. No entendía si lo que Ixca solicitaba era un gran aumento de valores en la vida, o un escueto sacrificio, la renuncia que en un estallido final diera su significado a la vida y la rescatara de la mediocridad" (FUENTES: 380).

Como já foi assinalado, a tentativa de Ixca se frustra, e com isto surge o mitema 6, a transfiguração, que se dá pela ação de Ixca ao oferecer um trabalho a Pola, o qual se torna a possibilidade de enriquecimento e de realização dos seus ideais de "riqueza y bienestar". No seguinte fragmento, aparece a proposta de trabalho de Ixca, que o faz transcender sua condição de derrotado: "Cómo no, yo te ayudo, viejo. Para que veas: ya hablé con unos productores de cine. Les hacen falta buenos argumentistas. Quieres conocerlos?" (FUENTES: 383).

Dessa forma, a trajetória de Rodrigo Pola no romance se demonstra paralela à trajetória de Quetzalcóatl, graças à ação de Ixca Cienfuegos, o Tezcatlipoca moderno. Sem dúvida, este paralelismo entre as duas personagens aponta para a função do mitologismo na obra de Fuentes, posto que, embora o mito seja um substrato da narrativa, sua instrumentalização possui um caráter renovado, pertinente aos questionamentos sobre o "ser mexicano" na década de 1950. São reafirmados, por meio do paralelo mítico, os valores de uma sociedade e de um tempo determinado. A ação atemporal de Quetzalcóatl permite a reatualização de sua trajetória. Rodrigo Pola vive o conflito com sua identidade e assume sua máscara como sua verdadeira face. A experiência de submergir em sua origem e em seu presente o conduz à opção pela aparência, pela representação. Ele configura um "tipo mexicano", aquele que esconde sua verdadeira face e que nunca revela o seu sentimento real. Como aparece nesta confissão de Pola a Ixca Cienfuegos, quatro anos após os encontros iniciais de 1951:

> Pero lo que yo soy, eso se quedó sólo, como un pedazo de tierra convertido en isla, a que yo lo piense y lo repiense a solas – porque yo no puedo hablar con nadie sobre estas cosas, no me lo tolerarían – y nunca sepa quién soy, qué me pasó (FUENTES: 542).

Da mesma forma, cabe assinalar o momento em que Rodrigo assume sua posição na sociedade, sua máscara definitiva:

> Los dos hilos de vida que se cruzaban y entretejían en la sangre de Rodrigo, que partían de una mañana gris y un paredón acribillado en Belén y terminaban en una charla de fantasmas entre Rosenda e Ixca Cienfuegos, se cortaban y huían para siempre (FUENTES: 499).

A experiência dos mundos oculto e aparente de Rodrigo Pola termina por definir sua vida, configurando seu caráter como um "tipo mexicano", ou seja, a adoção de sua máscara. Seu disfarce, ostentado nas relações com os demais, está em sintonia com o machismo mexicano, que prega a necessidade de não se revelar e de jamais se expor. Como interpreta Octavio Paz, em *El Laberinto de la soledad*, "el ideal de la 'hombría' consiste en no 'rajarse' nunca. Los que se 'abren' son cobardes" (PAZ, 1959: 26).

Em *La región más transparente* Fuentes elabora uma crítica à sociedade intelectual que teoriza e quer buscar a todo custo um denominador comum para esta "identidade mexicana", a qual, segundo o autor, seria uma pluralidade de identidades. Dentro desta visão cultural do autor, não somente o mito de Quetzalcóatl, mas o mito em seu sentido mais abrangente e genérico se adapta perfeitamente à reflexão sobre as identidades, pois, dentro da sua amplitude significativa, o mito se torna um caminho estético perfeito para abordar a questão da heterogeneidade cultural, religiosa e temporal latino--americana. Isto porque o mito, em seu sentido e forma mais primigênio, é capaz de abranger a um só tempo o presente, o passado e o futuro.

Na literatura de Fuentes, os mitos são antes de tudo um caminho para descrever e refletir sobre uma multiplicidade temporal e religiosa que se mostra insolúvel tanto no México como na América Latina. A presença do mitologismo na literatura de Carlos Fuentes surge como um elemento articulador, cuja finalidade é vislumbrar o universo de uma realidade histórica que acumula valores modernos e ancestrais. O mitologismo é uma experimentação que tenta demonstrar, na estrutura renovada dos romances, os diferentes "tempos" americanos, o tempo ancestral dos mitos e o tempo moderno e cronológico ocidental. No texto dos romances fuentianos, o mitologismo se configura a partir da conjugação de mitemas de narrativas religiosas astecas, com experimentações formais e temáticas da modernidade estética, e determina uma proposta de reflexão sobre as culturas e tradições religiosas em diálogo.

Assim, no âmbito da estética literária, o mitologismo é um meio que permite pensar, com a devida amplitude, o problema do sincretismo cultural e religioso latino-americano. O mito de Quetzalcóatl, eleito como parâmetro da estruturação mítica fuentiana, propõe ele mesmo um questionamento sobre a identidade, sobre o autoconhecimento, o qual pode ser aproveitado para pensar-se a formação das identidades em países que vivenciaram a colonização. Com a trajetória do herói mítico, traça-se um paralelo com a realidade contemporânea e evidencia-se a necessidade de vivenciar as duas partes formadoras das identidades plurais latino-americanas. Nesse sentido, é fundamental abordar o mitologismo neste autor não simplesmente como um resgate de um passado religioso indígena, esquecido ou renegado, mas sim como a expressão de uma pluralidade de acervos culturais, nos quais as culturas latino-americanas têm acesso ou vivem imersas.

Referências bibliográficas

ANALES de Cuauhtitlán y Leyenda de los Soles. In: *Codice Chimalpopoca*. México: Imprenta Universitaria (ed. fototípica e tradução do Lic. Primo F. Velázquez), 1945.

CAMPBELL, Joseph. *El héroe de las mil caras*; psicanalisis del mito. Trad. Luisa Josefina Hernández. México: FCE, 1959.

CORTÉS, Hernán. *Cartas de relación*. México: Mexicanos Unidos, 1985.

DUVERGER, Christian. *La flor letal*; economía del sacrificio azteca. Trad. Juan José Utrilla. México: FCE, 1983.

FRAZER, J. G. *O ramo de ouro*. Trad. Waltensir Dutra. Rio de Janeiro: Ed. Guanabara, 1982.

FRYE, Northrop. *Anatomia da crítica*. Trad. Péricles Eugênio da Silva Ramos. São Paulo: Cultrix, 1973.

FUENTES, Carlos. *La región más transparente*. Madrid: Cátedra, 1982.

GARIBAY, Angel. *La literatura de los aztecas*. 6. ed. México: Joaquín Mortiz, 1982.

HELLERMAN, Mirna K. *Myth and Mexican Identity in the works of Carlos Fuentes*. Stanford: Stanford University Press, 1972.

LEON-PORTILLA, Miguel. *Los antiguos Mexicanos*. 4. ed. México: FCE, 1973.

MIELIETINSKI, E. M. *A poética do mito*. Rio de Janeiro: Forense, 1976.

ORDIZ, J. F. *El mito en la obra narrativa de Carlos Fuentes*. León: Universidad de León, 1987.

PAZ, Octavio. *El laberinto de la soledad*. 3. ed. México: FCE, 1972.

RODRÍGUEZ MONEGAL, Emir. La nueva novela latinoamericana. In: *Narradores de esta América*. Montevideo: Alfa, 1969, pp. 11-36.

SÉJOURNÉ, Laurette. *Pensamiento y religión en el México antiguo*. Trad. Arnaldo Orfila Reynal. México: FCE, 1957.

_____. *El universo de Quetzalcóatl*. Trad. Arnaldo Orfila Reynal. México: FCE, 1962.

SOUSTELLE, Jacques. *La vida cotidiana de los aztecas en vísperas de la conquista*. Trad. Carlos Villegas. México: FCE, 1970.

STEN, Maria. *Las extraordinarias historias de los códices mexicanos*. México: Joaquín Mortiz, 1972.

Estudos de "escrituras" e a Ciência da Religião: da hermenêutica de textos à percepção de sujeitos religiosos em ação significativa e produção de sentidos

*Pedro Lima Vasconcellos**

Introdução

O tema que aqui se busca desenvolver tem sido, até certo ponto, negligenciado em diversos ambientes acadêmicos focados na Ciência da Religião.[1] Isso talvez se deva a uma percepção, expressa por exemplo por Hans-Jürgen Greschat, ao sustentar que os "textos sagrados" indicam o ideal de uma religião, enquanto os "documentos históricos da religião" dizem o que ela efetivamente tem sido e vem sendo no tempo e no espaço.[2] A discussão sobre os primeiros textos e seus significados seria algo livresco, reservado a especialistas, e pouco teria a dizer sobre as significações intrínsecas às práticas e opções vitais dos diversos sujeitos religiosos. A sugestão de que a abordagem desses textos caberia mais à Teologia (no caso cristão e em eventuais congêneres) ou de que, indo por esse caminho, estaríamos na direção de uma apresentação idealizada da religião em questão, talvez justifique o referido (e suposto) descaso.

---

* Professor do Programa de Estudos Pós-Graduados em Ciências da Religião da Pontifícia Universidade Católica de São Paulo (PUC-SP) e do curso de Teologia do Centro Universitário Salesiano de São Paulo (UNISAL). Mestre e livre-docente em Ciências da Religião e, também, doutor em Ciências Sociais.

[1] Julgamos, por motivos que aqui não podemos expor, que a terminologia mais adequada para identificar a disciplina em questão seja "Ciência da Religião".

[2] GRESCHAT, Hans-Jürgen. *O que é Ciência da Religião?* São Paulo: Paulinas, 2006, p. 56.

Além disso, o fato de, no Brasil, diversos Programas de Pós-graduação em Ciência da Religião terem uma concentração acentuada nos estudos bíblicos só vem reforçar os diagnósticos, da parte de olhares pouco simpáticos (no sentido daquela "empatia" necessária à abordagem de qualquer fenômeno humano) à linguagem religiosa de que se estaria diante de elaborações "criptoteológicas" em Ciência da Religião. Diagnósticos esses que devem ser insistentemente questionados e verificados empiricamente. De toda forma, constata-se que, mesmo com a produção da monumental série *Sacred Texts of the East,* iniciada por Max Muller, o reconhecido responsável pelo estabelecimento da Ciência da Religião, esta possui, aqui e ali, mais recentemente, reservas quanto à relevância do estudo destes e de tantos textos veneráveis das diversas tradições religiosas, para o alcance de seus objetivos. O próprio Greschat parece olhar com certo desdém para o que denomina "anos dourados" das descobertas dos textos sagrados do Oriente, ao longo do século XIX, que originaram diretamente a Ciência da Religião, como se o trabalho sobre eles, àquela época confiado particularmente a pessoas com formação filológica, os tomasse como nada mais que jogos de palavras à espera de decifração, e nada repercutissem de/em vivências de sujeitos religiosos ao longo de muitos tempos e espaços.[3]

Para evidenciar nossa posição a respeito, organizamos a exposição que se segue considerando três perspectivas, a nosso ver promissoras, para a abordagem das "escrituras sagradas" das religiões: os textos considerados neles mesmos, enquanto grandezas estabelecidas; os textos como testemunhas e resultantes de processos históricos e religiosos do passado que o cientista da religião não tem como ignorar; os textos como portadores de inúmeras possibilidades interpretativas, que, por sua vez, poderão ser reveladoras de facetas importantes dos processos históricos vividos pelas diversas tradições religiosas e no âmbito delas.

---

[3] Ibid., p. 52. Veja Eduardo Basto de Albuquerque adotando posição semelhante, reservando um tal "misterioso método histórico-filológico" aos primórdios da Ciência da Religião e à constituição da História das Religiões, mas carente de atualidade ou relevância nos dias de hoje (Distinções no campo de estudos da Religião e da História. In: GUERRIERO, Silas (ed.). *O estudo das religiões*; desafios contemporâneos. São Paulo: Paulinas, 2003, pp. 58-59). De toda forma, em dois manuais de Ciência da Religião recentemente lançados, não há espaço para uma abordagem das escrituras sagradas das religiões (HINNELLS, John (ed.). *The Routledge Companion to the Study of Religion.* Abingdon: Routledge, 2005; SEGAL, Robert [ed.]. *The Blackwell Companion to the Study of Religion.* Malden: Blackwell Publishing, 2006).

Como boa parte desses procedimentos metodológicos foi aplicada primeiramente à *Tanak*[4] judaica e à Bíblia cristã, daremos particular atenção a elas. E para mostrar as potencialidades deles indo um pouco além, pensaremos em algumas possibilidades que advêm da abordagem do Alcorão muçulmano. Referências a textos de outras tradições religiosas expressam a expectativa de que as pontuações aqui recolhidas sejam inspiradoras de aproximações adequadas a universos complexos outros que aqui não temos condições (e mesmo competência suficiente) de explanar de forma mais desenvolvida e pertinente.

No último tópico proporemos uma rápida aproximação a outro cenário histórico-religioso, uma espécie de contraponto (ou desdobramento) ao que até lá terá sido desenvolvido, que lhe deverá destacar de outra maneira a provisoriedade: um atestado de óbito, em forma de livro, de algo que não veio a morrer.

Que valha aqui uma observação. As considerações que aqui se proporão sobre os textos escritos feitos sagrados no interior das religiões, eventualmente "canonizados",[5] ou seja, tornados e reconhecidos como escrituras, nem de longe pretendem ignorar que a religião, cada uma delas, é ela mesma um texto, em sua articulação sistêmica. Elas versam sobre um dado que, mais ou menos, de forma incisiva ou sutil, alimenta e é alimentado por essa dinâmica maior da religião, sua característica fundamental de texto, com a "ousada tentativa de conceber o universo inteiro como humanamente significativo".[6]

Reconhece-se, também, outro limite: atemo-nos aqui àqueles universos em que a transmissão, conservação e recriação de tradições assumiu a forma de escrita.

---

[4] Como se sabe, Tanak é um acróstico formado pelas consoantes iniciais das três partes que compõem atualmente a Bíblia hebraica: a *Torá*, os *Neviim* e os *Ketuvim*.

[5] A palavra "cânon" é oriunda da língua grega e significa ao mesmo tempo "lista" e "regra". O uso que aqui se fará dela não desconsiderará certa inadequação, se se leva em conta que, no que aqui nos interessa, é característica "de uma visão da Bíblia e corresponde [...] a uma época bastante tardia da história da formação do cânon [do Novo Testamento], o século IV d.C.". Se "a aplicação do termo 'cânon' à Bíblia hebraica resultou por isto bastante inadequada" (TREBOLLE BARRERA, Julio. *A Bíblia judaica e a Bíblia cristã*. Petrópolis: Vozes, 1995, p. 175), o que não se terá de dizer de uma utilização generalizada dele?

[6] BERGER, Peter. *O dossel sagrado*; elementos para uma teoria sociológica da religião. São Paulo: Paulinas, 1985, p. 41.

Conceitos

Talvez seja conveniente definir, com a precisão possível, o sentido que atribuímos, aqui, a determinados conceitos que costumam ser utilizados com sentidos indistintos pelos diversos autores. Por exemplo, aquilo que vimos Greschat chamar de "textos sagrados" parece corresponder ao que Hock denomina "escrituras sagradas"[7] e ao que Assmann prefere qualificar como "textos canônicos". Deixemos a este último a palavra (mesmo que, adiante, retomemos a terminologia de Hock), por nos parecer trazer uma clareza fundamental quanto ao que aqui nos interessa. A distinção entre "texto sagrado" e "texto canônico" pode soar categórica em excesso, e mesmo pouco exata em algum detalhe, mas é idealmente operacional:

> Sob o conceito de "textos sagrados" resumo aquelas manifestações linguísticas às quais se une a ideia de presença do sagrado. Assim como se sabe que há lugares sagrados, destacados como regiões de contato com o sagrado [...], também há manifestações linguísticas destinadas a estabelecer um contato com o sagrado e que não podem ser nomeadas sem mais. [...] Os textos sagrados são hinos, juramentos, conjuros e fórmulas mágicas, recitações breves, inclusive certas rezas e muitas coisas mais, com cuja recitação se associa a ideia de efeitos mágicos e presença divina.[8]

Quando se passa ao âmbito do "texto canônico", o cerco se fecha:

> A canonização é uma forma particular da escritura. Ao serem postos por escrito, os textos aumentam sua condição vinculante, o que se refere tanto a sua forma (a materialidade do texto) como a sua autoridade: ambas se encontram em estreita relação de coerência. A autoridade significa que tudo o que o texto diz possui, por excelência, validade normativa, e que tudo aquilo que exige uma validade normativa deve poder identificar-se como o sentido de tal texto. Isto quer dizer que o texto não pode ser continuado ou ampliado; pelo contrário, daí para a frente todo sentido ulterior deve depreender-se do próprio texto. Esta clausura condiciona sua forma, que fica assim fixa na materialidade do texto. [...] Com a forma acabada se olvida o porvir histórico do texto.[9]

Assim se define a diferença fundamental entre os textos sagrados e os textos canônicos: os primeiros

---

[7] HOCK, Klaus. *Introdução à Ciência da Religião*. São Paulo: Loyola, 2010, pp. 41s.
[8] ASSMANN, Jan. *Religión y memoria cultural*. Buenos Aires: Lilmod/Libros de la Araucaria, 2008, p. 146.
[9] Ibid., p. 90s. Talvez seja adequado matizar as últimas afirmações, ou tomá-las mais como indicativos das pretensões envolvidas nas definições dos diversos cânones.

pertencem à esfera que um texto egípcio descreve como "contentamento dos deuses", ou seja, criação de uma proximidade com eles. [...] Um texto sagrado é uma espécie de templo linguístico, uma evocação do sagrado por meio da voz. O texto sagrado não exige interpretação alguma, mas ser recitado ao amparo do rito e com cuidadoso respeito [...].[10]

Mas os textos canônicos demandam um outro elemento, fundamental, já que encarnam os valores normativos e formativos de uma comunidade, a "verdade". Para isso é menos necessária a recitação que a interpretação. Tudo passa pelo "coração", não pela boca ou pelo ouvido. Mas o texto não fala diretamente ao coração. [...] O trato com os textos canônicos pede que haja um terceiro, o intérprete, que intervém entre o texto e seu destinatário, libertando os impulsos normativos e formativos cativos na sacrossanta superfície textual. [...] Por isso é que no âmbito de uma tradição canônica surgem em toda parte instituições para a interpretação, e por fim uma nova classe de elites intelectuais: o *sofer* israelita, o *rabi* judeu, o *filólogo* helênico, o *xeique* e o *mulá* islâmicos, o *brahman* indiano, os sábios e eruditos budistas, confucionistas e taoístas.[11]

O que não significa, nem de longe, que essa restrição interpretativa tenha sido a regra: a consolidação do texto em uma forma (quase, ou mais ou menos) fixa, que voltamos a nomear, neste ensaio, como "escritura", não terá impedido inúmeras e criativas apropriações dele, como poderemos verificar em uns poucos exemplos que poderemos arrolar no tópico IV deste ensaio. Por que "escritura"? Porque não é a regra que necessariamente predomina (salta aos olhos), mas a trama linguística que chama a sensibilidade do fiel e o vincula e, de alguma forma, identifica a tradição religiosa em questão.

Escrituras no interior de sistemas religiosos

Julio Trebolle Barrera tem razão ao propor que a Bíblia cristã "talvez tenha sido o 'caso de estudo' mais paradigmático da crítica histórica moderna".

---

[10] Ibid., p. 64. Em outro momento, Assmann fala do texto sagrado como "literatura recitativa para as representações cerimoniais" (p. 152).

[11] Ibid., p. 64s. Assume-se aqui que o princípio do livre exame da Escritura, associado à reforma luterana, serviu muito mais a marcar a diferença frente à maneira estabelecida no âmbito da Igreja Católica, atribuindo a um Magistério a tarefa da interpretação bíblica, que um programa de ação que se tenha desenvolvido na história das instituições que brotaram da referida reforma, a não ser em grupos radicais como os apresentados por Christopher Hill em: *O mundo de ponta-cabeça*; ideias radicais durante a Revolução Inglesa de 1640. São Paulo: Companhia das Letras, 2001.

Dissecada por todos os cantos e com todos os instrumentos, tornou-se "o grande banco de provas no qual se ensaiaram os diversos métodos críticos".[12] E desse universo pode-se avançar, de forma generalizante, em direção a outras escrituras (num deslocamento a ser feito guardadas as especificidades de cada uma destas, exigência da maior importância e de difícil execução, ao mesmo tempo). Assim, José Severino Croatto, em seu *Experiencia de lo sagrado*, introduz a temática do que chama textos sagrados das religiões com o título "O cânon das Escrituras".[13] Reconhecendo a importância que tem, tanto na tradição judaica como na cristã, a fixação das suas respectivas escrituras, bem como a sua relevância para o desenvolvimento subsequente das referidas tradições religiosas, permite-se então fazer a pergunta sobre como processos similares se teriam dado em outros contextos religiosos. De suas considerações destacamos aqui duas delas, sobre as quais discorremos a seguir. Ambas têm a ver com políticas de afirmação de instituições religiosas e consolidação de sistemas religiosos correspondentes.

Primeiramente, Croatto destaca que nas conjunturas em que se deram processos de canonização, eles ocorreram em meio a conflitos internos ao grupo religioso, e que o envolviam em forças externas a ele; por isso, em nenhum caso tais processos se deram de forma consensual e pacífica. A título de exemplo, citemos primeiramente o do judaísmo, que teve o processo de fixação "definitiva"[14] da *Tanak* culminado apenas em meados do século II de nossa era, com a determinação dos livros que formariam sua terceira parte (os *Ketuvim*, ou *Escritos*).[15] O contexto dessa fixação era particularmente dramático, com a segunda destruição de Jerusalém pelos romanos (135 d.C.) e a dispersão dos judeus pelo mundo ordenada por Adriano; por outro lado, tensões com grupos seguidores do nazareno e com grupos que cultivavam vivências que escapavam aos esforços de controle e reconstrução da identidade

---

[12] TREBOLLE BARRERA, Julio. La crítica filológico-histórica. La Biblia como caso de estudio. In: DIEZ DE VELASCO, Francisco; GARCÍA BAZÁN, Francisco (ed.). *El estudio de la religión*. Madrid: Trotta, 2002, pp. 283, 285.

[13] SEVERINO CROATTO, José. *Experiencia de lo sagrado*; estudio de fenomenología de la religión. Buenos Aires/Estella: Guadalupe/Verbo Divino, 2002, pp. 467-498.

[14] Nada nesses processos é absolutamente uniforme: para ficarmos no exemplo da Torá, recordemos que judeus e samaritanos têm versões significativamente diversas dela! Não é possível ceder ao cansaço denunciado por Borges, causa da ficção do "texto definitivo"...

[15] Para etapas anteriores deste longo processo: SCHNIEDEWIND, William M. *Como a Bíblia tornou-se um livro*. São Paulo: Loyola, 2011.

sociorreligiosa judaica conduzidos à época (num processo conhecido com a discutível expressão "judaísmo formativo") ajudarão a compreender como textos de uso significativo nas sinagogas da diáspora judaica, conhecidos apenas em língua grega, e outros que traduziam experiências místicas de corte visionário acabavam sendo excluídos da lista final (o que, obviamente, não representou a extinção automática deles ou de sua incidência).

No caso do cristianismo, o processo que levaria à formação do Novo Testamento foi extremamente longo, indo desde Marcião, que em meados do século II sugeria que a identidade cristã seria definida com um *corpus* literário composto do *Evangelho segundo Lucas* (sem quaisquer referências à Escritura judaica, tidas por ele como interpolações feitas por copistas) e de dez cartas de Paulo (feitos, aí também, os devidos expurgos), até a fixação do vinte e sete livros, que só chegaria a ocorrer pelo menos três séculos depois. Aqui as tensões eram fundamentalmente internas, envolvendo conflitos entre setores cristãos que se entendiam como ortodoxos, outros eram vistos (ou se viam) como gnósticos, outros ainda eram milenaristas, ebionitas etc.[16]

No caso do *Avesta* do zoroastrismo, a fixação de seu teor, de origem muito anterior, se deu em meio a embates do grupo religioso em questão com judeus, cristãos e particularmente maniqueus. Já o Alcorão, segundo em geral se afirma, teria tido sua forma definida no bojo não só de tensões que começavam a avolumar-se entre aqueles que eram tidos como sucessores legítimos do profeta, como também de outras, de variada ordem.

Com efeito, vários fatores terão contribuído para que tal processo tenha sido bastante complexo: afinal de contas, não temos apenas as revelações, mas também as interpretações que o próprio profeta propunha daquilo que comunicava da parte de Allah. Após sua morte, em 632, uma de suas mulheres, Aicha, acabou por exercer papel decisivo na transmissão do legado do marido, conhecedora que era de muitas das circunstâncias em que as revelações teriam sido comunicadas. Mas acrescente-se a ela o dado de que, em torno do profeta, desenvolveram-se círculos de recitadores, capazes de declamar com exatidão surpreendente aquilo que tinham ouvido do profeta. Obviamente, dessas múltiplas transmissões derivaram textos com formatos distintos, e as disputas

---

[16] Entre tantos trabalhos consagrados a esse assunto pode-se citar, pela atualidade e pelos múltiplos olhares, ARAGIONE, Gabriella; JUNOD, Eric; NORELLI, Enrico (ed.). *Le canon du Nouveau Testament*. Regards nouveaux sur l'histoire de sa formation. Genève: Labor et Fides, 2005.

que começavam a se manifestar entre os diversos grupos quanto àqueles que seriam reconhecidos como sucessores do profeta deveriam favorecer o estabelecimento de uma versão única do livro sagrado, cerca de trinta anos após a morte de Mohammed. Essa observação pode ser acrescida de outras, que permitem travar contato com o processo complicado, registrado em *hadiths* (memórias orais sobre a vida do profeta, depois escritas), do estabelecimento do texto contendo as revelações comunicadas ao profeta, e por ele.

E nem tratamos aqui de outro aspecto desta disputa em torno da definição do "texto canônico", aquele que versa sobre a determinação, a mais precisa possível, da sua letra; sirvam aqui apenas dois exemplos: o do papa Sixto V (fins do século XVI) que, na ânsia de estabelecer para o mundo católico um texto bíblico único da Vulgata latina, julgou ser capaz, através da assistência especial do Espírito Santo de que gozaria, de "decidir, entre as diversas leituras possíveis (trazidas pelos tantos manuscritos oriundos de cópias e mais cópias), a que melhor corresponde à verdade ortodoxa";[17] por outro lado, não faltarão, no interior da própria tradição muçulmana (especialmente a xiita), já em seus primórdios, suspeitas de adulterações que o "texto oficial" do Alcorão teria sofrido nesse processo; afinal de contas,

> após a morte do profeta [em 632 de nosso calendário] não havia nenhum códice completo do Alcorão devidamente autorizado por este último. [...] Seguindo o conselho de seu célebre general Hudhayfa, o terceiro califa 'Uthman [que atuou entre 644 e 656] ordenou o estabelecimento de uma recensão oficial do texto do Alcorão: é aquela chamada "coletânea modelo" [...] ou ainda a recensão ou a Vulgata 'uthmaniana. A tarefa coube [...] a Zayd b. Thabit, ajudado desta vez por uma comissão formada por homens de Quraysh [...]. Ele tomou por base para seu trabalho o códice que se encontrava com Hafsa bint [filha] de 'Umar. Em seguida o califa deu a esta recensão um caráter oficial e exclusivo. Ele enviou cópias do texto elaborado às diferentes capitais das províncias do império, onde deveriam servir de referência. Para completar sua obra, ele ordenou a destruição das outras recensões.[18]

---

[17] Breve notícia sobre este delicioso episódio pode ser lida em: GONZÁLEZ FAUS, José Ignacio. *A autoridade da verdade*; momentos obscuros do magistério eclesiástico. São Paulo: Loyola, pp. 97-102 (a citação da bula papal é extraída da p. 98).

[18] AMIR-MOEZZI, Mohammad Ali; KOHLBERG, Etan. Revelation et falsification. Introduction à *l'édition du Kitab Al-Qira'at D'Al-Sayyari*. In: DELMAIRE, Danielle; GOBILLOT, Geneviève (ed.). *Exégèse et critique des textes sacrés*; Judaïsme, Christianisme et Islam hier et aujourd'hui. Paris: Geuthner, 2007, pp. 190-191. No entanto, "esta recensão [a uthmaniana] demorou muitos séculos para ser aceita por todos os muçulmanos como *textus receptus*" (p. 191).

O segundo aspecto destacado por Croatto refere-se à relação entre processos de canonização e a busca de unidade doutrinária e organização religiosa. Do que dissemos antes sobre judaísmo e cristianismo, não é difícil concluir isso que estamos sugerindo. No caso específico do cristianismo, a definição do cânon do Novo Testamento se foi dando em meio a intensos conflitos que haveriam de redundar num sistema religioso visto como ortodoxo (e cada vez mais consolidado por meio de elementos extracanônicos, como os concílios dos séculos IV e V, que podem muito bem ser vistos como chaves interpretativas dos referidos textos).

Por outro lado, justamente esse vínculo estreito entre cânon e unidade doutrinal e organização faz perceber que, na ausência desta última (ou numa presença menos decisiva), também os processos de canonização, se ocorrem, se dão com menos intensidade e/ou maior flexibilidade. Podemos tomar como exemplo o caso do hinduísmo que, como é sabido, não se marca pela unidade doutrinária, nem por uma uniformização de ordem institucional. Justamente aí encontramos que o reconhecimento dos livros sagrados nesse universo é bastante fluido, e, mais que um livro, temos um núcleo básico fundamental (os *Vedas*, dentro dos quais se encontra o *Rig Veda*, com seus mais de mil poemas, com hinos às divindades, narrações cosmogônicas etc.), de onde derivam inúmeros outros textos e livros, dos quais os *Upanishads* (um conjunto de tratados que abordam o tema da união entre as essências humana e cósmica) são os mais destacados. Constata-se uma fluidez maior na identificação dos textos que mereceriam o epíteto de "escrituras" em relação aos demais; nada similar à polarização canônico-apócrifa que se firmou na tradição cristã. E nem falemos da multiplicidade de "cânones" que se poderia identificar no riquíssimo e multifacetado mundo dos budismos...[19]

De toda forma, urgiria investigar como e com qual intensidade se verificariam as seis tendências básicas – em redor dos textos tornados escrituras e reconhecidos como tais –, identificadas por H. J. Adriaanse, que se baseou nos trabalhos de Jan e Aleida Assmann sobre os efeitos produzidos por aquilo

---

[19] Para um panorama, ver: NEUMAIER, Eva K. El dilema de la expresión autorizada en el Budismo. In: COWARD, Harold (ed.). *Los escritos sagrados en las religiones del mundo*. Bilbao: Desclée de Brower, 2006, pp. 155-185. Mas não resistimos à tentação de citar um único exemplo de tantos que terão existido no decorrer da história cristã: Antonio Vieira, que tende a conferir às trovas de um obscuro sapateiro do século XVI, de sobrenome Bandarra, estatuto ao menos similar àquele reconhecido nas veneráveis escrituras bíblicas!

que chamaríamos de um "clássico"; essas tendências como que recapitulam o que viemos comentando nos dois tópicos iniciais deste ensaio:

1. *Resistência ao tempo*: a canonização tem o sentido de salvar alguns elementos da tradição da temporalidade e da mudança.
2. *Des-historicização*: a canonização visa à expressividade imediata e à significação em todos os contextos, sem mediação histórica.
3. *Institucionalização*: a canonização requer alguma diferenciação social de acordo com a qual a preservação da tradição pode ser consignada a grupos especiais.
4. *Normatividade*: a canonização acarreta o caráter paradigmático e obrigatório das partes da tradição em questão.
5. *Identificação*: a canonização é útil a participantes de uma dada tradição na descoberta da sua identidade pessoal e comunitária.
6. *Retrospecção*: a canonização implica a consciência de declínio e distância.[20]

Assim, as escrituras, quando elas existem, ou seja, quando são produzidas, reforçam significativamente a definição da identidade religiosa, acentuando a coesão interna em torno de elementos da tradição que agora se veem "formatados", feitos referenciais para o sistema religioso em questão, em seu arcabouço mítico-doutrinário, em suas expressões rituais e no *ethos* que o identifica.[21] Esse processo, porém, acaba por estabelecer marcas diferenciais em relação a fatores externos ao grupo em questão, quando não é até mesmo estimulado por estes.

Haveria muito mais a ser dito, mas concluamos este tópico. A Ciência da Religião perde se considera que as escrituras sagradas das religiões, na sua fixação formal, apresentam apenas os ideais que uma dada religião propõe para si. A determinação dos termos com que uma religião deve pensar-se a

---

[20] ADRIAANSE, H. J. Canonicity and the Problem of the Golden Mean. In: VAN DER KOOIJ, Arie; VAN DER TOORN, K. (ed.). Canonization and Decanonization. Papers presented to the International Conference of the Leiden Institute for the Study of Religions (LISOR) hald at Leiden 9-10 January 1997. Leiden/Boston/Köln: Brill, 1998, pp. 313-314.

[21] Para a noção de sistema religioso como articulação entre os referidos componentes (mito, rito e *ethos*), leia-se o precioso capítulo de abertura da obra de Gerd Theissen (*La religión de los primeros cristianos*; uma teoría del cristianismo primitivo. Sígueme: Salamanca, 2002, pp. 13-35 [tradução brasileira por Paulinas Editora]).

si mesma, termos esses que devem estar refletidos nos textos "consagrados", é, só ela, uma questão crucial e adequada, fundamentalmente, ao cientista da religião, até porque essas discussões, que tocam em procedimentos nem sempre recomendáveis aos olhares que a referida tradição faz de seu passado, tendem a ser negligenciadas, quando não ignoradas mesmo nos contextos "teológicos" que se voltam ao entendimento desses mesmos textos. Assim, por enquanto, a abordagem das escrituras das religiões, consideradas desde a ótica da Ciência da Religião, no mínimo joga luz sobre processos que as instituições religiosas em questão nem sempre estão dispostas a considerar com a objetividade necessária, sem os preconceitos de ordem apologética que nesses cenários costumam aparecer.

Gênese de escrituras no interior de dinâmicas religiosas

Mas não é só. O acento proposto por Croatto na forma "canônica" das escrituras faz com que ele confira importância menor a algo que julgamos da maior relevância: a abordagem delas do ponto de vista de sua gênese histórica, a partir daquilo que, na exegese da *Tanak* judaica e da Bíblia cristã, ficou conhecido como "método histórico-crítico", na verdade um conjunto de procedimentos que pretendem estabelecer os processos sócio-históricos e culturais que interferiram na configuração dos textos, desde as dinâmicas da transmissão oral até o papel dos redatores "finais".[22] Não temos condição aqui de detalhar todos os procedimentos, mas destacamos que, desde pelo menos o século XVI, com os estudos na área da crítica textual, passando pelo século XIX, que viu um enorme desenvolvimento das diversas ciências humanas (Arqueologia, Filologia, História, Antropologia, Sociologia), até o século XX, as escrituras judaica e cristã, em cada um de seus livros, foram submetidas a um intensíssimo processo de "dissecação", em busca de camadas literárias prévias; fontes literárias diversas; intervenções de grupos sociais distintos, na letra e na voz etc. Efetivamente a ciência bíblica, tal qual desenvolvida à luz e em torno do método histórico-crítico, forneceu à incipiente Ciência da Religião

---

[22] Aliás, esse prejuízo fica patente quando se adota a perspectiva, criticada no início deste ensaio, de se entender a abordagem das escrituras apenas no âmbito estritamente filológico, sem avançar para além, assumindo uma perspectiva efetivamente histórica.

boa parte de seus métodos fundamentais (na medida em que ela, a ciência bíblica, se permitiu assumir os métodos que iam sendo desenvolvidos nos mais variados campos, como antes citado). A importância dessas considerações fica realçada quando vemos que tais procedimentos metodológicos têm sido uma ferramenta indispensável para se fazerem perguntas não só do ponto de vista da gênese literária dos textos, ou dos grupos religiosos em seus posicionamentos sociais e políticos, mas também e principalmente na perspectiva das vivências religiosas de que esses textos são testemunhas. Rompe-se a dicotomia rígida que Greschat identifica entre os "textos sagrados" e os "documentos históricos da religião"...[23] Os exemplos são muitos: como sumarizar aqui as múltiplas investigações e descobertas realizadas no mundo das práticas religiosas do Israel bíblico em mais de mil anos de história, em cenários tão diversos como o da "religião dos pais", estudado por Alt, as liturgias nos santuários de Jerusalém (com direito a ritos homossexuais!) e do Garizim, as práticas populares de cura, os diversos movimentos proféticos, as rebeliões santas dos macabeus, a desolação vivida e sofrida no exílio da Babilônia, a força do deuteronomismo e das utopias apocalípticas?[24] Como caracterizar a "religião do Jesus, o judeu",[25] naquele espectro fascinante e turbulento que antecedeu a brutal intervenção romana na segunda metade do século I de nossa era, destruindo Jerusalém e o templo cuja restauração ampliada acabava de ser inaugurada? O que dizer da "religião dos primeiros cristãos"[26] e dos seus aspectos propriamente "experienciais"?[27] Enfim, é impossível conceber que a história da religião vivida no antigo território de Canaã (e em outros, mormente nas margens do Mediterrâneo!), em suas múltiplas, diversificadas e contraditórias facetas, possa ser feita sem que se tome a sério o exame criterioso (que passa pelo filológico e pelo textual, mas avança além deles) dos corpos de textos que constituem a *Tanak* e a Bíblia cristã.

Mas tomemos o caso do Alcorão muçulmano, livro em que, reconhecidamente, a aplicação dos métodos referidos se tem dado de forma ainda

---

[23] Veja nota 2.
[24] Lembramo-nos aqui do clássico de FOHRER, Georg. *História da religião de Israel* (São Paulo: Paulinas, 1983).
[25] Título de um livro do intelectual judeu G. Vermès (Rio de Janeiro: Imago, 1995).
[26] Título de fundamental trabalho de Gerd Theissen, já citado.
[27] Algo de que o trabalho de: NOGUEIRA, Paulo Augusto de Souza, *Experiência religiosa e crítica social no cristianismo primitivo* (São Paulo: Paulinas, 2003), é pioneiro entre nós. Veja também: BERGER, Klaus. *Identity and Experience in the New Testament*. Minneapolis: Fortress Press, 2003.

incipiente. Não podemos ir além de algumas sugestões e indicativos de possibilidades. A se levar em conta a teoria tradicional da formação do livro, pode-se considerar a identificação do *Sitz im Leben* (contexto vital) das suratas do livro, particularmente a partir de uma divisão em duas partes que aparece no próprio escrito.

De toda forma, estudiosos têm sugerido que são de valor operacional a distinção entre suratas derivadas da época em que o profeta Mohammed encontrava-se em Meca (desde 610, quando começaram as revelações, até 622, quando o profeta teve de fugir daí), e suratas de Medina (entre 622 e 632). As análises têm mostrado que as primeiras suratas são mais curtas, e contêm fundamentalmente exortações visando alcançar a conversão dos incrédulos. Marcas de tais suratas são, ainda, a crítica ao culto das divindades tradicionais da região e anúncios escatológicos. Já as suratas que registram as revelações comunicadas pelo profeta depois de ocorrida a *Hégira* são mais longas, e têm foco sensivelmente distinto, na medida em que se voltam para o estabelecimento de regras de vida e culto para a comunidade religiosa incipiente (a "*ummah*"). No mínimo teríamos, no Alcorão assim concebido, uma testemunha significativa do universo religioso da Península arábica, em que também se fazem presentes "elementos cristãos de origem siríaca, caracterizados por uma piedade monacal pessimista e escatológica, assim como representações gnóstico-maniqueias embebidas na pregação de uma revelação profética".[28]

Mas estudos têm mostrado a sobrevivência, nos séculos seguintes, de variantes significativas do texto que, enfim, fora "canonizado". E com essa observação somos remetidos a outra possibilidade analítica, que de alguma forma pode ser ilustrada pela polêmica em torno dos agora famosos "versos satânicos"[29] da surata 53, segundo os quais o profeta teria feito uma alusão reverente a algumas deusas do panteão árabe de então e logo haveria recebido uma revelação do anjo Gabriel de que fora vítima de uma tentação demoníaca. Este relato, registrado por eruditos do porte de Tabari (a quem logo encontraremos), pode servir de ponto de partida para uma investigação das variantes

---

[28] TREBOLLE BARRERA, Julio. La crítica filológico-histórica..., cit., p. 285.

[29] Como se sabe, este acabou sendo o título de um romance de Salman Rushdie, que lhe valeu, em 1989, a *fatwa* (sentença), decretada pelo então Aiatolá Khomeyni, condenando-o à morte.

textuais do Alcorão, na medida em que, na versão "canônica", a forma do texto é bem outra, "ocultando" este "deslize" do profeta.[30]

Mas este bem pode ser apenas a ponta de um *iceberg* que nos exija pensar mais a fundo a origem do Alcorão, situando-o mais radicalmente no amplo e complexo mundo religioso da Península arábica, com suas tradições autóctones, a presença significativa de judeus e cristãos, além de maniqueus e seguidores de Zoroastro. E há inclusive estudiosos, mormente ocidentais, que querem fazer-nos alargar ainda mais o olhar: se de um lado Christoph Luxenberg quer nos remeter para um pano de fundo siríaco-aramaico, de matriz basicamente cristã, portanto anterior ao profeta, para fazer-nos compreender expressões enigmáticas do Alcorão,[31] outros, como John Wansbrough, insistem em que o processo de consolidação da versão hoje padrão ultrapassou, em muito, os pouco mais de trinta anos após a morte do profeta que a tradição reconhece.[32] Ao final, uma avaliação partilhada inclusive por estudiosos de origem muçulmana nos remeteria para os inícios do século VIII de nosso calendário, para que viéssemos a ter o Alcorão em seu formato "definitivo". Um atraso, portanto, de algumas décadas ante o tradicionalmente aceito; mas são "décadas que contam como se foram séculos, [... por conta das] enormes consequências advindas das guerras civis e das grandes e fulgurantes conquistas" que "subverteram a história e as mentalidades dos primeiros muçulmanos".[33]

Assim, um alargado processo de redação do Alcorão, que se delineia a partir das rápidas considerações antes expostas, mostra-se particularmente estimulante ao olhar da Ciência da Religião, que pode descortinar, pelo menos, os cenários do complexo cultural-religioso que viu nascer uma nova articulação simbólica por obra decisiva do profeta, bem como os primeiros passos destinados a convertê-la num sistema religioso novo. O Alcorão é, desta dinâmica complexa, ao mesmo tempo testemunha, sujeito e resultado.

---

[30] Para uma síntese da problemática dos "versos satânicos", pode-se ler o verbete a esse respeito, na *Encyclopaedia of the Qur'an* (Leiden/Boston: Brill, 2004, pp. 531-536); em formato mais narrativo, ARMSTRONG, Karen. *Maomé*; uma biografia do profeta. São Paulo: Companhia das Letras, 2002, pp. 125-152.

[31] LUXENBERG, Christoph. *The Syro-Aramaic Reading of the Koran*; a Contribution to the Decoding of the Language of the Koran. Berlin: Schiler, 2007.

[32] WANSBROUGH, John. *Quranic Studies*; Sources and Methods of Scriptural Interpretation. Amherst: Prometeus Books, 2004.

[33] AMIR-MOEZZI, Mohammad Ali; KOHLBERG, Etan. Revelation et falsification... cit., p. 190.

E se saímos desse universo médio-oriental, o que podemos encontrar? Tomemos um único exemplo, para deixar algumas perguntas, que aqui não poderão ser enfrentadas. Se parece ser consenso que o núcleo central da tradição escriturística hindu, o *Rig Veda*, terá seus hinos mais antigos colocados por escrito entre 1200 e 1000 a.E.C. (datação proposta já por Max Müller); se esse período corresponde ao "período histórico em que as tribos arianas se estabelecem no Punjab e desenvolvem ou potenciam um sentido de comunidade que lhes permitirá a posterior expansão ao subcontinente indiano";[34] se se reconhece que os referidos hinos surgiram em tempo muito anterior ao de sua fixação por escrito (sem falar no processo de compilação deles, feito em data bem mais recente), o que a atividade redacional terá tido a ver com a alteração no cenário social e histórico? O que seriam esses poemas antes do seu estabelecimento em forma escrita? Por que foram redigidos? Em que circunstâncias seriam anteriormente recitados? Se, por outro lado, Goody tiver razão em sua proposta de que os Vedas em geral, e o *Rig Veda* em particular, trazem as marcas de uma cultura letrada, e não se deve supor para eles uma história anterior em pura oralidade,[35] as questões precisarão ser todas recolocadas, mas não abandonadas: o que tem a ver a redação dos Vedas com o advento, na Índia, das tribos arianas? De quais alterações na dinâmica sociorreligiosa experimentada na região a escrita do *Rig Veda* é testemunha, ao mesmo tempo que protagonista? Se para o conhecimento do hinduísmo moderno o *Rig Veda* é quase irrelevante, visto ser de acesso restrito a um pequeno número de brâmanes letrados e não ter sido traduzido para as línguas faladas na Índia, quem caso faça a história das religiões nessa região nevrálgica do planeta não pode dispensar de visitá-lo para explorar esse imenso manancial...

Escrituras e seus múltiplos rastros na história

Os livros nasceram. Histórias e experiências diversas, seguramente acidentadas, os geraram. Mas agora é que tudo começa, ou melhor, agora é que eles, testemunhas de histórias de mais ou menos longa duração, começam a fazer história, muitas histórias, nas explorações de suas mensagens e teores,

---

[34] MENDOZA TUÑÓN, Julia M. Los libros sagrados del Hinduismo. In: PIÑERO, Antonio; PELÁEZ, Jesús (ed.). *Los libros sagrados en las grandes religiones – los fundamentalismos*. Córdoba: El Almendro, 2007, p. 28.

[35] GOODY, Jack. *The Interface between the Written and the Oral*. Cambridge: Cambridge University Press, 1999, pp. 110-122.

nos múltiplos impactos que em tantos cenários produzirão. O conteúdo da escritura se converte em ponto de partida que reclama novas explorações de sua mensagem.

Afinal de contas, é por sua "canonização", com todos os cuidados que vimos o termo merecer, que os textos começam suas histórias como referenciais. E as afirmações a seguir que, de alguma forma, retomam elementos já tratados anteriormente, mais que postulados que possam ser generalizados para todas as escrituras das tantas religiões que os possuem, servem de roteiro de investigação de cada caso em particular que esteja em jogo, com suas especificidades: mais que resultados, são um programa de ação a ser explorado, com a suspeita de que dificilmente as conclusões derivadas de verificações pontuais possam ser, sem mais, amplificadas para além da conjuntura específica de que emergiram:

1. Há sempre crenças de que o texto seja de origem divina, ou o produto de um *insight* especial.
2. Qualquer que seja sua origem, eles são vistos e tratados como sagrados, isto é, poderosos e invioláveis, e devem ser tratados com respeito.
3. Eles são vistos e consultados como normativos, portadores de autoridade para uma comunidade em vários aspectos de sua vida religiosa: o culto, a doutrina e o comportamento.
4. Os textos, sejam eles em forma escrita ou oral, são vistos como fechados e fixos, não devendo sofrer acréscimo ou subtração. Em outras palavras, eles são tratados como um cânon.
5. Quando o texto assume a forma de um livro, é visto como completo. Ele contém tudo de importante, e pode ser aplicado a todos os aspectos da vida.
6. Os textos são usados por membros da comunidade em contextos religiosos e rituais.
7. As escrituras testemunham sobre aquilo que é fundamental.[36]

Por outro lado, estudos de variadas procedências (Crítica literária, Hermenêutica, História) têm acentuado mais recentemente, por contraposição às

---

[36] Cf. LEVERING, Miriam (ed.). *Rethinking Scripture*; Essays from a Comparative Perspective. Albany: State University of New York Press, 1989, pp. 8-9.

tendências estruturalistas e aos procedimentos metodológicos que se atêm aos processos gestadores de uma obra literária, a importância das potencialidades que esta possui para impactar, de forma inovadora, nos contextos em que ela for recuperada. Croatto fala de uma "reserva-de-sentido" inerente a toda obra literária, o que torna impraticável e inócua qualquer tentativa de fixar, de maneira definitiva, seu sentido;[37] Gadamer insiste em que o valor da obra literária e a sua conversão em um clássico derivam não do sentido pretendido por seu autor e eventualmente captado por seu primeiro destinatário, mas dos "rastros" que ela vai deixando atrás de si na medida em que é retomada, relida, ressignificada.[38]

Michel de Certeau, num texto brilhante e bem-humorado, chega a falar na "ditadura do sentido literal", e convida a que se conceba o leitor como aquele por meio do qual o texto tem alguma possibilidade de ser eficaz.[39] Nessa perspectiva, Darnton sugere que se pense nos efeitos, não apenas das cartas de Paulo, mas na leitura que Lutero fez delas; no impacto dos textos de Marx sobre Mao-Tsé-Tung;[40] e os exemplos poderiam ser multiplicados: o que dizer das leituras feitas por Menocchio, um moleiro do século XVI condenado pela Inquisição, e analisadas de forma tão brilhante por Ginzburg?[41]

Considerando a síntese de Levering antes recolhida, entendemos que não pode haver exemplo melhor para se testarem esses postulados que a verificação sobre como as escrituras das religiões vêm sendo lidas e quais efeitos

---

[37] CROATTO, José Severino. *Hermenêutica bíblica*; para uma teoria da leitura como produção de significado. São Leopoldo/São Paulo: Sinodal/ Paulinas, 1986.

[38] GADAMER, Hans-Georg. *Verdade e método*; traços fundamentais de uma hermenêutica filosófica. Petrópolis: Vozes, 1997, v. 1, pp. 449-458. Apenas mencionemos a Estética da Recepção, de Jauss e Iser, entre outros, como outra vertente teórica que tem insistido na relevância das "leituras" de um referido texto, para além das intenções do seu autor e das motivações históricas que o fizeram surgir.

[39] "Se, portanto, 'o livro é um efeito (uma construção) do leitor', deve-se conceber a operação deste último como uma espécie de *lectio*, produção própria do 'leitor'. Este não toma nem o lugar do autor nem um lugar de autor. Inventa nos textos outra coisa que não aquilo que era a intenção deles. Destaca-os de sua origem [...] Combina os seus fragmentos e cria algo não sabido no espaço organizado por sua capacidade de permitir uma pluralidade indefinida de significações [...] Longe de serem escritores, fundadores de um lugar próprio, herdeiros dos servos de antigamente, mas agora trabalhando no solo da linguagem, cavadores de poços e construtores de casas, os leitores são viajantes; circulam nas terras alheias, nômades caçando por conta própria através dos campos que não escreveram" (CERTEAU, Michel de. *A invenção do cotidiano*. 1. Artes de fazer. 6. ed. Petrópolis: Vozes, 2001, pp. 264-265, 269-270 [citando Michel Charles]).

[40] DARNTON, Robert. *O beijo de Lamourette*; mídia, cultura e revolução. São Paulo: Companhia das Letras, 1995, p. 172.

[41] GINZBURG, Carlo. *O queijo e os vermes*; o cotidiano e as ideias de um moleiro perseguido pela inquisição. 10. ed. São Paulo: Companhia das Letras, 1998.

têm produzido ao longo do tempo.[42] Afinal de contas, foi principalmente depois de consolidados que os Vedas foram qualificados como literatura *shruti* (termo que significa "aquilo que foi ouvido" e é de difícil compreensão, designando, segundo os intérpretes, que se trata de obras consideradas "humanas, procedentes da inspiração divina, mas passíveis de interpretação",[43] ou uma literatura que consiste num "saber enraizado na profundidade da consciência humana em tempos primordiais descoberto por videntes [*rishis*] mediante a introspecção")[44]. Por exemplo, no interior das "escrituras" hindus, desde os Vedas até o *Bhagavad-Gita*, os livros subsequentes podem ser vistos como partes de um longo processo de busca de compreensão das possibilidades e riquezas daqueles escritos primordiais, relidos em tempos e contextos diferentes por grupos diferenciados. E é importante considerar que os veneráveis textos não precisam ser entendidos, no sentido conceitual do termo. De fato, diz Coburn, "*mantras* não '*significam*' nada no sentido semântico e etimológico convencionais. Antes, eles significam *tudo*".[45] Por outro lado,

> hindus têm composto comentários como um caminho de tornar algumas das corporificações da Palavra inteligíveis no presente. Certos tipos da Palavra, como a literatura *sutra*, convidam ou virtualmente demandam comentários por causa de sua deliberada brevidade. [...] Outros tipos demandam comentários porque estão em sânscrito e por isso requerem um comentário em vernáculo de sorte a torná-los inteligíveis.[46]

Outras apropriações da Palavra na Índia, bem como formas de responder a ela, vão no sentido de se estabelecer algum tipo de "mágica imitativa": escritos mais recentes reproduzem o sânscrito arcaico dos veneráveis Vedas; inúmeros textos denominados *Gitas* apelam, ao mesmo tempo que se afastam em termos de perspectiva, ao *Bhagavad Gita*, numa "tendência a envolver o novo no velho", que "é apenas um caminho que hindus têm trilhado com a

---

[42] E teríamos de pensar no ato de "ler" da forma mais geral possível, que passa pela absorção de proclamações orais, por exemplo, e não apenas pela utilização direta do objeto material denominado "livro". Mas não temos condições, aqui, de avançar nessas sendas.

[43] MENDOZA TUÑÓN, Julia M. Los libros sagrados del Hinduismo..., cit., p. 23.

[44] USARSKI, Frank. Religião como sistema normativo: considerações sistemáticas e exemplificações. In: SOARES, Afonso; PASSOS, João Décio (org.). *Teologia e Direito*; o mandamento do amor e a meta da justiça. São Paulo: Paulinas, 2010, p. 28.

[45] COBURN, Thomas B. "Scripture" in India: towards a Tipology of the Word in Hindu Life. In: LEVERING (ed.). *Rethinking Scripture*, cit., p. 119 (grifos do autor).

[46] COBURN, Thomas B. Scripture' in India..., cit., p. 120.

Palavra, mas parece atravessar o âmbito completo do material 'escriturístico' hindu".[47]

Esse caráter "aberto", que tende a ser encontrado nas escrituras das religiões, mesmo naquelas mais estritamente definidas, a despeito de todas as tentativas de fechamento hermenêutico (sugeridas nos itens 4 e 5 da síntese de Levering antes citada), talvez tenha a sua melhor expressão ou ilustração justamente no que se constata nesse universo hindu: saliente-se a distinção entre a literatura *shruti* (já mencionada) e aquela *smrti* (termo que significa "recordado" e designa textos de autoria humana e considerados secundários); não há qualquer acordo quanto à definição de quais livros caberiam sob uma ou outra classificação (embora não se coloque em dúvida que quatro coleções de livros, a começar dos Vedas, sejam literatura *shruti*).

Mas o mais importante a ser destacado é justamente o caráter não fechado do *corpus* textual hindu: "trata-se de um *corpus* acumulativo, constitui-se paulatina e progressivamente, tanto em número de obras como na própria estrutura interna de cada obra, e sumariza as distintas etapas de evolução e de concepções religiosas diferentes, sem que se note contradição".[48]

De toda forma, também há que se pensar no cenário oposto. Depois de "canonizadas", e então proclamadas e difundidas mais largamente, as escrituras podem vir a tornar-se alvo de debates e verdadeiras batalhas quanto a sua interpretação, não só entre os eruditos, mas também em meio à gente comum (por que não?). São os caminhos que os textos vão abrindo, histórias que vão fazendo... Mais uma vez a brevidade nos impõe atentar fundamentalmente à *Tanak* judaica e à Bíblia cristã, e ainda considerar o Alcorão muçulmano.

O acento na perspectiva da recepção conferiu a um dos procedimentos típicos da exegese histórico-crítica, aplicado ao patrimônio textual judeu e cristão, um raio inusitado de possibilidades. Referimo-nos aqui à crítica textual. Se, na forma convencional, ela era praticada com o propósito de se reconstruir, pelo exame atento das variantes textuais encontradas nos manuscritos de uma referida obra, qual terá sido a formulação original dela, mais recentemente se for tomado esse exercício como parte do esforço em identificar como determinada obra ou passagem terá sido recebida, lida, em dado contexto

---

[47] Ibid., p. 120.
[48] MENDOZA TUÑÓN, Julia M. Los libros sagrados del Hinduismo..., cit., p. 24.

histórico-religioso. Na impossibilidade de ilustrarmos com muitos exemplos, ficamos com dois, concernentes ao Novo Testamento cristão: a ausência, no Papiro 75 (do século III, o documento mais antigo que conhecemos a registrar o *Evangelho segundo Lucas*), da passagem de Lc 23,34 (quando Jesus pede: "Pai, perdoa-lhes, eles não sabem o que fazem"). Nesse caso a questão que se coloca não é apenas a de discutir a autenticidade lucana da passagem (que, em geral, se aceita), como se vem fazendo tradicionalmente, mas a de tratar de compreender por que um copista do século III terá deliberadamente omitido essa referência: estaria ele marcado pelas apologias antijudaicas do cristianismo de então, contexto em que se defendia que a destruição de Jerusalém (no ano 70 de nossa era) era a manifesta vingança de Deus pelo fato de os judeus terem matado seu Filho (e, se assim era, Deus não teria ouvido a prece de Jesus, o que complicaria as coisas em tempos de controvérsias "cristológicas" que levariam ao concílio de Niceia...)?[49] E o que poderia dizer, em termos das relações entre cristianismo e judaísmo ao longo do tempo, em algum lugar particular, o fato de Zaqueu, num manuscrito dos séculos VIII-IX, aparecer em Lc 19,1-2 não como chefe dos publicanos (como se lê na maioria dos manuscritos), mas como chefe da sinagoga?

    Outra possibilidade de investigação se coloca a partir da pergunta pelas recepções diretas de uma referida passagem da Escritura, pelos sentidos a ela conferidos, e pelas circunstâncias que os tornaram plausíveis. Na impossibilidade de muitos exemplos, ficamos com uma: a passagem de Mt 16,18 ("Tu és Pedro, e sobre esta pedra edificarei minha igreja"). Para além da discussão sobre o que pode ter sido o sentido pretendido por essa passagem quando de sua confecção, Ulrich Luz identifica quatro sentidos dados à "pedra" ao longo da história do cristianismo: a) a interpretação tipológica, que tem em Orígenes um representante destacado: para ele a pedra é Pedro, enquanto este é modelo de todo cristão que confessa Jesus; é evidente a perspectiva intimista, de matriz gnóstico-platônica, que inspira tal ponderação; b) a interpretação oriental, para a qual a pedra, mais que Pedro, é a confissão que ele faz, reconhecendo Jesus como Messias e Filho de Deus; a eficácia desta interpretação pode ser aferida, se forem consideradas as tensões refletidas no concílio de Niceia, concernentes ao estatuto ontológico de Jesus, e as polêmicas com o islamismo, para quem

---

[49] EHRMAN, Bart. *O que Jesus disse? O que Jesus não disse? Quem mudou a Bíblia e por quê*. São Paulo: Prestígio, 2006, pp. 201-203.

Jesus é um profeta, mas não Filho de Deus; c) a interpretação ocidental, para a qual a pedra é o próprio Cristo, único fundamento digno e capaz de sustentar a Igreja, e não qualquer ser humano. Agostinho, que partilha dessa posição, certamente a justificaria a partir de sua antropologia pessimista; os reformadores do século XVI não farão outra coisa senão dar continuidade a ela, que era a predominante em toda a Idade Média; d) a interpretação romana, para quem a pedra é Pedro (e, por extensão, seus sucessores em Roma). Essa posição, esboçada uma primeira vez no século III e rechaçada como tolice por um Cipriano de Cartago, embora aceita por Tomás de Aquino, no século XIII, só haveria de se impor, no interior da Igreja Católica, depois do concílio de Trento, e a partir daí só haveria de crescer, na medida em que os adversários do papado (protestantismo, liberalismo, Revolução Francesa, socialismo, comunismo etc.) iam sendo vistos como expressões dos poderes do inferno que se voltam contra a Igreja de Cristo.[50]

Esta observação abre, na verdade, um horizonte inusitado, na medida em que nos permite fazer a pergunta pelas tantas vertentes interpretativas desenvolvidas sobre as escrituras ao longo do tempo. A tarefa de mapear este universo é, digamo-lo já, irrealizável, dado seu tamanho monumental. Só podemos fazer alusões: às produções de *midraxes* e *targumim*, no interior do judaísmo; às escolas de Alexandria e de Antioquia, no âmbito de um cristianismo que buscava consolidar-se. E não deixemos de perceber que, quando se estiverem abordando as escrituras, ou recorrendo a elas, não serão apenas elas o objeto do cuidado e da leitura: quando Adso, o monge de *O nome da rosa*, disser, admirado de seu mestre William de Baskerville, que "sabia ler não apenas no grande livro da natureza, mas também no modo como os monges liam os livros da escritura, *e pensavam através deles*" (grifo nosso), estará dando a senha para que se percebam as lógicas de tantos olhares, ao longo de tantos tempos e espaços: de que outra forma se entenderiam os símbolos e nomenclaturas estruturantes do processo da fundação, pelos jesuítas Nóbrega e Anchieta, do que quatro séculos depois viria a ser a metrópole de São Paulo?[51]

Mas, em função do pouco conhecimento que em nosso meio há a respeito, voltemos o olhar para o Alcorão muçulmano e indiquemos algumas possibilidades que se nos apresentam, quando o abordamos na perspectiva

---

[50] LUZ, Ulrich. *Matthew in History*; Interpretation, Influence and Effects. Minneapolis: Fortress Press, 1994.
[51] KEHL, Luis Augusto Bicalho. *Simbolismo e profecia na fundação de São Paulo*. São Paulo: Terceiro Nome, 2005.

de suas recepções ao longo da história do islamismo (e, por que não dizer, fora dele). Consideremos que, após a morte de Mohammed, no círculo das pessoas que o conheceram e ouviram dele a transmissão das revelações, desenvolveram-se os já mencionados *hadiths*, que vieram a se configurar como interpretações de versículos do livro sagrado (que não tinha, a essa época, exatamente o mesmo formato, como vimos!) e como vetores a orientar interpretações subsequentes, num processo de múltiplas possibilidades de desdobramento. E, a partir daí, o Alcorão se tornou, na feliz expressão de Smith, "um documento do oitavo século, do duodécimo, do décimo sétimo, do vigésimo"... E "intimamente ligado à vida não só da Arábia, mas também da África Ocidental e Indonésia". E assim

> o Alcorão tem jogado um papel – formativo, dominador, libertador, espetacular – nas vidas de milhões de pessoas, filósofos e camponeses, políticos e mercadores e donas de casa, santos e pecadores, em Bagdá e Córdoba e Agra, na União Soviética desde a revolução comunista, e assim por diante.[52]

Mas, para não nos determos nessa generalização básica, foquemos nas duas vertentes principais em que o islamismo se encontra hoje dividido, e vejamos como, de alguma forma, elas se justificam a partir de vertentes interpretativas do livro sagrado que se desenvolveram precocemente.[53] Por volta de 760, Ja'fas As Sadiq tratou de estabelecer o que para ele eram os caminhos adequados de interpretação do Alcorão, e distinguiu três níveis básicos, que se superpunham em termos de finalidades e profundidade. Um primeiro consistia em verter – do árabe em que o Alcorão fora fixado por escrito para o árabe que então se falava – o referido livro. Num plano mais elaborado, cabia tratar de entender as suratas do Alcorão à luz da conjuntura que as viu nascer. Mas a abordagem efetivamente valiosa, segundo nosso autor, estava no caminho da especulação, em que se transcendia a letra do texto e se descobriam as verdades nele comunicadas, mas ocultas a olhos despreparados. Numa prática que alguns estudiosos chamaram de "alegórica", Ja'fas As Sadiq alcançou, por exemplo, identificar no Alcorão referências a Ali, o único dos califas reconhecido pela vertente xiita do islã, e argumentar pelo caráter único

---

[52] SMITH, Wilfred Cantwell. The Study of Religion and the Study of the Bible. In: LEVERING, Miriam (ed.) *Rethinking Scripture...*, cit., pp. 20-21.
[53] Para o que se segue, mais detalhes em Bruce Lawrence. *O Corão*: uma biografia. Rio de Janeiro: Zahar, 2008, pp. 75-93.

de sua pessoa como califa reconhecido e primeiro dos imãs. Não é preciso dizer que essa vertente do islamismo terá nos comentários de Ja'fas As Sadiq ao Alcorão uma referência inevitável e inesgotável, e afirmará sua identidade a partir das perspectivas hermenêuticas estabelecidas por esta figura notável.

Passemos agora ao ramo sunita, e vamos ao encontro de Abu Ja'far at-Tabari, que viveu entre os séculos IX e X. Esse mestre muçulmano já se incomodava com as diversas interpretações do Alcorão que pululavam em seu tempo, e pretendeu estabelecer um método que viesse a pôr fim a essa diversificação potencialmente problemática (nesse sentido, o que ele obviamente conseguiu foi propor mais um caminho interpretativo...).

Destaquemos, a respeito de sua importante obra, dois acentos hermenêuticos preponderantes: a) o Alcorão deve ser visto como ponto alto e ponto de chegada, em que todas as promessas, como aquelas encontradas na Torá judaica e no Novo Testamento, se veem realizadas; b) a interpretação do Alcorão deve ser feita a partir dele mesmo, o que significa dizer que ele deve ser entendido como uma unidade, cujas partes são compreendidas na relação com as outras. Insiste-se, portanto, na unidade fundamental do livro no seu todo.[54]

Pensemos, passando a um derradeiro aspecto de nossa abordagem de histórias feitas pelas tantas escrituras, que as potencialidades advindas da percepção sobre como tais textos vêm sendo recebidos e assumidos em novos contextos socioculturais não devem ser pensadas exclusivamente a partir de nomes, como os que foram invocados, mas pelos efetivos impactos que as obras desses "receptores" puderam produzir no longo tempo, capazes de indicar veios caudalosos referidos à construção de identidades religiosas em sua permanente dinâmica.

Nesse sentido, e se pensarmos no infinitamente mais amplo âmbito da apropriação e interpretação popular de escrituras? Baste um exemplo, entre tantos outros possíveis, que nos remete ao mundo das comunidades de negros escravizados nos Estados Unidos; tomemos alguns testemunhos colhidos por Eugene Genovese, que nos assegura que a Bíblia judaico-cristã fomentou,

---

[54] Mas insistamos em que pensar a atualidade do Alcorão ao longo de catorze séculos implica tanto abordar trabalhos de eruditos como Sadiq e Tabari como considerar o que Geertz identificou na Indonésia do século XIX, um "movimento geral em direção a um islã das escrituras", e não do milagre ou do transe (*Observando o Islã*. Rio de Janeiro: Zahar, 2004, p. 76).

entre tantas outras, atitudes de rebeldia escrava: "O Senhor disse que quem quiser se salvar tem de gritar. Está na Bíblia"; assim respondeu uma escrava aos padres que queriam coibir a exaltação religiosa dos negros.[55] E foi capaz até de produzir pilhérias, como aquele atrevido desenlace para a cena genesíaca: "Adão, ao que parece, ficou tão assustado com o próprio pecado que se tornou branco".[56] E o mais importante: os sonhos de liberdade nessa vida e/ou na outra se alimentavam das histórias bíblicas, particularmente as relativas a Moisés e ao êxodo dos hebreus. No universo de referências religiosas negras se enfatiza "a ideia de libertação coletiva dos escravos, enquanto povo, quando são tomados como heróis Moisés, Jonas e Daniel";[57] "o coronel Higginson disse que seus escravos faziam uma grande confusão com a história dos judeus na Bíblia e que associavam Moisés a todos os grandes acontecimentos históricos, até os mais recentes"; "a figura de Moisés, que neste mundo conduziu seu povo para a liberdade, e a figura de Jesus, o Redentor transcendente, uniam-se no tema da libertação, que permeava tudo";[58] "os brancos se voltavam para Jesus em busca de perdão, mas os negros o faziam, basicamente, em termos de libertação. O fato de os escravos assimilarem Moisés a Jesus foi um instrumento vital para essa transformação".[59] Em síntese:

> Moisés se tornara Jesus, e Jesus se tornara Moisés; e, nessa fusão, os dois aspectos da busca religiosa dos escravos, libertação coletiva enquanto povo e redenção de seus terríveis sofrimentos pessoais, tornaram-se uma só coisa, pela mediação do poder criativo que se manifesta com tanta beleza nos *spirituals*.[60]

Contudo, embora após a guerra civil americana o candidato republicano a governador na Carolina do Sul tenha sido apresentado como "nada menos que o próprio Moisés, que tinha vindo liderar o povo para Terra Prometida",[61] a tendência geral não foi a de associar a figura de Moisés, de Jesus ou ambas a personagens atuais ou a de suscitar movimentos de contestação política explícita. Segundo Genovese, tais histórias bíblicas trouxeram

---

[55] GENOVESE, Eugene D. *A terra prometida*; o mundo que os escravos criaram. Rio de Janeiro/Brasília: Paz e Terra/CNPq, 1988, p. 347.
[56] Ibid., p. 357.
[57] Ibid., p. 355.
[58] Ibid., p. 364.
[59] Ibid., p. 366.
[60] Ibid., p. 365.
[61] Ibid., p. 364.

fundamentalmente duas consequências em sua repercussão nesse contexto. Primeiramente a criação de "uma sensibilidade nacional negra", que pode ser ilustrada pelas palavras de um pregador negro que "contava a história dos israelitas identificando-a à da nação negra oprimida e fazendo dos negros o povo eleito, que Deus punha à prova por meio da escravidão e da opressão".[62] A outra implicação deu à religião negra nos Estados Unidos o perfil de um "milenarismo não militante":

> a religião dos escravos não era essencialmente messiânica, no sentido político. Não surgiram nas senzalas linhagens de pretensos libertadores que arregimentassem seguidores em grande número. Os sermões dos pregadores negros não instavam o povo a seguir um messias negro que o viria tirar da condição de escravo. O libertador do povo seria o próprio Deus, configurado em Moisés (ou Moisés-Jesus), e era preciso atraí-lo pela fé.[63]

Insistimos aqui em que as observações anteriormente elencadas são apenas indicadoras de possibilidades analíticas, num universo virtualmente infinito.[64] O que dirão de relevante a abordagem de como se deu a recepção da Bíblia judaico-cristã por um Pedro de Rates Henequim,[65] ou a alcunha que o Conselheiro recebeu, nos sertões da Bahia, de "homem biblado"?[66] E se nos perguntarmos pela recepção de temas ou textos dos livros sagrados nas múltiplas expressões artísticas para além do estritamente escrito, para ficarmos em mais um potencial campo de pesquisa, que exemplos teríamos condições de reunir sem nos perdermos? Se nos deslocarmos ao mundo da chamada

---

[62] Ibid., p. 380.

[63] Ibid., pp. 387-388. Neste contexto, que densidade não se reconhecerá ao *spiritual* "Go down, Moses", imortalizado na voz de Louis Armstrong?

[64] Não podemos deixar de mencionar o monumental estudo de Christopher Hill sobre as múltiplas formas de recepção da Bíblia no conturbado século XVII inglês, nos mais diversos setores sociais (*A Bíblia inglesa e as revoluções do século XVII*. Rio de Janeiro: Civilização Brasileira, 2003). E não se tome por mera coincidência que a grande Bíblia em língua inglesa (conhecida como a "versão do rei Jaime"), tenha surgido no início desse decisivo século!

[65] À saga deste português chegado ao Brasil nos inícios do século XVIII temos acesso pelos estudos brilhantes de Plínio Freire Gomes (*Um herege vai ao paraíso*; cosmologia de um ex-colono condenado pela Inquisição [1680-1744]. São Paulo: Companhia das Letras, 1997) e Adriana Romeiro (*Um visionário na corte de D. João V*; revolta e milenarismo nas Minas Gerais. Belo Horizonte: Editora da UFMG, 2001).

[66] Para recepções da Bíblia cristã nesse contexto específico da história brasileira, pode-se ler, de nossa autoria, *Do Belo Monte das promessas à Jerusalém destruída*; o drama bíblico da Jerusalém do sertão (Maceió: Catavento, 2010).

música erudita, vamos desde o libreto bíblico de "O Messias",[67] musicado por Händel, e das Paixões de Bach, até a impagável caricatura de episódios bíblicos em "It ain't necessarily so", de "Porgy and Bess", de Gershwin.

Em lugar de concluir, a referência a um *requiem* para o que não se irá

Se escritos houve que não foram pensados, quando de sua produção originária, para serem escrituras (como foi o caso dos livros que vieram a formar a *Tanak* do judaísmo, aqueles que constituiriam o Novo Testamento cristão e os poemas que [no caso de terem mesmo aparecido anteriormente] formariam o *Rig Veda*), se houve escritos pensados, qualquer que tenha sido o processo de sua confecção, para serem escritura (como é o caso exemplar do Alcorão muçulmano, que [não só] nesse pormenor bebe em Mani e seus escritos), poderíamos conceber um livro pensado não para ser escritura, mas como epitáfio de um sistema religioso em agonia quando a forma escrita que nos chegou foi elaborada? Seu formato atual bem pareceria ser o de uma escritura, a ponto de não ser raro que se aluda a ele em analogia com a Bíblia judaico-cristã, particularmente o primeiro livro que a constitui, o Gênesis. Mas justamente o que o *Popol vuh* que conhecemos não pretendeu foi servir de escritura. O registro em caracteres latinos de memórias ancestrais dessa que era (e ainda é) uma das tribos, a dos Quichés, constitutivas de uma milenar tradição cultural mesoamericana só ocorreu em vistas a um desesperado propósito: o de que o sistema religioso maia, particularmente seu elemento cosmovisional, agora que chegaram os castelhanos enforcando governantes, entre outras atrocidades,[68] não caísse na vala comum de tantas "religiões que o mundo esqueceu",[69] destruídas a ferro e fogo em tantos empreendimentos

---

[67] Veja ensaio nosso a respeito: Händel x Spinoza: "O Messias" entre leituras e interpretações conflitantes de textos bíblicos. In: MARIANI, Ceci Baptista; VILHENA, Maria Ângela (ed.). *Teologia e arte*; expressões de transcendência, caminhos de renovação. São Paulo: Paulinas, 2010, pp. 154-173.

[68] Referimo-nos aqui aos versos 8410-8412 do poema. Servimo-nos aqui da primorosa edição brasileira da obra, preparada por Gordon Brotherson e Sérgio Medeiros (*Popol vuh*. São Paulo: Iluminuras, 2007; nela temos, entre outras coisas, a distribuição do texto em versos) e da edição castelhana preparada por Miguel Rivera Dorado (*Popol vuh*; relato maya del origen del mundo y de la vida. Madrid: Trotta, 2008; com preciosas notas explicativas, mas com importantes deficiências na transmissão do texto traduzido; dele assumimos as traduções de fragmentos que aparecem no ensaio, e indicamos os números dos versos pela edição de Brotherson e Medeiros).

[69] Título de um livro organizado por Pedro Paulo Funari e recentemente lançado (São Paulo: Contexto, 2009).

colonialistas e assemelhados. Escrito "já dentro do cristianismo, com o novo modo de escrever", o *Popol vuh* que conhecemos veio à luz "porque já não se vê o *Popol vuh*, já não se entende o livro onde se referem estas coisas ['as antigas histórias do lugar chamado Quiché']. Existia o livro original, escrito antigamente, mas sua vista está agora oculta ao leitor e ao pensador".[70]

Escrever para não perder. Registrar noutro sistema gráfico, importado e imposto, aquilo que um dia fora alçado à condição escrita, sem que mais se possa saber sobre como e por quê. Uma dupla "excarnação", se se pode aqui assumir e ampliar a terminologia de Aleida Assmann: se a postagem por escrito resulta de um movimento em que "as experiências vividas [...] são arrancadas à espaçotemporalidade original donde elas tomam seu caráter ao mesmo tempo único e efêmero", o que se dirá do processo de passar de uma escrita a outra, estranha, chegada àquelas terras por temíveis caravelas, pilotadas por aterrorizantes matadores e "cobradores de tributo" (verso 8415)?[71]

Não se pode dizer com toda a segurança desejada que o *Popol vuh* anterior àquele que conhecemos foi produzido para ser escritura; ou seja, se a escrita dele significou "a transmutação de corpos vivos em signos abstratos". Rivera Dorado sugere um possível cenário: haveria

> um ou mais repertórios pré-hispânicos de tradições, notícias, fatos e normas, possivelmente escritos [...], guardados e transmitidos dentro de um grupo social maia quiché. Esses grupos tinham uma instituição de governo ou consultiva que era tecnicamente uma assembleia de notáveis, e nela eram recolhidas por escrito muitas das senhas de identidade, religiosas e históricas. A palavra *pop* indica a esteira sobre a qual o chefe se sentava, e ela mesma simboliza o poder.[72]

Será necessário a quem se apresenta, perante esse ancestral e imaginado *Popol vuh*, de que o conhecido é testemunha imprescindível, lançar os três olhares que presidiram o ordenamento deste ensaio, e a partir deles estabelecer

---

[70] Assumimos aqui a tradução de Rivera Dorado para os versos 45-56 (e ainda 1-2) do *Popol vuh*. A versão de Medeiros para os versos 53-56 é tocante: "Houve uma vez o manuscrito disso, / E foi escrito há muito tempo, / Só que ocultando a face está o seu leitor, / o seu pensador".

[71] Vejamos o fragmento mais extenso de Assmann, a que aludimos: "A escritura é por definição contrária à 'encarnação'. Através da escritura, as experiências vividas alcançam a abstração depois que são arrancadas à sua espaçotemporalidade original donde elas tomam seu caráter ao mesmo tempo único e efêmero. A via até então encarnada se transforma em letras negras sobre fundo branco. Eu também escolho nomear 'excarnação' a transmutação de corpos vivos em signos abstratos" (citado por: SARACCO, Catherine. *Politique des archives audiovisuelles*. Tese de doutorado em Filosofia, Universidade Bauhaus Weimar, 2002, p. 5, nota 1).

[72] DORADO, op. cit., pp. 176s (nota 4).

as perguntas cruciais, ciente de que respostas fundamentais faltarão: a que práticas sociorreligiosas, de que "experiências vividas", o escrito hieroglífico é registro? Não basta registrar os temas que desenvolve o livro, ou entendê-lo como exposição apenas da cosmovisão maia (como em geral se faz nas abordagens); é preciso avançar para dentro do sistema religioso que o texto ecoa. Para ficarmos apenas em alusões, pensemos a que cenário ritual nos remeterá a tocante oração dos primeiros humanos, saídos do milho, "adivinhos da palavra sagrada, cheios de amor, obedientes e temerosos":

> Oh, tu, Tzacol, tu, Bitol,[73] tu que nos vês e nos ouves, olha-nos, escuta-nos! Não nos abandones, não nos desampares, tu, deus do céu e da terra, Coração do Céu, Coração da Terra, dá-nos nossa descendência, nossa sucessão, ao caminhar o sol, ao caminhar a luz, enquanto alvorece! Amanheça, chegue a aurora! Dá-nos caminhos abertos, bons caminhos planos! Os povos tenham paz quieta e sossegada e sejam felizes; e dá-nos boa vida e útil existência (versos 5163-5186)!

Ou nos perguntemos sobre o lugar que teria, no ordenamento religioso em questão, a "Casa escura" visitada por Hun Hunahpú e Vucub Hunahpú (de acordo com os versos 2076ss).[74] Efetivamente, questões desse teor poderiam formular-se ao infinito. Mas seria conveniente pensar que, se terá ou não sido concebida com alguma função "canônica", a redação primeira do *Popol vuh* foi levada a cabo por letrados. E então outras perguntas emergem: Que motivações a teriam inspirado e feito necessária? Em que circunstâncias terá ocorrido? Que conjugações de força e de poder estavam em jogo? Quais sentidos pretendeu-se salientar, e quais outros foram obscurecidos no processo de redação-interpretação?

E, assim como essas anteriores, as perguntas seguintes são de impossível resposta, ao menos na altura atual do que já se investigou sobre esse notável livro: quais processos se podem supor entre a primeira redação (ainda inserida na dinâmica religiosa quiché, e pensada para incidir nela) e aquela em grafia estranha, ato desesperado por registrar a existência dos Quichés que se esvaía, indispensável porque "já não se pode ver o livro que os reis antigamente tinham, posto que desapareceu" (versos 8579-8582)? Que efeitos a narração escrita (a primeira) terá produzido? Quais exercícios terá inaugurado, não só

---

[73] Tzacol e Bitol, "criadores e formadores [...], os que constroem ou criam e os que dão forma às coisas [...] são os apelativos principais da energia criadora que dá origem ao mundo" (DORADO, op. cit., p. 176, nota 2).

[74] "Este novo par, aparentemente de varões, remete a dias do calendário quiché" (ibid., p. 191, nota 41).

entre intérpretes "qualificados", mas principalmente nas expressões populares e cotidianas da vida, antes que tudo se acabasse "para os do Quiché, que hoje se chama Santa Cruz" (versos 8583-8584, que concluem o poema conhecido)?

E uma impressão de Linda Schele a propósito de um cerimonial maia contemporâneo, registrada *en passant*, nos permite terminar sem concluir, intrigados e cientes do potencial da abordagem de um testemunho como o *Popol vuh*:

> ... ali [eu] estava, mirando aquele grupo de senhoras que dançava... Pouco a pouco comecei a compreender o que na realidade ocorria naquele lugar. [...] Logo, num momento de percepção, me vi transportada a outra época e a outro lugar. [...] Como suas predecessoras de quinze séculos atrás, aquelas mulheres dançavam para santificar um momento de iniciação em seu mundo. Não sei se todos os maias modernos dançariam como Dona Juana e suas companheiras de cooperativa. [...] mas suspeito que aquelas senhoras não seguiam ritos prescritos e ditados pelo costume local atual. Sinto que, recordando talvez cerimônias que presenciaram em sua infância, inventaram juntas uma nova cerimônia que consideraram adequada a seu propósito. E não apenas dançaram, mas leram do *Popol vuh*. E o que é mais importante: escolheram abençoar seu empreendimento não nos terrenos da igreja local, mas perto dos portais reverenciados que seus antepassados construíram.[75]

O *Popol vuh* terá chegado a Dona Juana e suas companheiras por conta da militância de antropólogos e historiadores? Ou os conteúdos nele registrados terão teimosamente resistido à "colonização do imaginário" (expressão de Serge Grusinski), e, imbricados a outras referências, terão sobrevivido de forma submersa e agora emergido? É, a essa altura, apenas mais uma resposta impossível de ser dada, que não destitui de pertinência a pergunta. E impede que, no estudo das dinâmicas surpreendentes das religiões, sejam desconsideradas (no caso em que existam, obviamente) as respectivas escrituras, quanto a sua gênese, testemunha insubstituível de vivências ancestrais, quanto a sua "edição" (mais ou menos "definitiva", não importa aqui) e quanto a seu potencial infinito de impactar e deixar rastros.

---

[75] SCHELE, Linda. Darle alma al mundo y elevar el árbol. In: FREIDEL, David; SCHELE, Linda; PARKER, Joy. *El cosmos maya*; tres mil años por la senda de los chamanes. México: Fonde de Cultura Económica, 2001, p. 231.

Referências bibliográficas[76]

COWARD, Harold. *Sacred Word and Sacred Text*; Scripture in World Religions. Maryknoll: Orbis Books, 1988.

DENY, Frederik M.; TAYLOR, Rodney L. (ed.). *The Holy Book in Comparative Perspective*. Columbia: University of South Carolina Press, 1993.

EHRMAN, Bart. *The Orthodox Corruption of Scripture*; the Effect of Early Christological Controversies on the Text of the New Testament. New York: Oxford University Press, 1997.

FRYE, Northrop. *O código dos códigos*; a Bíblia e a literatura. São Paulo: Boitempo, 2004.

GRAHAM, William A. *Beyond the Written Word*; Oral Aspects of Scripture in the History of Religion. New York: Cambridge University Press, 1993.

HENDERSON, John B. *Scripture, Canon and Commentary*; a Comparison of Confucian and Western Exegesis. Princeton: Princeton University Press, 1991.

HOLM, Jean; BOLKER, John (org.). *Textos sagrados*. Mem Martins: Publicações Europa-América, 1998.

MANGUEL, Alberto. *Uma história da leitura*. São Paulo: Companhia das Letras, 1997.

ONG, Walter. *Oralidad y escritura*; tecnologías de la palabra. México: Fondo de Cultura Económica, 2001.

PETERS, F. E. *The Voice, the Word, the Books*; the Sacred Scripture of the Jews, Christians and Muslims. Princeton/Oxford: Princeton University Press, 2007.

PYYSIÄINEN, Ilkka. Holy Book: a Treasury of the Incomprehensible. The Invention of Writing and Religious Cognition. *Numen*, Leiden, v. 46, n. 3, pp. 269-290, 1999.

SMITH, Wilfred Cantwell. *What is Scripture?* A Comparative Approach. Minneapolis: Fortress Press, 1993.

TARDIEU, Michel (ed.). *La formation des canons scripturaires*. Paris: Cerf, 1993.

---

[76] Citam-se aqui apenas títulos que não constam nas notas de rodapé anteriores.

Estética da recepção e hermenêutica bíblica

*José Adriano Filho**

> A história é pertinente ao vivente em três aspectos: ela lhe é pertinente conforme ele age, aspira, preserva e venera. A esta tripla ligação correspondem três espécies de história, uma vez que é permitido diferenciar entre uma espécie monumental, uma espécie antiquária e uma espécie crítica de história.
> (Friedrich W. Nietzsche)

> Digo: o real não está na saída nem na chegada: ele se dispõe para a gente é no meio da travessia.
> (João Guimarães Rosa)

A primeira citação acima referida é de uma das *Considerações intempestivas*, chamada "Da utilidade e dos inconvenientes dos estudos históricos para a vida", de Friedrich Nietzsche,[1] na qual ele procura responder à pergunta: "Para que serve a história?". Ao respondê-la, Nietzsche distingue três tipos de história: a monumental, a antiquária e a crítica. A história monumental privilegia os grandes momentos, que "se unem nas alturas através de milhares de anos", aqueles momentos em que se cumpre "uma obra, uma ação, uma claridade singular, uma criação"; seu inconveniente é que "tudo o que é menor, que também existiu e viveu, é desprezado"; pode também servir

---

* Doutor em Ciências da Religião (Universidade Metodista de São Paulo). Professor de Novo Testamento no Seminário Teológico Rev. Antonio de Godoy Sobrinho (IPIB) e no Curso de Teologia do Centro Universitário Filadélfia (UNIFIL), ambos em Londrina. Principais publicações: *Peregrinos neste mundo*; The Apocalypse of John as an Account of a Visionary Experience: Notes on the Book's Structure. *Journal of Studies of the New Testament*. E-mail: <j.adriano1@uol.com.br>.

[1] NIETZSCHE, Friedrich W. *Segunda consideração intempestiva*; da utilidade e desvantagem da história para a vida. Rio de Janeiro: Relume Dumará, 2003, pp. 18-31.

de pretexto para "desvalorizar o presente, sugerindo que só outrora houve o grande e o bom". A história antiquária "corresponde a um amor do passado por ele próprio". Sua vantagem é "conservar tudo"; seu inconveniente, "guardar tudo com uma curiosidade insaciável, tão vã quanto mesquinha", "alimenta--se [...] da poeira das bagatelas bibliográficas", conserva o que foi vivo, não gera nenhuma vida nova e "impede a robusta decisão em favor do novo". A história crítica "julga o passado e o condena, em nome do presente". Sua vantagem é o "esquecimento do passado, decorrente da condenação, é um estimulante da vida"; o "inconveniente, ela efetua um recalque do passado, uma negação das origens e, quer queiramos, quer não, não escapamos da história que nos precede".[2]

Embora Nietzsche assinale vantagens e desvantagens de cada um desses tipos de história, eles são elucidativos de um modelo de interpretação que dominou a interpretação dos textos literários do final do século XIX até ao início do século XX. Este modelo acentua a intenção do autor e remete a obra ao seu contexto original, correspondendo "a uma história literária fortemente valorativa, em que só figuram grandes obras, deixando à sombra toda a produção menor";[3] a antiquária "corresponderia ao levantamento minucioso e erudito dos feitos pelos pesquisadores, que recolhem tudo o que se produziu na literatura de um país ou de uma época": eles procuram "restabelecer a visão contemporânea à obra estudada, isto é, a visão passada do objeto passado"; a história crítica julga o passado, mas este é "um julgamento apenas moral, que perde sua relevância quando transportado para o domínio estético".[4]

A interpretação dos textos literários foi também dominada pelo formalismo, que pede a volta ao texto em sua imanência e enfatiza sua linguagem literária autossuficiente. A preocupação com a criação literária abandona as marcas historicizantes da análise acadêmica anterior. Esta tendência, juntamente com o historicismo, não considerava o leitor; os *New Critics* americanos do entreguerras, por exemplo, definiam a obra como unidade "orgânica autossuficiente", da qual convinha praticar uma "leitura fechada", "uma leitura idealmente objetiva, descritiva, atenta aos paradoxos, às ambiguidades, às

---

[2] PERRONE-MOISÉS, Leyla. *Altas literaturas*. São Paulo: Companhia das Letras, 2003, pp. 22-23.
[3] Ibid., p. 23.
[4] Ibid., p. 23-24.

tensões, fazendo do poema um sistema fechado e estável, um monumento verbal, de estatuto ontológico distanciado de sua produção".⁵

No final dos anos 1960, contudo, ocorreu um deslocamento ao leitor no processo de interpretação dos textos. Esta passagem ao leitor foi favorecida pela hermenêutica fenomenológica, que associava todo sentido a uma consciência. A partir da fenomenologia, várias abordagens revalorizaram a leitura, em especial a estética da recepção,⁶ identificada com a Escola de Constança.⁷ Com a apresentação, em 1967, da Aula Inaugural de Hans Robert Jauss, na Universidade de Constança: "A história da literatura como provocação à ciência da literatura" (*Literaturgeschichte als Provokation der Literaturwissenschaft*), dá-se a passagem definitiva ao leitor. Teses semelhantes foram afirmadas por outro promotor do movimento, W. Iser. Jauss e Iser estudaram em Heidelberg, o primeiro como romanista, o segundo como especialista em literatura de língua inglesa.⁸ A estética da recepção deu uma nova orientação aos estudos literários, ao proporcionar uma nova forma de interpretação da obra literária.

A estética da recepção

Após o final da Segunda Guerra Mundial (1939-1945), a crítica imanentista, que considerava apenas a face textual da obra e desprezava os elementos histórico-sociais, difundiu-se na Alemanha Ocidental. É o caso da obra de Robert Ernst Curtius, *Literatura europeia e a Idade Média latina* (1996). Nesta obra, afirma Jauss, de modo sofisticado se advogava pela concentração na pesquisa de *topos*, a neutralidade dos estudos literários; a obra apresenta um descaso pela História, acentuando, sobretudo a partir dos autores medievais, as formulações tópicas (os *topoi*): "a continuidade da herança da antiguidade foi alçada à condição de ideia suprema, figura sob a forma de tensão historicamente não mediada, imanente à tradição literária, entre criação e imitação,

---

5   COMPAGNON, A. *O demônio da teoria*; literatura e senso comum. Belo Horizonte: Editora da UFMG, 2006, pp. 140-141.
6   A teoria da recepção é descrita a partir de vários termos alemães: *Wirkungsgeschichte* ("história do impacto de um texto"), *Rezeptionsgeschichte* ("história da recepção"), Wirkungsäethetik ("estética do efeito ou resposta").
7   COMPAGNON, op. cit., pp. 145-146.
8   COSTA LIMA, Luiz. A literatura e o leitor; textos de estética da recepção. 2. ed. Rio de Janeiro: Paz e Terra, 2002, p. 11.

poesia elevada e mera literatura".[9] Na Alemanha Oriental dominava um marxismo reflexológico. A teoria literária marxista entendeu ser sua tarefa demonstrar o nexo da literatura em seu espelhamento da realidade social. Tal historiografia, segundo Jauss, "jamais se cansou de fazer derivar diretamente de alguns fatores econômicos e constelações de classes da 'infraestrutura' a multiplicidade dos fenômenos literários".[10]

Os métodos histórico-positivistas e formalistas eram também criticados porque raramente discutiam o papel do leitor, considerado um elemento indispensável para qualquer ato de interpretação. É somente através das experiências daqueles que leem, interpretam e aplicam a mensagem dos textos que as tradições literárias são formadas. Jauss buscava uma teoria que fizesse justiça ao "processo dinâmico de produção e recepção do autor, obra e público" e libertasse os estudos literários dos processos metodológicos secos e empoeirados.[11]

Jauss reconhece que tanto o marxismo quanto o formalismo apresentam aspectos positivos e negativos ao oferecerem soluções para a compreensão da história literária. A força do marxismo é a ideia de que arte e literatura não são atividades independentes, mas parte do processo de vida. O marxismo vê a literatura como parte da apropriação humana do mundo e não tem uma atitude relativista ou não crítica para com a tradição. Mas Jauss não aceitava a ideia marxista do papel da produção na obra de arte. A recepção e os efeitos literários do texto para os leitores, ainda que importantes, eram secundários na teoria literária marxista; a literatura era reduzida à apropriação humana da natureza e o controle do processo econômico refletia somente o que já era conhecido dentro do horizonte social e histórico. Jauss também questionou a tese de que a literatura podia servir a uma função revolucionária, se se pode reconhecer apenas "as imagens estabilizadas e pré-conceitos de sua situação histórica", mas não permitir a revelação de que a literatura possa criar novas perspectivas no mundo.[12]

---

[9] JAUSS, Hans Robert. *A história da literatura como provocação à ciência da literatura*. Trad. Sérgio Tellaroli. São Paulo: Ática, 1994, p. 13.
[10] Ibid., p. 15.
[11] COSTA LIMA, op. cit., p. 13.
[12] PARRIS, David Paul. *Reception Theory and Biblical Hermeneutics*. Eugene/Oregon: Pickwick Publications, 2009, pp. 121-122.

Há aspectos positivos no formalismo, mas também limitações. O formalismo surgiu no contexto do descontentamento com os estudos literários dominados pelos métodos histórico-positivistas, que enfatizavam o estudo das condições históricas externas ao texto, tendo como objetivo compreender as intenções do autor e alcançar a interpretação do texto. Como movimento, o formalismo foi um movimento linguístico e literário, do início do século XX, cujas publicações acentuavam o caráter artístico da literatura, vendo-a também como objeto autônomo de investigação.

O formalismo "desvinculou a obra literária de todas as condicionantes históricas e, à maneira da nova linguística estrutural, definiu em termos puramente funcionais a sua realização específica, como a soma de todos os procedimentos artísticos nela empregados".[13] Os formalistas procuraram demonstrar que o texto é uma entidade estética que reflete a realidade através de suas próprias estruturas internas, empregando, para tal, ferramentas como a diferença entre a linguagem poética e a linguagem prática dos textos, o estranhamento, a relação entre história e enredo e a evolução literária.[14]

O formalismo representa uma virada das condições históricas externas, da explicação causal e histórica, para a prioridade estratégica da organização interna do texto e seus efeitos estéticos. A ênfase na percepção estética e na relação do texto com seus receptores eram seus pontos fortes; sua fraqueza, a ênfase nos recursos literários do texto com a exclusão dos fatores sociais e históricos. Do formalismo, portanto, Jauss reteve a capacidade da literatura de romper com a linguagem cotidiana e compreender, via estranhamento, a diferença entre linguagem prática e poética. A linguagem prática preocupa-se com a comunicação, através da referência a objetos ou conceitos aceitos; o alvo da linguagem poética é a experiência dos sons ou texturas do texto: uma das metas primárias da literatura é apresentar algo de forma inesperada e, assim, romper com nossos padrões habituais de reconhecimento. Os textos literários fazem isto ao provocar o estranhamento entre a nossa compreensão de mundo e a apresentação de formas novas e inesperadas. A oposição entre o mundo apresentado no texto (linguagem poética) e a realidade (linguagem

---

[13] JAUSS, Hans Robert. *A história da literatura como provocação à ciência da literatura*, cit., p. 18.
[14] PARRIS, op. cit., p. 123.

prática) dá ao leitor a base necessária para comparar o que o texto apresenta com as suas próprias expectativas.[15]

Jauss reconhece que o formalismo desvincula a obra literária dos fatores que a condicionam historicamente, mas reconhece que esta escola introduziu uma perspectiva diacrônica nos estudos literários através do conceito de evolução das formas literárias, funções e gêneros. A historicidade da literatura reaparece na construção do seu método, pois lhe apresentou o problema que obrigou a pensar os princípios da diacronia: "o literário na literatura não é determinado apenas sincronicamente, mas também diacronicamente, por sua oposição àquilo que lhe é predeterminado pelo gênero e à forma que o precede na história literária". Ora, se "a obra de arte é percebida em contraposição ao fundo oferecido por outras obras de arte e mediante associação com estas, a interpretação deve levar em conta também a sua relação com outras formas existentes anteriormente a ela". No domínio do surgimento, da canonização e da decadência dos gêneros, o formalismo se aproximou de uma nova compreensão da história da literatura, ensinando-nos "a ver de maneira nova a obra de arte em sua história, isto é, na transformação dos sistemas de gêneros e formas literárias, abrindo caminho para a descoberta de que a pura sincronia é ilusória", porque "todo sistema apresenta-se necessariamente como uma evolução, e esta, por sua vez, carrega forçosamente um caráter sistemático".[16]

Os métodos histórico-positivistas consideravam as obras literárias como sistemas fechados, as obras de determinado autor, um estilo ou um gênero particular. Buscava a relação entre os textos para descobrir sua relação evolucionária. Um autor utiliza alguns gêneros e estilos linguísticos ao compor um texto. Através da criatividade do autor e do uso que ele faz das convenções literárias, os gêneros são modificados e novos gêneros são criados. Uma vez que um texto é escrito, ele torna-se um fato literário, é incorporado na tradição literária e molda as possibilidades para futuros autores. Os elementos que compõem o estranhamento e eram novos e inesperados para a audiência original tornam-se parte do horizonte de expectativas das gerações seguintes de leitores e não rompem mais a suas expectativas. A característica decisiva do significado evolucionário da obra é seu caráter inovador, visto a partir do pano de fundo das outras obras literárias. A evolução literária envolve lutas

---

[15] Ibid., pp. 123-125.
[16] JAUSS, Hans Robert. *A história da literatura como provocação à ciência da literatura*, cit., pp. 19-20.

e rupturas. A ideia formalista de mudança e desenvolvimento na literatura, que enfatiza a combinação da história com o significado artístico, tem um papel central na teoria da recepção.[17]

O marxismo falha porque não considera a dimensão estética da recepção; o formalismo, pela ausência da perspectiva histórica. O formalismo vê os textos como entidades autônomas e examina somente o que é interno ao texto e os sistemas intertextuais; procura explicar o lugar de uma obra na história, ao examinar a mudança nas formas literárias, o que Jauss não considera uma base adequada para construir a história literária. Ele acha que o formalismo deve se abrir, de modo que a relação do texto com as questões deixadas pelas obras precedentes e as questões que o texto deixa para trás sejam consideradas. O formalismo não explica como a literatura informa a cultura e o progresso da história. Ele deve ser modificado e incluir as considerações concernentes ao horizonte original de expectativas no qual o texto primeiro surgiu, o horizonte do leitor, bem como os elementos internos ao texto. Dessa forma, para construir um novo modelo de história literária e solucionar a crise na história literária, Jauss combina a exigência do marxismo pela mediação histórica, os avanços na esfera da percepção estética do formalismo e o conceito de horizonte de expectativa do leitor de H. G. Gadamer.[18]

Um dos principais pontos do marxismo e do formalismo a ser corrigido é o papel limitado atribuído ao leitor. Os leitores não são agentes passivos e devem ter um papel ativo na teoria literária. Para a Teoria da Recepção, compreender a obra de arte em sua história, ou seja, no interior da história da literatura definida como sucessão de sistemas, como afirmava a escola formalista, não é o mesmo que contemplá-la na história, isto é, no horizonte histórico de seu nascimento, função social e história do efeito.[19] O histórico na literatura não se esgota na sucessão de sistemas estético-formais: "o desenvolvimento da literatura não pode ser determinado [...] de forma imanente, através de sua relação própria entre diacronia e sincronia, mas há de ser definido também em função de sua relação com o processo geral da história".[20]

---

[17] PARRIS, op. cit., p. 126.
[18] JAUSS, Hans Robert. Estética da recepção: colocações gerais. In: COSTA LIMA, Luiz. *A literatura e o leitor*; textos de estética da recepção. 2. ed. Rio de Janeiro: Paz e Terra, 2002, p. 78. Cf. também: GADAMER, H. G. *Verdade e método*; traços fundamentais de uma hermenêutica filosófica. 3. ed. Petrópolis: Vozes, 1999.
[19] JAUSS, Hans Robert. *A história da literatura como provocação à ciência da literatura*, cit., p. 78.
[20] Ibid., p. 20.

No contexto do surgimento da estética da recepção, portanto, o desafio da ciência da literatura estava na retomada do problema da história da literatura deixado em aberto pela disputa entre o método marxista e o formalista. Para Jauss, estas escolas privam a literatura de um componente "imprescindível tanto de seu caráter estético quanto de sua função social: a dimensão de sua recepção e de seu efeito", pois "leitores, ouvintes, espectadores – o fator público desempenha naquelas duas teorias literárias um papel extremamente limitado". O marxismo busca a "posição social do leitor ou procura reconhecê-lo na estratificação de uma dada sociedade". O formalismo precisa do leitor "apenas como o sujeito da percepção, como alguém que, seguindo as indicações do texto, tem a seu cargo distinguir a forma ou desvendar o procedimento". Ela pretende ver "o leitor dotado da compreensão teórica do filólogo, o qual, conhecedor dos meios artísticos, é capaz de refletir sobre eles". A escola marxista "iguala a experiência espontânea do leitor ao interesse científico do materialismo histórico, que deseja desvendar na obra literária as relações entre a superestrutura e a base".[21]

Tanto o formalismo quanto o marxismo ignoram o leitor em seu papel genuíno, imprescindível tanto para o conhecimento estético quanto para o histórico: "o papel do destinatário a quem, primordialmente, a obra literária visa". A obra literária, em seu caráter artístico e sua historicidade, é "condicionada primordialmente pela relação dialógica entre literatura e leitor", possuindo implicações tanto estéticas quanto históricas. A implicação estética "reside no fato de já a recepção primária de uma obra pelo leitor encerrar uma avaliação de seu valor estético, pela comparação com outras obras já lidas"; a implicação histórica "manifesta-se na possibilidade de, numa cadeia de recepções, a compreensão dos primeiros leitores ter continuidade e enriquecer-se de geração em geração, decidindo, assim, o próprio significado histórico de uma obra e tornando visível sua qualidade estética".[22]

A novidade da abordagem de Jauss é a indicação da importância do leitor no processo de interpretação da obra literária. W. Krauss havia advertido antes que "como a palavra, como uma frase, como uma carta, assim também a obra literária não é escrita no vazio, nem dirigida à posteridade: é escrita sim para

---

[21] Ibid., pp. 22-23.
[22] Ibid., p. 23.

um destinatário concreto".[23] K. Barck, discípulo de Krauss, havia assinalado que o desaparecimento da preocupação com o leitor e o advento do imanentismo crítico haviam se dado antes mesmo do advento do nazismo. Com a "estilística idealista começara não só o relacionamento minucioso frutífero da filologia com a ciência da literatura", mas também o "desenvolvimento de uma concepção formalista da literatura, que considera a obra literária uma *creatio ex nihilo*". O estilista "compreende a obra literária como um organismo cerrado, cuja estrutura precisa descobrir".[24] J. Mukarovsky, F. Wodicka e R. Ingarden são também importantes teóricos precursores da estética da recepção. Para Mukarovsky, "o objeto imediato de valoração estética não é o artefato 'material', mas sim o 'objeto estético, que apresenta seu reflexo na consciência do observador'". Wodicka afirma que a "obra é um signo estético dirigido ao leitor, o que exige a reconstituição histórica da sensibilidade do público para entender-se como ela se concretiza".[25] Ingarden, por sua vez, declara que o exame do modo de ser da obra literária indica que ela é "uma estrutura linguístico-imaginária, permeada de pontos de indeterminação e de esquemas potenciais de impressões sensoriais, os quais, no ato de criação ou da leitura, são preenchidos e atualizados, transformando o que era trabalho artístico do criador em objeto estético do leitor".[26]

Recepção e horizonte de expectativas

Recepção é uma "concretização pertinente à obra, tanto no momento da sua produção como no da sua leitura, que pode ser estudada esteticamente". A concretização é o processo de interação do leitor com o texto, "em que este atua como pauta e tudo o que não diz ou silencia cria vazios que forçam aquele a interferir criadoramente no texto, a dialogar com ele, de igual para igual, num ato de comunicação":[27]

---

[23] COSTA LIMA, op. cit., p. 15.
[24] Ibid., p. 15.
[25] Ibid., p. 17.
[26] BORDINI, M. G.; AGUIAR, V. T. *A formação do leitor*; alternativas metodológicas. Porto Alegre: Mercado Aberto, 1988, p. 82.
[27] Ibid., p. 82.

A obra literária não é um objeto que exista por si só, oferecendo a cada observador, em cada época, um mesmo aspecto. Não se trata de um monumento a revelar monologicamente seu Ser atemporal [...]. A história da literatura é um processo de recepção e produção estética que se realiza na atualização dos textos por parte do leitor que os recebe, do escritor, que se faz novamente produtor, e do crítico, que sobre eles reflete. O contexto histórico no qual uma obra literária aparece não constitui uma sequência factual de acontecimentos forçosamente existentes independentemente de um observador [...] diferentemente de um acontecimento político, o literário não possui consequências imperiosas, que seguem existindo por si sós e das quais nenhuma geração posterior poderá mais escapar. Ele só logra seguir produzindo seu efeito na medida em que sua recepção se estenda pelas gerações futuras, ou seja, por elas retomada – na medida, pois, em que haja leitores que novamente se apropriem da obra passada, ou autores que desejem imitá-la, sobrepujá-la ou refutá-la.[28]

A atitude de interação tem como pré-condição o fato de que texto e leitor estão mergulhados em horizontes históricos, muitas vezes distintos e defasados, que precisam fundir-se para que a comunicação ocorra.[29] Estes quadros de referência, chamados "horizonte de expectativas", incluem as convenções estético-ideológicas que possibilitam a produção/recepção de um texto.

A literatura como acontecimento cumpre-se primordialmente no horizonte de expectativa dos leitores, críticos e autores, seus contemporâneos e pósteros, ao experienciar a obra. Da objetivação ou não desse horizonte de expectativa dependerá, pois, a possibilidade de compreender e apresentar a história da literatura em sua historicidade própria [...]. Assim como em toda experiência real, também na experiência literária que dá a conhecer pela primeira vez uma obra até então desconhecida há um "saber prévio, ele próprio um momento dessa experiência, com base no qual o novo de que tomamos conhecimento faz-se experienciável, ou seja, legível, por assim dizer, num contexto experiencial". Ademais, a obra que surge não se apresenta como novidade absoluta num espaço vazio, mas, por intermédio de avisos, sinais visíveis e invisíveis, traços familiares ou indicações implícitas, predispõe seu público para recebê-la de uma maneira bastante definida. Ela desperta a lembrança do já lido, enseja logo de início expectativas quanto a "meio e fim", conduz o leitor a determinada postura emocional e, com tudo isso, antecipa um horizonte geral da compreensão vinculado, ao qual se pode, então – e não antes disso –, colocar a questão acerca da subjetividade da interpretação e do gosto dos diversos leitores ou camadas de leitores.[30]

---

[28] JAUSS, Hans Robert. *A história da literatura como provocação à ciência da literatura*, cit., p. 23.
[29] BORDINI; AGUIAR, op. cit., p. 83.
[30] JAUSS, Hans Robert. *A história da literatura como provocação à ciência da literatura*, cit., pp. 26-28.

Regina Zilbermann[31] indica as ordens de convenção constitutivas do horizonte de expectativas através do qual autor e leitor concebem e interpretam a obra:

a) social, pois o indivíduo ocupa uma posição na hierarquia da sociedade;

b) intelectual, porque ele detém uma visão do mundo compatível, na maior parte das vezes, com seu lugar no espectro social, mas que atinge após completar o ciclo de sua educação formal;

c) ideológica, correspondente aos valores circulantes no meio, de que se imbui e dos quais não consegue fugir;

d) linguística, pois emprega certo padrão expressivo, mais ou menos coincidente com a norma gramatical privilegiada, decorrente tanto de sua educação como do espectro social em que transita;

e) literária, proveniente das leituras que fez, de suas preferências e da oferta artística que a tradição, a atualidade e os meios de comunicação, incluindo a própria escola, lhe concedem.

Há também fatores afetivos, que provocam adesões ou rejeições dos demais. Estes fatores, junto aos demais, indicam a importância da noção de horizonte para a estética da recepção. No ato de produção/recepção, ocorre a fusão de horizontes de expectativas, pois as expectativas do autor se traduzem no texto, e as do leitor são a ele transferidas. O texto se torna o campo em que os dois horizontes podem identificar-se ou estranhar-se, razão por que se pode tomar a relação entre as expectativas do leitor e a obra em si como parâmetro para a avaliação estética da literatura:

O horizonte de expectativa de uma obra, que assim se pode reconstruir, torna possível determinar seu caráter artístico a partir do modo e do grau segundo o qual ela produz seu efeito sobre um suposto público. Denominando-se distância estética aquela que medeia entre o horizonte de expectativa preexistente e a aparição de uma obra nova – cuja acolhida, dando-se por intermédio da negação de experiências conhecidas ou da conscientização de outras, jamais expressas, pode ter por consequência uma "mudança de horizonte" –, tal distância estética deixa-se objetivar historicamente no espectro

---

[31] ZILBERMAN, Regina. Literatura infantil: livro, leitura, leitor. In: *A produção cultural para a criança*. Porto Alegre: Mercado Aberto, 1982, p. 103.

das reações do público e do juízo da crítica (sucesso espontâneo, rejeição ou choque, casos isolados de aprovação, compreensão gradual ou tardia).[32]

A estética da recepção é um esforço interpretativo sobre a leitura e as relações estabelecidas entre texto, autor e leitor. As materialidades significativas são entendidas como um complexo que tem sentido a partir da relação dialética instaurada entre o autor, a obra e seus possíveis leitores. Toda atividade interpretativa se constitui mediante o processo de interação entre a subjetividade do leitor e as condições sócio-históricas na qual determinado signo se originou.

A emancipação do leitor

A estética da recepção trata os signos textuais como obras inacabadas e abertas a diversos olhares interpretativos, cujo sentido se consolida a partir do encontro entre o horizonte de expectativas dos autores e as possíveis significações estabelecidas por seus leitores. Assim, atribui à leitura um efeito emancipatório que libera o leitor da busca por uma interpretação única, além de permitir que cada um imprima sua marca interpretativa no texto com o qual interage. As possibilidades de diálogo com a obra dependem do grau de identificação ou de distanciamento do leitor em relação a ela, no que diz respeito às convenções sociais e culturais a que está vinculado e à consciência que delas possui. Uma obra pode solidificar o sistema de valores e normas do leitor, mantendo o seu horizonte de expectativas inalterado e tornando confortável sua posição psicológica. Há, contudo, obras literárias que desafiam a compreensão, por se afastarem do que é esperado pelo leitor. Neste caso, podem afastá-lo da obra, ao exigir um esforço de interação muito conflitivo com seu sistema de referências vitais.

A maneira pela qual uma obra literária, no momento histórico de sua aparição, atende, supera, decepciona ou contraria as expectativas de seu público inicial, oferece-nos claramente um critério para a determinação de seu valor estético. A distância entre o horizonte de expectativa e a obra, entre o já conhecido da experiência estética anterior e a "mudança de horizonte" exigida pela acolhida à nova obra, determina, do ponto de vista da estética da

---

[32] JAUSS, Hans Robert. *A história da literatura como provocação à ciência da literatura*, op. cit., p. 30.

recepção, o caráter artístico de uma obra literária. *À medida que essa distância se reduz, que não se demanda da consciência receptadora nenhuma guinada rumo ao horizonte da experiência ainda desconhecida, a obra se aproxima da esfera da arte "culinária" ou ligeira* (o grifo é meu). Esta última deixa-se caracterizar, segundo a estética da recepção, pelo fato de não exigir nenhuma mudança de horizonte, mas sim de simplesmente atender a expectativas que delineiam uma tendência dominante do gosto, na medida em que satisfaz a demanda pela reprodução do belo usual, confirma sentimentos familiares, sanciona as fantasias do desejo, torna palatáveis – na condição de "sensação" – as experiências não corriqueiras ou mesmo lança problemas morais, mas apenas para "solucioná-los" no sentido edificante, qual questões já previamente decididas.[33]

A obra emancipatória perdura mais no tempo do que a conformadora, havendo uma justificação para o investimento de energias psíquicas na comunicação que estabelece com o sujeito. Diante de um texto que se distancia do horizonte de expectativas, o leitor precisa responder aos desafios ante o novo por mera curiosidade e adotar uma postura de expectativa através das estratégias textuais intencionadas para a veiculação de novas convenções.[34]

Se, inversamente, trata-se de avaliar o caráter artístico de uma obra pela distância estética que a opõe à expectativa de seu público inicial, segue-se daí que tal distância – experimentada de início com prazer ou estranhamento, na qualidade de uma nova forma de percepção – poderá desaparecer para leitores posteriores, quando a negatividade original da obra houver se transformado em obviedade e, daí em diante, adentrado ela própria, na qualidade de uma expectativa familiar, o horizonte da experiência estética futura. É nessa segunda mudança de horizonte que se situa particularmente a classicidade das assim chamadas obras-primas; sua forma bela, tornada uma obviedade, e seu "sentido eterno", aparentemente indiscutível, aproximam-se perigosamente, do ponto de vista estético-recepcional, da pacificamente convincente e palatável arte "culinária", de forma que um esforço particular se faz necessário para que se possa lê-la "a contrapelo" da experiência que se fez hábito e, assim, divisar-lhe novamente o caráter artístico.[35]

---

[33] Ibid., pp. 31-32.
[34] BORDINI; AGUIAR, op. cit., p. 84.
[35] JAUSS, Hans Robert. *A história da literatura como provocação à ciência da literatura*, op. cit., p. 32.

O foco central de toda interpretação textual deve recair sobre o leitor e seus processos de recepção, e não somente sobre o autor e os mecanismos envoltos na concepção dos mesmos. Jauss atribui à hermenêutica o papel de intérprete da história, reconhecendo nela as bases do conhecimento do texto, fato este que permite recuperar a imagem do leitor como um produtor de interpretações e significações válidas. Ele acredita que todo signo passível de leitura não se configura apenas como uma reprodução, reflexo dos eventos sociais que possibilitaram sua concepção, mas, antes, como um constructo social e cultural que, a partir de sua historicidade, desempenha um papel ativo na produção das possíveis interpretações de cada leitor, na medida em que envolve e ativa as estruturas intelectuais, emotivas e sensoriais dos mesmos. Este leitor é uma figura histórica que respeita a história do signo que lê, mas que ao mesmo tempo promove uma ruptura com as leituras feitas até aquele momento, empreendendo sua própria interpretação da obra que lhe é apresentada. A categoria "horizonte de expectativa" é um misto dos códigos vigentes e da soma de experiências sociais acumuladas, mas envolve também o conceito de emancipação, entendido como finalidade e efeitos alcançados pela arte, que libera seus destinatários das percepções usuais e confere-lhes nova visão da realidade.[36]

A relação estabelecida entre a obra e o leitor é de ordem dialógica. Essa relação não é fixa, já que, de um lado, as leituras diferem a cada época; de outro, o leitor interage com a obra a partir de suas experiências anteriores, isto é, ele carrega consigo uma bagagem cultural de que não pode abrir mão e que interfere na recepção de uma criação literária particular. Todo ato de recepção, julgamento estético ou interpretação, por mais espontâneo que seja sua expressão, advém de uma câmara de ecos onde ressoam os pressupostos históricos, sociais ou técnicos que possibilitam sua efetivação. Assim, ao estabelecer que o signo lido provoca, a partir de sua historicidade, uma reação, um efeito em seus leitores, Jauss atribui à leitura uma natureza emancipatória, segundo a qual a experiência da leitura libera o leitor de adaptações, "pré-juízos" e apertos de sua vida prática, atribuindo-lhe a possibilidade de se emancipar e empreender novas percepções, sentidos e interpretações para o mundo no qual habita.

---

[36] ZILBERMAN, Regina. *Estética da recepção e história da literatura*. São Paulo: Ática, 1989, pp. 49-50.

Wolfgang Iser distingue duas modalidades de interação entre a obra e o leitor: o *efeito* que toda obra provoca em seu leitor e a *recepção*, processo histórico que acontece a partir das diferentes interpretações que cada leitor lhe impõe. Acreditando que os signos passíveis de leitura estão abertos a múltiplas interpretações, pois não são concebidos como um espelho da realidade, Iser convoca o leitor a participar do processo de criação dos mesmos. Esta participação não se limita ao mero preenchimento dos vazios que toda obra traz consigo, mas é o processo de constituição da própria obra que, graças à atuação do leitor, passa de "mero artefato artístico a objeto estético, passível de contemplação, entendimento e interpretação".[37] Os vazios provocam estímulos que viabilizam a impressão, através da força imaginativa dos leitores, de vários sentidos interpretativos para a obra que têm em mãos. Iser propõe o conceito de "leitor implícito", que não tem uma existência real nem se funda em um substrato empírico, mas na própria estrutura do texto, o que significa que as condições necessárias à existência e atualização do texto estão inscritas na sua própria construção. Esse conceito focaliza as estruturas de efeito do texto, cujos atos de apreensão relacionam o receptor a ele. O conceito de leitor implícito postula que o efeito condicionado pela obra oferece uma orientação prévia quanto às formas de lê-la e quanto ao significado a ser apreendido, mas não reduz o leitor a um sujeito passivo que procura uma mensagem original, propiciando-lhe o direito de estabelecer inúmeras interpretações e imprimir sua marca criativa na obra lida:

> A recepção, no sentido estrito da palavra, diz respeito à assimilação documentada de textos e é, por conseguinte, extremamente dependente de testemunhos, nos quais atitudes e noções se manifestam enquanto fatores que condicionam a apreensão do texto. Ao mesmo tempo, porém, o próprio texto é a *prefiguração da recepção,* tendo com isso um potencial de efeitos cujas estruturas põem a assimilação em certo curso e a controlam até certo ponto.[38]

A leitura é uma prática cultural que encerra em si modos, ritmos, intensidades e desejos que variam de texto para texto e de leitor para leitor. Seus sentidos e valores são determinados pelas possibilidades de interação entre a obra e seus vários interlocutores, pois, quando lemos, "nossa expectativa é função do que já lemos [...] e os acontecimentos imprevistos que encontramos

---

[37] Id. *Fim do livro, fim dos leitores?* São Paulo: SENAC, 2001, p. 51.
[38] ISER, Wolfgang. *O ato da leitura*. V. I. (trad. J. Kretschner). São Paulo: Editora 34, 1999, pp. 6-7.

no decorrer de nossa leitura obriga-nos a reformular nossas expectativas e a reinterpretar o que já lemos, tudo o que já lemos até aqui neste texto e em outros".[39]

Estética da recepção e hermenêutica bíblica

As contribuições da estética da recepção representam um dos esforços teóricos mais originais sobre a questão da leitura, entendida como uma prática cultural que se desenvolve a partir da interação entre a subjetividade de cada leitor e seu lugar social. O leitor é, nessa concepção, um sujeito localizado em um contexto social, histórico e espaçotemporal específico.

O horizonte de expectativa e sua dimensão intersubjetiva

A história da recepção de um texto é o resultado do desdobramento do seu significado potencial. O texto tem uma "reserva de significado" que se localiza no seu horizonte original e no horizonte do intérprete. O significado origina-se na interação do texto com as sucessivas gerações de leitores. Os textos não surgem do vazio, mas utilizam sinais, gêneros e outros elementos familiares aos leitores. Além disso, o evento da experiência estética não é uma experiência subjetiva arbitrária. Há um horizonte intersubjetivo que determina os efeitos ou influência de um texto. Os textos empregam convenções herdadas de outros textos pelos leitores, que se tornam parte das formas da vida ou dos seus jogos de linguagem, fazendo com que o efeito de um texto não seja um evento privado, mas intersubjetivo.

A dimensão intersubjetiva do horizonte de expectativas dos leitores pode ser vista na oposição entre as funções poéticas e a prática da linguagem. O que pode ter sido um estilo literário inovador e novo ou uma forma de comunicar uma ideia, quando o texto foi escrito, torna-se parte da competência literária das gerações de leitores posteriores. Como resultado, estes leitores não experimentam a mesma tensão entre linguagem poética e prática provocada pelo texto nos leitores originais. O livro *As parábolas de Jesus* (*Die Gleichnisreden Jesu* [1886]), de Adolf Jülicher, é um exemplo disso. Jülicher tem como referência de interpretação das parábolas a literatura grega clássica e ignora o

---

[39] COMPAGNON, op. cit., pp. 148-149.

gênero literário judaico e rabínico *mashal*, talvez o melhor paradigma para se compreender a forma e o conteúdo das parábolas de Jesus. Ele apresentou Jesus do ponto de vista da pesquisa da literatura grega clássica alemã do século XIX, e o significado das parábolas ficou reduzido à expressão de um aspecto único, que deveria ser explicado pelo exegeta de forma mais geral quanto possível.[40]

Horizonte de expectativa e emancipação do leitor

A obra literária próxima ao horizonte de expectativa dos leitores e que não provoca uma mudança horizontal foi classificada por Jauss como "arte culinária ou ligeira". Se não somos provocados pela obra de arte, não temos uma experiência.[41] Sem esta provocação, jamais aprenderemos a reconhecer o que não sabemos, a aprender e a perguntar, ou a amadurecer e nos desenvolver como pessoas, comunidades e tradições. Ao mesmo tempo, a tradição tem o poder de nivelar ou de homogeneizar até mesmo as obras mais provocadoras e inovadoras. A distância estética entre o texto e a audiência original é menor para os leitores posteriores "até o ponto em que a negatividade original da obra torna-se autoevidente, entrando no horizonte da experiência estética futura como uma expectativa familiar". O resgate das grandes obras literárias da redução à arte culinária "requer um esforço especial para lê-las no contra-pelo da experiência acostumada a ver seu caráter artístico uma vez mais". Na hermenêutica bíblica, o exemplo clássico refere-se ao caráter subversivo das parábolas. A negação que a parábola do bom samaritano apresenta não é mais reconhecida em nosso horizonte de expectativas. O próprio título que lhe foi acrescentado ("o bom samaritano") o indica. O choque experimentado pelos seus primeiros ouvintes provocou a inversão de suas expectativas em torno da identidade do herói da história, o oposto do nosso horizonte de expectativas.[42]

Novos desafios aos leitores

As obras literárias oferecem soluções possíveis às questões que foram colocadas pelos textos anteriores, e também novas questões. O "novo" não é mera inovação literária, mas uma categoria estética, que ocorre quando um

---

[40] PARRIS, op. cit., p. 133.
[41] Ibid., p. 134.
[42] Ibid., pp. 134-135.

autor se apropria do passado ou apresenta uma leitura nova ou inesperada da literatura passada em sua obra, nela encontrando algo que não tinha sido buscado antes. Este aspecto é relevante para os estudos bíblicos, em especial as questões que envolvem as relações intertextuais e históricas entre os evangelhos sinóticos: Qual foi o primeiro evangelho a ser escrito? Como os autores subsequentes editaram ou expandiram as tradições prévias sobre a vida de Jesus a que tiveram acesso? Qual é o lugar dos diferentes comentários nas "séries literárias" de interpretação bíblica? Comentários e interpretações não só respondem às questões sobre o significado do texto, mas também apresentam questões para futuros comentaristas. A história da interpretação bíblica é tanto a história de falsos caminhos quanto a história de novos *insights* que devem ainda ser desenvolvidos. A história da recepção da Bíblia envolve as respostas legítimas às perguntas que ela faz e que têm moldado a tradição cristã por causa de seu caráter exemplar, bem como as repostas ilegítimas apresentadas e que devem ser evitadas por seus futuros intérpretes.[43]

Perguntas apropriadas ao conteúdo do texto

As perguntas que fazemos ao texto devem ser apropriadas ao seu "conteúdo". A forma como utilizamos os diferentes métodos exegéticos pode fechar as portas para as questões que o texto apresenta.[44] Exemplo disso é a interpretação de Mateus 28,18-20 de K. Barth, R. Bultmann e J. Jeremias. Barth[45] se interessa pelo conteúdo do texto e afirma que o texto deve ser entendido à luz da morte e ressurreição de Jesus. A ressurreição e a declaração da autoridade de Jesus fundamentam a comissão dada por Jesus. Quem se submete a esta comissão está sob autoridade de Jesus. "Ide, portanto, fazei discípulos" não somente estabelece a Igreja apostólica, mas é também uma comissão que deve ser renovada a cada geração da Igreja cristã.

Jesus transformou os primeiros discípulos em apóstolos (Mc 3,14-15) e os apóstolos são chamados para transformar os cristãos em apóstolos "de todas as nações". A declaração "de todas as nações" envolve cada pessoa que é "recebida no discipulado", referindo-se também aos gentios e aos judeus que

---

[43] Ibid., pp. 140-141.
[44] Ibid., pp. 39-44.
[45] BARTH, K. An Exegetical Study of Mt. 28:18-20. In: ANDERSON, G. H. (ed.). *The Theology of Christian Mission*. Nashville: Abingdon, 1961, pp. 55-71.

formam a nova comunidade escatológica. "Batizando" e "ensinando" descreve a forma de se fazer discípulos. "Batismo" é a função sacerdotal que introduz as pessoas na esfera do reino de Deus. Este poder messiânico exercido por Jesus foi agora delegado aos seus discípulos. "Ensinando" significa a transferência do ofício profético de Jesus aos seus discípulos, para que eles pudessem alimentar e guiar outras pessoas. Barth, portanto, focaliza o conteúdo do texto e as exigências que o texto faz aos leitores atuais.

Bultmann utiliza o método histórico-crítico e a crítica das formas para interpretar Mateus 28,18-20.[46] Para ele, o propósito primário da perícope é certificar a Igreja primitiva de que havia vida após a morte. A perícope se localiza na categoria de "histórias da paixão", que surgiram na Igreja primitiva com o objetivo de ensinar que Jesus venceu a morte. Ela procura também fundamentar o sacramento do batismo. Na medida em que o rito do batismo tornou-se mais significativo, a Igreja desenvolveu "lendas" acerca desse ritual. O relato da última aparição de Jesus, em Mateus, é, então, uma "lenda" que fundamentava o ritual do batismo e foi acrescentado à história do túmulo vazio no século segundo. Se compararmos as interpretações de Bultmann e de Barth sobre esta passagem, notaremos que a de Bultmann destrói a mensagem do texto. A mensagem sobre a "grande comissão" desaparece, pois a forma como o método histórico-crítico é empregado aprisiona as possibilidades apresentadas pelo texto.

J. Jeremias[47] compara Mateus 28,18-20 com os rituais de coroação comuns ao Oriente Próximo antigo, que consistiam em três atos: a) elevação do herdeiro ao trono; b) apresentação ou proclamação da autoridade do novo monarca; c) entronização do novo rei. Ele procura demonstrar como Mateus usou um ritual de coroação como recurso literário para comunicar a ideia de que o reino de Deus foi inaugurado na morte e ressurreição de Jesus. Os três atos da coroação estão presentes no texto: a elevação de Jesus como herdeiro: "Toda autoridade me foi dada" (18b); a proclamação de sua autoridade: "Ide e fazei discípulos de todas as nações..." (19-20a); a entronização de Jesus como rei messiânico, transmitida na promessa: "Eis que estou convosco" (20b). Jeremias chegou a essa conclusão ao investigar o contexto histórico de produção do texto. Ademais, os resultados de sua investigação suplementam

---

[46] BULTMANN, R. *The History of the Synoptic Tradition*. New York: Harper & Row, 1963, pp. 288-306.

[47] JEREMIAS, J. *Jesus' Promise to the Nations*. London: SCM, 1958, pp. 37-39.

a interpretação de Barth, ajudando o leitor moderno a "captar" a mensagem sobre a autoridade real que a audiência original teria percebido, com base em sua pré-compreensão cultural.

Mudança de paradigmas

O conceito de mudança de paradigmas tem um papel importante na teoria da recepção. Um paradigma guia para a comunidade de pesquisadores e também responde às questões que esta comunidade faz, sendo uma questão central para explicar o texto à presente geração de leitores. Quando um paradigma não mais consegue explicar o texto de maneira relevante, ele é descartado em favor de outro capaz de responder a novas questões que surgem. As mudanças de paradigmas introduzem "saltos qualitativos, descontinuidades e novos pontos de partida".[48]

Com a História moderna, por exemplo, o paradigma clássico humanista, cuja teoria literária baseava-se nos textos clássicos, vistos como norma e modelo para as outras obras literárias, entrou em crise, pois a aplicação dos seus métodos históricos tornou clara a distância entre os leitores e os textos clássicos.[49] Ao perceberem esta distância, a capacidade dos leitores de explicar e aplicar estes textos diretamente ao seu horizonte desintegrou-se, pois a literatura clássica não era mais vista como única, incorporando normas atemporais, através das quais as outras obras eram avaliadas.

Neste momento, o paradigma histórico-positivista dominou os estudos literários, período em que os estudos filológicos, as fontes, as edições críticas e a reconstrução da pré-história do texto tornaram-se dominantes. O método histórico-crítico demonstrou a distância histórica entre o texto e o leitor e problematizou as questões de como um texto do passado poderia falar ao horizonte histórico presente. A insatisfação com este paradigma provocou o surgimento do paradigma estético formalista, que elevou a obra literária a um objeto autônomo e independente de pesquisa, mas também examinou a relação do texto com as obras que o precederam, abrindo a porta para as questões da evolução literária e para a relação dialética entre os textos que

---

[48] PARRIS, op. cit., p. 185.
[49] ADRIANO FILHO, J. O Método Histórico-Crítico e seu Horizonte Hermenêutico. *Estudos de Religião*, Ano XXII, n. 35, p. 34, jul./dez. 2008.

alcançaram pontos altos na literatura e novos gêneros. Mais tarde, percebeu-se a inadequação dos métodos que tentavam reconstruir o passado ou estudar o texto em si mesmo suprimindo as questões referentes à sua aplicação. O interesse na hermenêutica, o nascimento de métodos alternativos e os problemas concernentes ao ensino e conteúdo do cânon literário assinalaram necessidade de um novo paradigma, cuja forma não está ainda determinada, mas deve integrar a compreensão, interpretação e aplicação do texto.[50]

David Paul Parris[51] ilustra como ocorreu a mudança de paradigmas na história da interpretação bíblica, ao apresentar a história da pesquisa das parábolas de Jesus. Durante o século XIX, atribuía-se ao método histórico-crítico a capacidade de determinar o significado original dos evangelhos, mas este método foi totalmente aplicado ao estudo de parábolas somente com o livro "As parábolas de Jesus", de A. Jülicher. Até então, as parábolas eram classificadas como alegorias e interpretadas alegoricamente. Para Jülicher as parábolas não são alegorias e nem devem ser interpretadas alegoricamente. Baseando-se na tradição clássica, afirmou que as parábolas eram símiles estendidas, e que uma alegoria era composta por várias metáforas. As parábolas de Jesus eram símiles estendidos e, como tal, foram reduzidas a histórias morais que continham um ponto de correspondência com o mundo e transmitiam um ensino único.

Jülicher foi criticado por empregar conceitos da retórica clássica para definir o que constitui uma parábola, mas sua obra representa uma mudança significativa no paradigma de interpretação das parábolas, assinalando a passagem do método alegórico aos métodos literários e históricos. Sua obra teve um grande impacto no estudo das parábolas, de modo que, mais de cem anos depois, se alguém deseja fazer uma leitura alegórica das parábolas, deve enfrentar o que foi aceito como convenção exegética desde a publicação do seu livro.

A Crítica da Forma introduziu um novo método no estudo das parábolas, mas também novas questões. Bultmann e Dibelius afirmam que os elementos alegóricos presentes nos evangelhos sinóticos eram o resultado da

---

[50] PARRIS, op. cit., pp. 158-166. Cf. também: JAUSS, Hans Robert. Trois applications esthétiques. In: *Pour une herméneutique litéraire*. Paris: Éditions Gallimard, 1982, pp. 102-119.
[51] PARRIS, op. cit., pp. 193-198. Cf. também: ZIMMERMANN, R. How to Understanding the Parables of Jesus. A Paradigm Shift in Parable Exegesis. *Acta Theologica*, v. 29, n. 1, pp. 157-182, 2009.

reflexão teológica da Igreja primitiva e não o ensino original de Jesus.[52] C. H. Dodd[53] procurou mostrar que devemos examinar as parábolas com relação à forma em que Jesus entendeu seu ministério e os motivos do Antigo Testamento que empregou nas parábolas. Segundo Dodd J. Jeremias, as parábolas operam em diferentes *Sitz im Leben*. Jeremias procurou encontrar a forma mais antiga e o contexto de cada parábola, ao examinar as diferentes formas que a Igreja antiga utilizou para transmiti-las. Ao serem recontextualizadas em diferentes *Sitz im Leben*, geraram novos e diferentes significados.[54]

O paradigma atual está interessado na compreensão da mensagem da parábola. Essa mudança deve-se à "Nova Hermenêutica", que afirma que a compreensão é um evento ou processo existencial. A parábola é linguagem-evento que Jesus usou para comunicar a compreensão que tinha de sua relação com o mundo e com Deus. Como linguagem-evento, ela oferece aos leitores a possibilidade de compartilhar esta compreensão, de que são participantes ativos e questionados pela parábola. Procura levar o ouvinte a tomar uma decisão igual ao que Jesus pensava sobre o mundo, conduzindo-o a uma nova compreensão da sua própria situação.

Para o ouvinte tomar uma decisão, ele precisa compreender as ideias e imagens da parábola, de modo a estabelecer uma correspondência entre o mundo narrado projetado nessa parábola, a situação histórica de Jesus e sua própria situação. A questão agora não é mais se a parábola contém um ensino central, como Jülicher afirmava, ou se está aberta a múltiplos significados, como afirma a interpretação alegórica, mas gira em torno da forma como essa parábola projeta um "mundo narrativo".

As parábolas são vistas como objetos estéticos que possuem uma dimensão existencial e teológica e sua marca característica é a maneira pela qual desafiam ou invertem as expectativas de seus leitores. As mudanças de paradigma na história da interpretação das parábolas representam questões que são únicas nesta área de estudo, as quais têm moldado a história da interpretação das parábolas.[55]

---

[52] BULTMANN, op. cit., p. 198.
[53] DODD, C. H. *The Parables of the Kingdom*. New York: Charles Scribners, 1961.
[54] JEREMIAS, Joaquim. *As parábolas de Jesus*. São Paulo: Paulinas, 1976, pp. 17-113.
[55] PARRIS, op. cit., pp. 196-198.

A obra literária expressa e cria a realidade

A revelação da verdade ocorre no ato de leitura de um texto. Há uma unidade essencial entre a expressão da realidade do texto e a realidade que ele forma. A literatura não é o produto das influências sociais que servem como repositório da cultura, pois desempenha uma função socialmente formativa. Não é somente produto das condições sociais, mas também agente de mudança social. A função socialmente formativa ou normativa da literatura é significativa para a interpretação bíblica, que resultou em práticas que reverteram em profundas consequências tanto positivas quanto negativas.

Nesse sentido, Ulrich Luz[56] afirma que o fato de o texto possuir um poder socialmente formativo, em particular os textos teológicos, torna necessário uma "hermenêutica de consequências". Para esse tipo de hermenêutica, o estudo da história dos efeitos é essencial, porque ela mostra as consequências dos textos bíblicos na história. A interpretação de Lutero de Romanos 1,17 é um exemplo paradigmático de interpretação bíblica na tradição protestante. Mas é preciso lembrar que a função socialmente formativa nem sempre é emancipatória. Mateus 27,25: "A isso todo o povo respondeu: 'O seu sangue caia sobre nós e sobre nossos filhos'", demonstra a maneira na qual se pode abusar de um texto ou mal interpretá-lo. A interpretação desse verso foi usada para fundamentar a perseguição aos judeus. "A história dos efeitos mostra que os textos têm poder e, portanto, não pode ser separada de suas consequências. Interpretar um texto não é somente jogar com as palavras, mas um ato com consequências históricas".[57] Neste caso não se trata de uma experiência genuína de diálogo com o texto, mas de um efeito produzido pela recepção do texto que moldou a história da tradição cristã e que necessita ser incluído na *Wirkungsgeschichte*.

A estética da recepção, portanto, recupera o leitor como um aspecto importante na interpretação da obra literária. A obra se evidencia durante as intervenções de seus leitores no processo de leitura. A leitura de uma obra literária, especialmente a leitura da "obra difícil", se dá por uma tomada de consciência da distância entre a própria visão de mundo e a visão de mundo da obra literária. Esse momento requer certa formação do leitor que o familiarize

---

[56] LUZ, Ulrich. *Mathew in History*; Interpretation, Influence, and Effects. Minneapolis: Fortress, 1994.
[57] Ibid., p. 33.

com as normas de produção dessa espécie de obra. Ele precisa conhecer o gênero, para perceber as inovações do texto individual, as formas e temas de obras anteriores, para captar as diferenças de tratamento e a oposição entre o uso poético ou prático da linguagem, para entender sua repercussão sobre as representações do mundo que eles induzem. Além dos limites dos textos, a capacidade de comparação é necessária, pois abrange as pressuposições históricas e culturais extraliterárias, uma vez que as mesmas conduzem a certos tipos de compreensão e valoração.

Ao trabalhar com os conceitos efeito, recepção, emancipação, horizonte de expectativa e leitor implícito, insere-se a leitura no contexto das práticas culturais de produção de sentido. A leitura é vista como uma prática que se constrói a partir do exercício interpretativo de sujeitos históricos localizados num determinado contexto social e espaçotemporal. Quanto mais leituras o indivíduo acumula, maior a possibilidade de modificar seus horizontes. A ênfase na atitude receptiva emancipadora promove a contínua reformulação das exigências do leitor quanto à literatura e, também, quanto aos valores que orientam sua experiência no mundo. A atividade de leitura fundada nos pressupostos teóricos da estética da recepção deve enfatizar a obra "difícil", uma vez que nela reside o poder de transformação de esquemas ideológicos passíveis de crítica. Esta é uma "herança iluminista" presente na teoria, que no fundo "pretende investir a literatura de arte de uma forma revolucionária, capaz de afetar a História, insistindo na qualificação dos leitores pela interação ativa com os textos e a sociedade".[58]

No processo de leitura, o leitor procura desvendar os sentidos, os significados, as possibilidades de interpretação do texto que ele tem diante de si. O processo de recepção se completa quando o leitor, tendo comparado a obra emancipatória ou conformadora com a tradição e os elementos de sua cultura e seu tempo, a inclui ou não como componente de seu horizonte de expectativas, mantendo-o como era ou preparando-o para novas leituras da mesma ordem, para novas experiências de ruptura com os esquemas estabelecidos.

Com isso, ocorre o processo de emancipação, segundo o qual a "experiência da leitura libera o leitor de adaptações, prejuízos e apertos de sua vida prática, atribuindo-lhe a possibilidade de se emancipar e alcançar novas

---

[58] ZILBERMAN, Regina. *Estética da recepção e história da literatura*, cit., pp. 50-51; BORDINI; AGUIAR, op. cit., pp. 84-85.

percepções, sentidos e interpretações do mundo no qual habita". Na recepção da mensagem bíblica, novas perspectivas e possibilidades de vida podem ser reveladas, emancipando a Igreja das cadeias religiosas, culturais e tradicionais.

Referências bibliográficas

ADRIANO FILHO, José. O método histórico-crítico e seu horizonte hermenêutico. *Estudos de Religião*, Ano XXII, n. 35, pp. 28-39, jul./dez. 2008.

BARTH, K. An Exegetical Study of Mt. 28:18-20. In: ANDERSON, G. H. (ed.). *The Theology of Christian Mission*. Nashville: Abingdon, 1961, pp. 55-71.

BORDINI, M. G.; AGUIAR, V. T. *A formação do leitor*; alternativas metodológicas. Porto Alegre: Mercado Aberto, 1988.

BULTMANN, R. *The History of the Synoptic Tradition*. New York: Harper & Row, 1963.

COMPAGNON, A. *O demônio da teoria*; literatura e senso comum. Belo Horizonte: Editora da UFMG, 2006.

COSTA LIMA, Luiz. *A literatura e o leitor*: textos de estética da recepção. 2. ed. Rio de Janeiro: Paz e Terra, 2002.

DODD, C. H. *The Parables of the Kingdom*. New York: Charles Scribners, 1961.

GADAMER, H. G. *Verdade e método*; traços fundamentais de uma hermenêutica filosófica. 3. ed. Petrópolis: Vozes, 1999.

ISER, Wolfgang. *O ato da leitura*. V. I. (trad. J. Kretschner). São Paulo: Editora 34, 1999.

JAUSS, Hans Robert. *A história da literatura como provocação à ciência da literatura*. São Paulo: Ática, 1994.

_____. *Estética da recepção*; colocações gerais. In: COSTA LIMA, Luiz. *A literatura e o leitor*; textos de estética da recepção. 2. ed. Rio de Janeiro: Paz e Terra, 2002, pp. 67-84.

_____. Trois applications esthétiques. In: *Pour une herméneutique litéraire*. Paris: Éditions Gallimard, 1982, pp. 102-185.

JEREMIAS, J. *Jesus' Promise to the Nations*. London: SCM, 1958.

JEREMIAS, Joaquim. *As parábolas de Jesus*. São Paulo: Paulinas, 1976.

LUZ, Ulrich. *Mathew in History*; Interpretation, Influence, and Effects. Minneapolis: Fortress, 1994.

NIETZSCHE, Friedrich W. *Segunda consideração intempestiva*; da utilidade e desvantagem da história para a vida. Rio de Janeiro: Relume Dumará, 2003.

PARRIS, David Paul. *Reception Theory and Biblical Hermeneutics*. Eugene/Oregon: PICKWICK Publications, 2009.

PERRONE-MOISÉS, Leyla. *Altas literaturas*. São Paulo: Companhia das Letras, 2003.

ZILBERMAN, Regina. Literatura infantil: livro, leitura, leitor. In: *A produção cultural para a criança*. Porto Alegre: Mercado Aberto, 1982.

_____. *Estética da recepção e história da literatura*. São Paulo: Ática, 1989.

_____. *Fim do livro, fim dos leitores?* São Paulo: SENAC, 2001.

ZIMMERMANN, R. How to Understanding the Parables of Jesus. A Paradigm Shift in Parable Exegesis. *Acta Theologica*, v. 29, n. 1, pp. 157-182, 2009.

Pluralidade religiosa e de expressões do transcendente na cultura brasileira/latino-americana: questões metodológicas*

Afonso Maria Ligorio Soares**

Introdução: distintas aproximações

O organizador desta obra me propôs a seguinte pergunta: como a teologia e a ciência da religião devem ou podem se relacionar com a pluralidade de linguagens religiosas? E adiantou a hipótese de que a linguagem é estruturante, não mero veículo, e que a pluralidade já está na raiz, não apenas na superfície. Donde a questão: Que problemas/possibilidades criativas se colocam para nosso trabalho?

Poderíamos acrescentar ainda: Como dar conta da pluralidade cultural na pesquisa? Como abalizar os sérios conflitos religiosos que hoje se espalham em rede global e que, por vezes, voltam à tona em surtos fundamentalistas que buscam, no desespero, recuperar certa sonhada identidade? A religião

---

* Este texto teve sua primeira redação com vistas à conferência sobre Linguagens da religião e diversidade cultural, proferida em 27/09/2011, na 15ª Semana de Estudos de Religião da Pós-graduação em Ciências da Religião da Umesp. Agradeço as reações a ele dos professores doutores Claudio Oliveira e Paulo Nogueira.

** Afonso Maria Ligorio Soares é professor associado da Faculdade de Ciências Sociais da Pontifícia Universidade Católica de São Paulo (PUC-SP) e pesquisador do Programa de Estudos Pós-graduados em Ciências da Religião da mesma Universidade. Livre-docente em Teologia (PUC-SP), concluiu Licenciatura em Filosofia (PUC-PR), Mestrado em Teologia (Pontifícia Universidade Gregoriana, Roma), Doutorado em Ciências da Religião (UMESP) e pós-doutorado em Teologia (PUC-Rio). Foi Presidente da Soter (Sociedade de Teologia e Ciências da Religião) e Vice-presidente da INSeCT (International Network of Societies for Catholic Theologies). Autor, entre outros, de: *Interfaces da revelação:* pressupostos para uma teologia do sincretismo religioso (2003); *No espírito do Abbá*: fé, revelação e vivências plurais (2008) e *Religião & Educação*; da ciência da religião ao ensino religioso (2010), todos publicados pela Paulinas Editora. Contato: <sofona@uol.com.br>.

driblou o próprio avanço tecnológico que se esperava fosse seu principal algoz e deu o troco assumindo e utilizando a modernidade tecnológica, mesmo que nem sempre se mostre dócil à modernidade política e cultural. É nessa nova configuração do assim chamado "mercado" da fé que se podem destacar alguns fenômenos desse encontro intercultural que segue pedindo leituras e releituras de cientistas da religião, teólogos, filósofos e até mesmo de críticos literários. Há certamente vieses políticos, econômicos e midiáticos neste tema. Não tenho competência para esgotá-los, mas, quem sabe, seja possível suscitar alguns questionamentos que ensejem novas pesquisas.

Começo com um exemplo lusitano: o caso de Nossa Senhora de Fátima, assumida como uma deusa hindu.[1] Conforme a pesquisadora Helena Sant'ana, o fenômeno é notado entre a população hindu feminina, proveniente de Moçambique, residente na área metropolitana de Lisboa (e Porto), que migraram para Portugal a partir de finais da década de 1970. A partir de 1990, por processo de reunificação familiar, vão surgir migrações provenientes diretamente da Índia.[2]

Os templos domésticos das mulheres hindus, mesmo as que entram em possessão, contêm uma iconografia mista de cristianismo e hinduísmo. Helena Sant'ana observa que

> já Max Weber havia referido que os hindus não se sentem perturbados pelo fato de aceitarem determinados ritos ou iconografia cristãos. A liberdade de opinião e o sincretismo em matéria religiosa são excepcionais entre os indianos hindus, para os quais o conceito de dogma não parece ter lugar.

Isto é, eles "[...] podem aceitar toda a cristologia, a qual influenciou profundamente o desenvolvimento da mitologia vishnuíta e dos movimentos de Khrisna [...]", dirá Weber.[3]

Sant'ana está segura de que no hinduísmo popular praticado em Portugal, entre as castas mais baixas, a crença em Nossa Senhora de Fátima já está

---

[1] Colho este fato de: Helena Maurício Sant'ana, *Migrantes hindus em Portugal*; trajectos, margens e poderes (Tese Doutoral em Sociologia). Departamento de Sociologia do Instituto Superior de Ciências do Trabalho e da Empresa, jul. 2008. Disponível em: <http://repositorio.iscte.pt/bitstream/10071/1443/1/ (1)%20 Relat%C3%B3rio%20final.pdf>. Último acesso: 27 dez. 2011.

[2] A população indiana residente em Portugal é de 80 mil pessoas, sendo 50% de proveniência goesa e damanense, 30 mil de religião islâmica (muçulmanos, ismaelitas e sikhs), e cerca de 10 mil pessoas seguem o hinduísmo.

[3] SANT'ANA, op. cit., p. 252.

sedimentada. Não é raro que a imagem da virgem católica seja encontrada em pé de igualdade nos altares, ao lado daquelas de deusas hindus. Até mesmo se observam peregrinações anuais ao santuário de Fátima, principalmente de mulheres de castas *diveshas*. Segundo Isabel C. Henriques, as médiuns que recebem a *mataji* (descida da deusa Mata sobre a médium) passaram a incorporar Nossa Senhora de Fátima, embora com particularidades interessantes: "Ela não fala português, fala naquela língua do Papa [latim]. Há pouco tempo passou a descer e nós pedimos a sua bênção, e passamos a fazer *puja* também para ela. Sempre que fazemos *vrat* também oramos a ela".[4]

Apoiada em Hobsbawm e Ranger,[5] Sant'ana, recorda-nos de que existem condições sociais específicas sob as quais ocorrem fenômenos de invenção da tradição, sendo a principal delas o fato de se "submeter determinada sociedade a rápidas transformações que enfraquecem os padrões sociais" e acabam por eliminar ou forçar uma readaptação das tradições instituídas de pouca maleabilidade. Para a autora, "em Portugal existe a convicção [...] da quebra de valores e costumes hindus entre a população de segunda ou terceira geração".[6]

Mas os depoentes também sabem que a transposição do hinduísmo em outras regiões do mundo gera modificações que o vão distanciando do que se pratica atualmente na Índia. Como diz um dos depoimentos recolhidos pela autora: "Nosso hinduísmo é diferente do da Índia. Nós vemos a diferença quando vamos lá e comparamos com o que fazemos aqui. Mas há pessoas que não percebem que na Índia já está tudo mudado, não é como há 50 anos".[7]

Com base na tríplice tipologia de tradições inventadas e legitimadas, formulada por Hobsbwam e Ranger – a saber: as que estabelecem e simbolizam a coesão social e a pertença dos membros do grupo; as que estabelecem instituições, estatutos ou relações de autoridade; e as que têm como principal propósito a socialização dos membros da sociedade –, Sant'ana vê no

---

[4] HENRIQUES, Isabel Castro. A sociedade colonial em África; ideologias, hierarquias, quotidianos. In: BETHENCOURT, Francisco; CHAUDHURI, Kirti (org.). *História da expansão portuguesa* (V). Lisboa: Círculo de Leitores. 1999, pp. 216-301.

[5] HOBSBAWN, Eric; RANGER, T. *A invenção das tradições*. Rio de Janeiro: Paz e Terra, 1984.

[6] SANT'ANA, op. cit., p. 257. Vejam um dos depoimentos que a autora recolhe: "Existem jovens indianos que tentam se inserir na nossa comunidade, mas não conseguem porque não sabem o significado da nossa religião. Também pelo fato de não estarmos na Índia há coisas que não são possíveis fazer e vão-se perdendo".

[7] Ibid., p. 257.

hinduísmo popular, praticado em Portugal, entre as castas mais baixas, a tentativa de "enraizar a identidade hindu no complicado processo pós-colonial". A reinvenção do passado serviu os interesses de casta e de gênero.

O interessante trabalho de Sant'ana segue tirando conclusões sobre o significado de ser hindu na diáspora. Mas creio que já temos aqui uma primeira provocação importante para nosso escopo. Olhando o fato do ponto de vista teológico, o fenômeno sugere algo que o teólogo Andrés Torres Queiruga prefere chamar de "inreligionação",[8] ou seja, as pessoas, a partir de seu referencial simbólico-cultural, alimentam-se de significantes aparentemente estranhos a seu próprio fulcro, em vista de uma identidade mais íntima e decisiva que não pode ser perdida nas inevitáveis andanças. Para esse escopo, gostem ou não os católicos lusitanos, a figura de Nossa Senhora de Fátima vem a calhar para expressar uma nova faceta ou habilidade esperada de deusas hindus em situações de diáspora. Será que este fato é apenas um desvio devido ao imponderável da vida ou está a nos dizer algo acerca da lógica mesma com que as religiões se interpenetram na história? A(s) resposta(s) só pode(m) ser buscada(s) numa colaboração multidisciplinar.

O segundo caso a que gostaria de aludir já relatei em trabalhos anteriores. Trata-se do testemunho da dona Maria, que recolhi de um texto de Pedro Ribeiro de Oliveira,[9] em que este pesquisador distinguia as misturas religiosas em diacrônica e sincrônica. Exemplo do primeiro tipo de mistura, a dona Maria se apresenta como "ex-católica" que, ao enviuvar, torna-se pentecostal e, depois, acaba por se voltar para o espiritismo, enquanto trata de uma enxaqueca crônica. Eis um trecho de seu depoimento: "Todas as religiões são boas, porém, uma para cada ocasião. Para alguém sem problema na vida, a religião melhor é a católica; basta venerar os santos, ir à missa quando se quer, e ninguém vai perturbar você. Quem em vez tiver problema de dinheiro, o melhor a fazer é procurar os crentes, porque eles nos ajudam como irmãos; só que, infelizmente, eles não deixam a gente beber, fumar, dançar; não se pode fazer nada. Agora, para quem sofre de dor de cabeça, a religião melhor é a dos espíritas; ela é exigente com as pessoas, não se pode faltar nas reuniões, mas cura para valer. Se Deus quiser, quando estiver curada, eu volto para o catolicismo".

---

[8] TORRES QUEIRUGA, A. *Repensar a revelação*. São Paulo: Paulinas, 2010.
[9] Ver: SOARES, Afonso. *Interfaces da revelação*. São Paulo: Paulinas, 2003; Id. *No espírito do Abbá*. São Paulo: Paulinas, 2008.

Parece-me evidente que esse exemplo está mostrando não uma sequência de "conversões", mas antes uma matriz ou um fio condutor[10] ao qual dona Maria permanece fiel, enquanto, ao sabor das dificuldades da vida, vai testando receitas diferentes [compensadores (postulações de recompensa) específicos[11]] para males distintos.

Exemplo muito afim, mas que, de certa forma, está na confluência das misturas diacrônica e sincrônica (e não visa, aparentemente, a um benefício material), é o trânsito religioso protagonizado por "Alex":

> [O rapaz] diz gostar muito de religião. Já foi católico de fita de congregação, frequentou tudo quanto é centro espírita, de umbanda e candomblé (os quais adora, mas dão muito trabalho), e foi obreiro de Igreja pentecostal. Acha que no budismo encontrou a verdadeira fé, fé mesmo, como ele diz, pois nunca procurou religião por causa de probleminhas. Gosta de meditar e pensa um dia se tornar monge, mas mora muito longe do templo e, como não tem carro, acha inviável ir lá semanalmente. Vai só de vez em quando. Seria o mais feliz dos homens se abrissem um templo budista por perto, já que não pode se mudar, por causa da família e do emprego. [Mas] enquanto isso, [ele] está frequentando um grupo católico carismático, no qual está convivendo com gente muito legal e verdadeira.[12]

Outra história que também me impressionou muito, e à qual dediquei alguns capítulos em um de meus últimos livros,[13] é o caso do zelador-de-santo que se tornou seminarista católico, depois se ordenou diácono episcopal e, por fim, padre dos velhos católicos, para voltar a ser um zelador-de-santo que "recebe" mensalmente o espírito do defunto padre Gregório, que desencarnou há mais de 20 anos. Refiro-me à história de padre José Carlos de Lima, que atende num templo no centro de São Paulo – a Igreja Católica Apostólica Espiritualista Nosso Senhor do Bonfim –, onde também é conhecido como Pai Simbá. Ao atender naquele templo tanto a demandas de umbanda como católicas (no caso da missa em ritual católico, em que padre Gregório é incorporado pelo celebrante a partir do momento da homilia), Padre Lima põe

---

[10] Ou uma *religião*, no sentido de serem "sistemas de compensadores gerais baseados em suposições sobrenaturais", como dizem STARK, R.; BAINBRIDGE, W. *Uma teoria da religião*. São Paulo: Paulinas, 2008.

[11] STARK, R. Bringing Theory Back In. In: YOUNG, Lawrence A. (ed.): *Rational Choice Theory and Religion. Summary and Assessment*. New York/London: Routledge, 1997, pp. 3-24. Há uma versão brasileira em: Revista *REVER*, abr. 2004: O estudo das religiões – reflexões (meta-)teóricas. Disponível em: <http://www.pucsp.br/rever/rv4_2004/t_stark.htm#footnote1texto>.

[12] Caderno especial, *Folha*, 26 dez. 1999, p. 4.

[13] SOARES, Afonso. *No espírito do Abbá*: fé, revelação e vivências plurais, cit.

em prática o que o antropólogo Pierre Sanchis apelidou de "sincretismo de volta",[14] isto é, pessoas nascidas nas tradições de origem afro, ou nelas iniciadas há muitos anos, voltam a beber do catolicismo, agora por livre decisão, a fim de buscar novas sínteses. De certa forma, é outro exemplo muito próximo do que já citamos anteriormente como "inreligionação".

Em todo caso, de novo podemos constatar o que já se chamou de *horizonte "multiopcional"* (E. Gross) e *época "líquida"* (Baumann). Mas fica a pergunta: Estamos mesmo entendendo essa nova onda de religiões cada vez mais reduzidas a objeto de opção dos sujeitos privados? Ou está consumado que as antigas modalidades de adesão simplesmente se perderam nesse clima de múltiplas possibilidades de escolha no balcão das agências religiosas?

Grande esforço tem sido feito entre nós, no Brasil e demais países latino-americanos, para melhor compreender os criativos caminhos de encontro/desencontro entre a tradição cristã luso-europeia e as religiões ancestrais de nossa gente. Destaque-se nesse quadro o desconcertante fenômeno do "sincretismo" religioso e o que se vem chamando de múltiplas vivências espirituais.

É difícil conceber que uma só disciplina ou perspectiva de abordagem dê conta de nos introduzir na beleza e profundidade de tais riquezas simbólico-culturais. É muito diferente a leitura que pode vir de um cientista da religião, de um teólogo, de um filósofo ou mesmo de um poeta/crítico literário – e bem por isso nenhuma delas é descartável *a priori*. Nas próximas páginas quero apenas indicar o potencial de enriquecimento mútuo que se encontra na aproximação e partilha dessas leituras.

O viés da ciência da religião

O que se espera da ciência da religião nesse contexto é que nos municie, da maneira mais completa possível, do repertório doutrinário e prático das mais variadas religiões e assim possibilite que as comparemos e, se for o caso, que acompanhemos suas interações inter-religiosas. Trata-se de utilizar um método histórico-comparativo para traçar linhas gerais sobre dada religião

---

[14] SANCHIS, Pierre. Sincretismo e pastoral; o caso dos agentes de pastoral negros no seu meio. In: CAROSO, C.; BACELAR, J. (org.). *Faces da tradição afro-brasileira*; religiosidade, sincretismo, antissincretismo, reafricanização, práticas terapêuticas, etnobotânica e comida. Rio de Janeiro/Salvador: Pallas/Ceao, 1999, pp. 206ss.

e suas eventuais relações com a sociedade e outras tradições espirituais. Foi o que fez, por exemplo, Frank Usarski, em sua tese de livre-docência,[15] ao investigar os encontros e desencontros entre o budismo e as grandes religiões mundiais. Usarski traça os cenários históricos em que o budismo exibiu sua versatilidade quando teve que se relacionar com quatro religiões mundiais [hinduísmo, judaísmo, cristianismo, islamismo]; apresenta os argumentos e posturas retóricas de que seus representantes se apropriam, quando em situações de intercâmbio religioso, e, finalmente, identifica os principais temas articulados por budistas em diálogos inter-religiosos.

Mesmo ao tentar uma síntese de conceitos budistas, na busca de um "mínimo denominador comum" entre as tradições geradas a partir de Siddharta Gautama, o autor os contextualiza na diversidade interna das grandes tradições (yanas), já apontando algo das transformações históricas através das quais o budismo dialogou com as culturas. Ou seja, não há aqui nenhum risco de uma compreensão essencialista do budismo. Pelo contrário, há uma complementaridade entre a perspectiva vertical das tradições (por exemplo: budismo "popular" dos leigos/rigor e coerência teórica dos monges, nos países asiáticos) e a perspectiva horizontal das tradições (Theravada, Mahayana, Vajrayana e budismo ocidental).[16]

Quanto à história dos encontros entre o budismo e as demais religiões, Usarski se detém principalmente nas relações com o hinduísmo [crítica ao sistema de castas hindu; combate ao monopólio dos brâmanes; mas também o desenvolvimento de uma psicologia e soteriologia próprias, que permitiram uma adaptação dos conversos às comunidades budistas, e fizeram com que a reação negativa ao budismo se restringisse ao plano das ideias. A solução hinduísta para as divergências internas geradas pelo budismo foi a inclusão de Buda como uma emanação de Vishnu e reformador do hinduísmo] e com o cristianismo [por exemplo, o cristianismo provocou reações distintas, quando de sua introdução na China e no Japão; na China, a dificuldade ergueu-se por conflitos com o sistema local baseado no confucionismo (religião de Estado) e

---

[15] USARSKI, Frank. *O budismo e as outras*; encontros e desencontros entre as *grandes religiões mundiais*. Aparecida/SP: Editora Ideias e Letras, 2009.

[16] Para a crítica dos limites dessa apresentação, cf.: ALVES, Daniel. A identidade budista em diálogo com a diversidade religiosa. Relig. soc., Rio de Janeiro, 30/1, jul. 2010. Disponível em: <http://www.scielo.br/scielo.php?script=sci_arttext&pid=S0100858720100001000011&lng=en&nrm=iso>. Acesso em: 25 set. 2011 (http://dx.doi.org/10.1590/S0100-85872010000100011).

no budismo; no Japão, o cristianismo encontrou inicialmente seu lugar dentro das disputas entre chefes feudais locais – alguns deles, no século XVI, deram suporte às comunidades cristãs de japoneses convertidos. A partir do século XVII, é perseguido no Japão, mas na China há um aumento do número de cristãos nesse mesmo período].

Também é interessante que, ao apresentar as estratégias retóricas a partir das quais o budismo relacionou-se historicamente com as grandes religiões mundiais, Usarski lance mão do já tradicional esquema adotado pelas teologias cristãs das religiões, divididas normalmente em posturas inclusivista, pluralista e exclusivista. Ele as considera como tipos ideais e as lê no interior do cânone budista: *inclusivismo* [pressuposição tácita da superioridade do *dharma* em relação às outras religiões, lendo-as segundo sua maior ou menor proximidade, numa linha evolutiva, rumo ao budismo]; *pluralismo* [ênfase recente no diálogo inter-religioso, na valorização do "outro" em sua especificidade]; *exclusivismo* [desautorização ou menosprezo enfático de outras perspectivas, a partir de trechos da mensagem do Buda]. É, por exemplo, inaceitável, para líderes e pensadores budistas, o teísmo [o politeísmo hindu ou a divindade onisciente, onipotente e onipresente das tradições judaica, cristã e muçulmana]. Enquanto abomina, no hinduísmo, o sistema de castas, a superioridade dos brâmanes e os sacrifícios de animais, o budismo, no entanto, veria no cristianismo um sistema mais convergente, em razão do engajamento ético no mundo e mesmo do conceito de Deus.

Numa das resenhas sobre este livro de Usarski[17] foi sugerido que a obra poderia ser vista como um projeto: Por que não fazer o mesmo com outras religiões, ou com segmentos internos do cristianismo, como o pentecostal? – pergunta-se o resenhista. Não há nada que o impeça, a não ser o nosso fôlego de pesquisadores. Mas também é de se destacar o que diz no prefácio do livro o presidente da banca que conferiu o título de livre-docente a Usarski, Dr. João Décio Passos: a obra "revela um olhar e um método originais que elucidam um objeto inédito – o exercício efetivo do inter-religioso –, lança possibilidades metodológicas – as bases para uma teologia das religiões – e vislumbra horizontes de ação inter-religiosa – práticas ecumênicas e éticas".

---

[17] Ver nota anterior.

Quatro modelos de diálogo inter-religioso a partir da *teologia das religiões*

Para melhor nos situarmos do ponto de vista teológico, seria útil retomar sucintamente alguns modelos de teologia das religiões atualmente em voga. Poderia repetir aqui a já citada distinção tríplice entre exclusivistas, inclusivistas e pluralistas, mas prefiro, para maior clareza, me servir da proposta de classificação oferecida por Paul Knitter,[18] que me parece desenhar melhor o quadro em que se coloca a questão hoje. Para este teólogo da religião, temos de partir da constatação de que as várias religiões são hoje uma realidade vivida de modo novo e que, portanto, a pluralidade é um fato significativo da vida religiosa e cósmica.

Ele se esforça por fazer caber as diferentes reações a esse fato em quatro modelos básicos. O primeiro deles é o modelo de *substituição*, bastante identificado com comunidades cristãs mais suscetíveis ao fundamentalismo, e que poderia ser resumido na seguinte frase: "Somente uma religião pode ser verdadeira". Duas religiões totalmente distintas não podem ser igualmente verdadeiras; uma terá que necessariamente eliminar a pretensa verdade da segunda. Dessa constatação aparentemente bastante sensata em termos genéricos, podem se desdobrar pelo menos duas vertentes: a mais radical preconiza a substituição total das religiões tidas por falsas, já que não haveria nenhum valor significativo nessas outras religiões; a variável menos agressiva admite uma substituição parcial, e pondera um pouco mais antes de declarar se Deus está presente ou não em outras tradições culturais e religiosas. Nesse caso, podemos encontrar asserções como a que garante haver, sim, revelação em outras religiões, mas não salvação autêntica. Ou ainda, as conhecidas idas e vindas do ecumênico Conselho Mundial de Igrejas que, de um lado, insiste no diálogo com outras religiões, mas não ousa tratar a questão do ponto de vista de uma teologia das religiões.

O segundo modelo descrito por Knitter é o de *complementação*: "O Uno dá completude ao vário". Aqui, sem dúvida, um nome de primeira grandeza é o de Karl Rahner, com suas preciosas formulações acerca da natureza dotada de graça, das religiões como autênticos caminhos de salvação e, também, com a polêmica (embora bem-intencionada) expressão: "cristãos anônimos".

---

[18] KNITTER, Paul. *Introdução às teologias das religiões*. São Paulo: Paulinas, 2008 [orig.: 2002].

Essa perspectiva veio à luz no Vaticano II, tendo estabelecido um marco importante ao reconhecer nas várias trilhas espirituais da humanidade "coisas preciosas, tanto religiosas como humanas", e "lampejos da verdade". Nem sempre fica claro se tais lampejos são "caminhos de salvação", mas são tidos como "preparação para o Evangelho". Knitter reconhece aqui alguns *insights* importantes, como o reconhecimento da verdade e da graça nas religiões, a admissão do diálogo como essencial para a vida cristã, e a aceitação de que há pontos inegociáveis em todas as religiões. Fica, no entanto, a pergunta: Será que o modelo de complementação de fato permite o diálogo? Quando um reconhecido teólogo dessa vertente, como Jacques Dupuis, declara que "Jesus é o Salvador único-e-exclusivo em quem a única salvação destinada a todas as pessoas constitui-se e faz-se verdadeiramente conhecer" e insiste que "Cristo, e não o Espírito Santo, ocupa a posição central como caminho para Deus",[19] o que resta para dialogar se, independentemente do que os interlocutores irão aprender a partir do Espírito Santo que habita em outros, jamais se obterá algo além de um esclarecimento ou aprofundamento do que já se pressupõe ser conhecido "em" Jesus?

Outra questão delicada na comparação entre esses dois primeiros modelos é saber como, afinal, Jesus salva. Como compreender que Jesus (e sua Igreja) seja *sacramento*? Rahner não entendia Jesus como aquele que conserta o que está quebrado, mas sim como aquele que revela o que já está dado e, todavia, não está evidente. Faz toda a diferença na teologia das religiões perceber se Jesus salva reunindo o que está dividido ou revelando o que já está presente. Tender à posição rahneriana neste aspecto implica sugerir que talvez haja várias maneiras pelas quais o Espírito de Deus entre em contato com as mais distintas culturas.

Paul Knitter alcunha o terceiro tipo de modelo de *mutualidade*, que pleiteia haver "várias religiões verdadeiras convocadas ao diálogo". Há razões históricas para esse pleito: o cristianismo certamente não foi e não tem sido uma "Boa-Nova" para parcelas significativas da população mundial, notadamente as que foram vítimas de projetos colonialistas e imperialistas. Parece inevitável que daí brotasse o sincero desejo, entre os cristãos mais honestos e saudáveis, de recomeçar a conversa com seus interlocutores não cristãos de igual para igual. E daí a tentativa de simplificações como afirmar que existe

---

[19] DUPUIS, J. *Rumo a uma teologia cristã do pluralismo religioso*. São Paulo: Paulinas, 1999, p. 276.

"um só Real em várias expressões culturais". Knitter destaca três pontes para essa proposta: a ponte *filosófico-histórica* (toda religião é limitada e não pode esgotar o divino que deseja expressar), a *místico-religiosa* (que tenta superar impasses dogmáticos pela via da comunhão espiritual), e a *ético-prática* (inspirada no ditado bíblico de que "pelos seus frutos os conhecereis", ou seja, "falar depois de agir é falar melhor").

Mas também aqui o olho treinado do cientista da religião levanta objeções. Será mesmo possível encontrar, no diálogo, um fundamento comum aceito por todas as religiões? Teólogos dessa linha apostam numa retomada da compreensão de Jesus como sacramento e investem numa cristologia do Espírito Santo que, acreditam, levaria a uma cristologia da mutualidade. No entanto, pergunta-se Knitter, não haveria aqui, sutilmente, uma retomada de certo imperialismo, mais uma vez útil a um projeto de dominação globalizada, na medida em que tende a pasteurizar as diferenças culturais e religiosas em nome do que é comum e semelhante a quem comanda o jogo? "Um crescente imperialismo", diz o autor, "contamina o modelo de mutualidade de duas maneiras: na maneira pela qual seus defensores insistem em descobrir o fundamento comum que julgam ser necessário para o diálogo; e na maneira pela qual definem e estabelecem as regras para o diálogo". O outro lado da moeda é que volta à tona o relativismo: se tudo é igualmente válido, tanto faz.

O modelo de *aceitação* é a quarta variável encontrada por Knitter. Ele simplesmente constata que há "várias religiões verdadeiras e assim será". Para os que se afinam com essa perspectiva, é hora de fazer as pazes com a diferença radical. Surgido no contexto de nosso mundo pós-moderno, esse modelo vai aí buscar seus fundamentos pós-liberais e insiste (com Lindbeck e outros[20]) que "a religião pode ser encarada como uma espécie de estrutura ou ambiência linguística que molda a totalidade da vida e do pensamento".[21] São as palavras e imagens a nós trazidas por nossa religião, diz Lindbeck, que dão forma a nossos pensamentos e convicções religiosas. Se as palavras não viessem em primeiro lugar, não poderíamos ter pensamentos. Daí decorre que não possamos chegar a nenhum fundamento comum anterior aos "sistemas simbólicos comunicativos" que nos pré-condicionam "para a possibilidade da

---

[20] Cf. LINDBECK, George. *The nature of doctrine*; religion and theology in a postliberal age. Philadelphia: Westminster Press, 1984.
[21] Ibid., p. 33.

experiência".²² O que nos resta diante da pluralidade de religiões? Resta-nos apenas encetar o diálogo como política de boa vizinhança.

Nessa perspectiva, somente admitindo que existem diferenças verdadeiras entre as religiões favoreceremos o diálogo verdadeiro. Se há várias religiões, há várias salvações. Não se trata apenas de aceitar que as religiões sejam *meios diferentes* para atingir o *mesmo alvo*; elas têm mesmo *finalidades diferentes*; até por causa de diferenças em Deus. E são justamente essas várias salvações que propiciam um melhor diálogo.

Paul Knitter refere-se aos trabalhos de Francis X. Clooney e James Fredericks como exemplares do que se poderia chamar de uma *moratória para as teologias das religiões*, ou seja, o convite para que os cristãos partam não do que as Escrituras e a tradição cristã têm a dizer, mas dos livros sagrados e ensinamentos de outras religiões. Uma teologia *cristã* das religiões deve necessariamente ser uma teologia *comparada* das religiões [o que, convenhamos, parece ser mais a praia de uma ciência da religião]. Os adeptos dessa vertente concordam em afirmar que os três modelos anteriores de teologia das religiões – modelo de *substituição*, modelo de *complementação* e modelo de *mutualidade* – imunizam os cristãos contra o poder e a novidade das outras tradições religiosas.

Há *insights* interessantes também neste quarto modelo, como, por exemplo, a aceitação de que, no fundo, somos todos inclusivistas e não poderia ser de outra forma, uma vez que só podemos apreender e julgar outros valores a partir de nossos próprios referenciais simbólicos. Desse modo, ganha pontos a existência de diferenças entre nós, e o *diálogo pastoral* torna-se preferencial em detrimento da *reflexão teológica*. Mas também restam aqui algumas dúvidas. Por exemplo, embora seja certo que a linguagem molde nossa visão da realidade e nos dê um prisma por onde captá-la, isso não faz dela uma prisão sem saída. Ou faz?

Outra questão destacada por Knitter: Em que medida várias salvações tornam nosso mundo mais propenso a ser salvo? Falar em vários absolutos não equivale a dizer que não há absoluto nenhum? Mais: é possível uma teologia comparada realmente "isenta de teologia"?

---

²² Ibid.

A "conclusão inconclusiva" a que nos leva Knitter é bastante modesta para as pretensões teológicas: precisamos reforçar o diálogo intercristão e renovar a cooperação inter-religiosa.

Limites dos modelos de diálogo inter-religioso

Uma observação de F. Usarski,[23] com respeito aos limites das categorias mais conhecidas da teologia das religiões – exclusivismo, inclusivismo e pluralismo –, pode reforçar as vantagens de uma colaboração mútua entre ciência da religião e teologia das religiões. Usarski admite a utilidade heurística das três categorias de aproximação no diálogo inter-religioso, mas observa que elas não podem ser aplicadas de forma cabal ao budismo. E menciona duas razões para essa atitude prudente. A primeira é que se encontram nas escrituras do budismo atitudes que não se encaixam em nenhuma das três categorias. Por exemplo, no caso da atitude "*avyakata*" [= "perguntas não respondidas"], em que Buda evita tomar posição diante de uma disputa doutrinal e deixa a seu ouvinte a liberdade de tirar suas próprias conclusões. Isso não cabe em nenhuma das três posturas. A segunda razão é que, mesmo quando os textos budistas expressam claramente uma postura exclusivista, pluralista ou inclusivista, quase nunca está em jogo uma doutrina, mas antes uma prática espiritual. Diferentemente do cristianismo, por exemplo, o budismo não insiste na verdade de suas mensagens, mas destaca a utilidade de suas práticas como um caminho espiritual. Embora não abra mão do conceito de nirvana como objetivo soteriológico máximo, o budismo tende a evitar disputas sobre formulações dogmáticas "secundárias". Ao mesmo tempo, completa Usarski, o budismo vê com simpatia qualquer método – de origem budista ou não – que supostamente contribua para a evolução espiritual na direção do nirvana. Segundo Usarski, esse exemplo indica que, em determinados momentos, as três posturas não são alternativas, mas desempenham um papel quase simultâneo.

Algo semelhante podemos fazer ao considerarmos o que cabe dentro da expressão "sincretismo religioso". Sergio Ferretti sugere que "o sincretismo se enquadra nas características da capacidade brasileira de relacionar coisas que

---

[23] USARSKI, F. Entrevista concedida a *IHU-online*, 334, 21 jun. 2010. Cf.: <http://www.ihuonline.unisinos.br/index.php?option=com_content&view=article&id=3324&secao=334>.

parecem opostas".²⁴ E a fim de driblar mal-entendidos e confusões, o autor propõe um quadro com três variantes dos principais significados do conceito de sincretismo. Partindo de um hipotético caso zero de separação entre religiões ou não sincretismo, chega ao nível três, da convergência ou adaptação, passando por dois níveis intermediários: a mistura, junção, ou fusão (nível um) e o paralelismo ou justaposição (nível dois). Desse modo, Ferretti pode tecer as seguintes distinções:

> [...] existe *convergência* entre ideias africanas e de outras religiões, sobre a concepção de Deus ou sobre o conceito de reencarnação; [...] existe *paralelismo* nas relações entre orixás e santos católicos; [...] *mistura* na observação de certos rituais pelo povo-de--santo, como o batismo e a missa de sétimo dia, e [...] *separação* em rituais específicos de terreiros, como no tambor de choro ou axexê, no arrambam ou no lorogum, que são diferentes dos rituais das outras religiões.²⁵

Testando a formulação proposta por Ferretti R. Borges desenvolveu interessante estudo da presença de elementos da cultura afro-brasileira nos rituais católicos do batismo e da eucaristia, assim como são celebrados pela Pastoral Afro da Igreja de Nossa Senhora Achiropita em São Paulo. Segundo a autora, há *paralelismo* na procissão das oferendas, quando pão, vinho e comidas próprias da tradição dos orixás são trazidas ao altar. Ela vê *mistura* na utilização, durante a cerimônia católica, de cantos colhidos em terreiros de umbanda. Também a detecta na presença do pai de santo no presbitério, sobretudo quando, no final da missa, juntamente com o padre católico, asperge os fiéis com água-de-cheiro. Mas também há *separação* no momento da consagração da hóstia e do vinho.²⁶

Os modelos teológicos de P. Knitter talvez se prestem a semelhante exercício; mais que tipos fechados autoexcludentes de explicação teológica, sugerem um gradiente de atitudes que podem ser observadas pelo cientista

---

²⁴ FERRETTI, S. *Repensando o sincretismo*; estudo sobre a Casa das Minas. São Paulo/ São Luís: Edusp/Fapema, 1995, p. 17. O autor alia-se aqui a R. Da Matta, para quem "é uma característica brasileira [...] a facilidade de inventar relações, de criar pontes entre espaços, de unir tendências separadas por tradições distintas, de sintetizar, de ficar no meio" (DA MATTA, R. *A casa & a rua*; espaço, cidadania, mulher e morte no Brasil, p. 117).

²⁵ Ibid., p. 91. O autor adverte, porém, que "nem todas essas dimensões ou sentidos de sincretismo estão sempre presentes, sendo necessário identificá-los em cada circunstância. Numa mesma casa e em diferentes momentos rituais, podemos encontrar assim separações, misturas, paralelismos e convergências" (ibid.).

²⁶ BORGES, R. F. de C. *Axé, Madona Achiropita*; um estudo da presença de elementos da cultura afro-brasileira nas celebrações da Igreja N. Senhora Achiropita (Bexiga-São Paulo). São Paulo: PUC, 2000. pp. 159-160. A pesquisa dessa autora fornece um bom exemplo do que P. Sanchis chama de *sincretismo de volta*.

da religião em grupos de uma mesma agremiação religiosa [em contatos intra e inter-religiosos]. Assim, o que a teologia nomeia como [processo de] inculturação ou inreligionação comporta, na interação de distintos grupos religiosos: a) *recusa total/substituição* de [algum dado/prática/doutrina de] outra religião; b) tentativa de *preencher lacunas/complementação* da fé/prática alheia; c) *reconhecer coincidências/mutualidade* com o outro de mim mesmo; d) *acolhida/aceitação* do irredutível a minhas categorias.

Mas, em termos de explicações teológicas sistêmicas, o que foi exposto antes pode nos dar uma pista de por que um teólogo como Torres Queiruga se esforce tanto para não se deixar prender nesses modelos e ensaie uma sutil alternativa nas fronteiras entre o modelo de *complementação* e o de *mutualidade*. É o que tentarei evidenciar sucintamente a seguir.

A obra fundamental para compreender os desdobramentos ulteriores do pensamento queiruguiano é *Repensar a revelação: a revelação divina na realização humana*.[27] Já ali ficava claro que a primeira experiência a permear todo o seu projeto é a de estarmos todos, a inteira humanidade, mergulhados no amor desmesurado de um Deus que se nos dá sempre e plenamente. Toda cultura, toda tradição religiosa é uma autêntica e verdadeira tentativa de resposta a quem primeiro nos amou. E seu amor não se exaure, nem mesmo quando (e se) a nossa resposta for negativa. Ainda assim – e para dizê-lo à moda de Juan Luis Segundo, um dos primeiros, entre nós, a chamar a atenção para a reflexão de Torres Queiruga – teria sido vitorioso o projeto divino de criar autênticos interlocutores e não meros robôs programados para servi-lo.

A segunda intuição presente em sua abordagem da revelação, e que qualifica a nota original daquela obra, consiste no reconhecimento da palavra revelada como "maiêutica histórica", a saber, como "palavra que ajuda a *dar à luz* a realidade mais íntima e profunda que já somos pela livre iniciativa do amor que nos cria e nos salva". Nada de nosso podemos dar, afinal, mas tão somente tornar evidente, com nosso testemunho comunitário, aquilo que já pertence de direito a todo ser humano. A maiêutica, entretanto, é histórica; pois, afinal, "a revelação se realiza incorporando em si a carne e o sangue do esforço humano". Portanto, o que se ganha em humanização, se ganha em revelação. E o que se

---

[27] No Brasil, saiu pela Paulinas Editora, em 2010. Na realidade, na base deste livro encontra-se sua tese doutoral: *Constitución y evolución del dogma*; la teoria de Amor Ruibal y su aportación (Ed. Marova, 1977). Obra de imenso fôlego, que o próprio autor admite, sem falsa modéstia, não ter recebido, à época, a atenção que merece.

ganha ao bem compreender esta última, resulta em esclarecimento da pluralidade religiosa. Se não for um meteorito, só se pode descobrir a revelação transcendente na realidade humana e histórica de Jesus de Nazaré e no contexto religioso e cultural no qual viveram ele e seus discípulos.

Como diz, quase poeticamente, Torres Queiruga,

> a história da revelação consiste justamente nisto: em ir Deus conseguindo que esse meio opaco e impotente para o infinito, que é o espírito humano, vá captando sua presença e se sensibilize para sua manifestação, entrando assim em diálogo com sua palavra de amor e acolhendo a força salvadora de sua graça.[28]

O resultado dessa progressiva descoberta do divino amor em nós não cabe numa única jurisdição religiosa ou filosófica. A própria tradição cristã o intui em diversos momentos, como quando recorda as palavras do Mestre: "No lar de meu Pai muitos podem viver".

A título de comparação, como se posiciona um teólogo pluralista como Roger Haight? Em *O futuro da cristologia*,[29] Haight arrisca predizer o rumo que poderá tomar o desenvolvimento dessa disciplina apelando para três metáforas. A primeira é espacial: "a concepção científica da origem do universo" possibilita "interpretar a criação contínua de Deus [...] como uma presença divina e força criativa interna ao próprio processo", levando-nos "a pensar em um quadro referencial teocêntrico, distinto do arcabouço cristocêntrico". A segunda imagem é temporal: a história e as ciências duras estão forçando-nos a uma compreensão processual da realidade que, cada vez mais, torna evidente que estrangeiros de outrora sejam hoje "membros de minha comunidade humana de uma maneira nova, concreta e prática", de sorte que pleitear o cristianismo como a única religião verdadeira seria, nas palavras de E. Schillebeeckx, "uma virtual declaração de guerra a todas as outras religiões". Assim, pode-se esperar que, aos poucos, ideias *a priori* de superioridade deem lugar a uma "aceitação *a priori* do que Deus está fazendo em outras religiões como equivalendo, em seus contextos, mais ou menos ao que Deus fez em e através de Jesus".[30] A terceira dinâmica proposta por Haight considera que novas informações e experiências são constantemente englobadas por nós

---

[28] TORRES QUEIRUGA, A. *A revelação de Deus*. 1. ed. São Paulo: Paulinas, 1995, p. 408.
[29] HAIGHT, R. *O futuro da cristologia*. São Paulo: Paulinas, 2008.
[30] Schillebeeckx foi citado por HAIGHT, R., op. cit., p. 164, nota 8; os demais excertos: pp. 163 e 164.

e expandem nossos horizontes, terminando por nos fazer revisar, a todo o momento, nossas posições acerca de qualquer assunto. A gradual aceitação do pluralismo é um desses casos e vai fazendo com que as pessoas leiam de forma positiva as demais religiões, na medida em que reconheçam "Deus como Espírito atuando em seus adeptos" e concluam que "uma pluralidade de religiões proporciona 'mais' revelação de Deus que uma só religião particular poderia fazê-lo".[31]

A intenção de Haight é mostrar, por meio dessas três sugestões, a possibilidade de uma cristologia futura reafirmar a divindade formal de Jesus Cristo, sem solapar a integridade de sua humanidade. Isso será (já é) feito graças ao contexto sempre mais inter-religioso em que teremos (temos) de viver, e que nos obrigará (já obriga) a explicar quem é Jesus, começando quase automaticamente a explicação com um relato sobre a "pessoa histórica" de Jesus de Nazaré. Por outro lado, abrirmo-nos sinceramente ao que outras experiências religiosas podem nos ensinar (embora nem sempre façam questão disso, como no caso das tradições de matriz africana) talvez nos leve, um dia, a concluir que "nós, pessoas cristãs, por intermédio de Jesus [e sem precisarmos abdicar desse Jesus], ficamos sabendo o que Deus está fazendo no mundo todo através de várias religiões". Isso nos poderá levar a uma ratificação realista, mas não exclusiva, da divindade de Jesus, ou seja, embora "atue em Jesus de uma forma distintiva e historicamente singular", o Divino "também pode estar presente e atuante em outros símbolos históricos de Deus que igualmente são singulares".

O que R. Haight está sugerindo é exatamente isto: que, talvez, no futuro, uma cristologia decididamente ortodoxa seja capaz de afirmar que Jesus é divino de uma maneira tal que não exclua a divindade de mediadores oriundos de outras tradições espirituais. Mais: uma consciência pluralista futura poderá julgar "que restringir a divindade a Jesus signifique ser infiel à revelação de Deus mediada por ele".[32]

Torres Queiruga para bem antes de Haight e admite "a autocompreensão do cristianismo como *culminação definitiva* da revelação de Deus na história". Mas não sem antes pavimentar o terreno com, pelo menos, três novas categorias suficientemente elásticas para possibilitar ao pensamento

---

[31] Ibid., p. 164.
[32] Ibid., respectivamente pp. 167 e 168.

de avançar nos limites do [que é hoje] ortodoxo na direção pluralista. Ele propõe ser pertinente um "pluralismo assimétrico" que dê conta do diferente sem inferiorizá-lo, pois, afinal, sendo a revelação um processo histórico, não é dito que, por verem alguma coisa, estejam todos vendo tudo na mesma medida e clareza. Em seguida, invocando o realismo devido aos novos tempos de intensa pesquisa bíblica e crescente contato inter-religioso, Queiruga apresenta o "teocentrismo jesuânico" como garante do delicado equilíbrio entre a centralidade de Deus e o papel único e irrenunciável da figura histórica do Nazareno — que se concentra basicamente na sua proposta de Deus como Amor ilimitado e perdão incondicional.

A terceira categoria é a "inreligionação", sem dúvida, um evidente avanço com respeito a sua prima-irmã "inculturação".[33] Torres Queiruga cunhou o termo para servir de antídoto a certo pressuposto que, espontaneamente, entende que se aproximar de outra religião significa "substituir com nossa verdade a sua própria; em suma, anulando-a como religião para 'convertê-la' na nossa". É o que ele afirma estar subentendido no conceito de inculturação: "em última instância, respeitar a cultura, mas substituir a religião".[34]

O novo termo deveria dar conta de um paradigma que aceitasse as religiões como autênticos caminhos de salvação e que, portanto, se dispusesse a conservá-las enriquecendo-as. Assim como

> na inculturação, uma cultura assume riquezas de outras sem renunciar a ser ela mesma, algo semelhante sucede no plano religioso: [...] no contato entre as religiões, o movimento espontâneo diante dos elementos que lhe chegam da outra há de ser o de incorporá-los no próprio organismo, que, desse modo, não desaparece, mas, pelo contrário, cresce. Cresce a partir da abertura ao outro, mas rumo ao Mistério comum".[35]

O autor ilustra sua proposta retomando a metáfora paulina do enxerto para explicar a relação entre judaísmo e cristianismo. Ora, quem diz enxerto admite que "a planta receptora não é suprimida, mas acolhe em si mesma e alimenta com sua própria seiva justamente aquilo que a renova e lhe infunde

---

[33] TORRES QUEIRUGA, A. *Autocompreensão cristã*; diálogo das religiões. São Paulo: Paulinas, 2007, respectivamente, pp. 191; 93-102 (pluralismo assimétrico); 102-122 (teocentrismo jesuânico) e 167-188 (inreligionação).

[34] TORRES QUEIRUGA, A. Cristianismo y religiones; "inreligionación" y cristianismo asimétrico. *Sal Terrae* 997 (1997): 3-19.

[35] Ibid., p. 7.

nova vida". Mas que fique claro, alerta o autor: cada inter-relação religiosa é peculiar; o processo da inreligionação não é simétrico, e dependerá dos modos e possibilidades concretos das religiões que se encontram.[36]

A proposta da "inreligionação" enriquece o debate no campo da teologia das religiões e sugere maior serenidade em situações de sincretismo religioso. Ajuda a fundamentar o imperativo aqui abraçado de conviver e partilhar a multiplicidade de experiências religiosas nos projetos de vida de nossos povos. Desculpabiliza os que têm optado, no cotidiano político-existencial, por dialogar com os autênticos deuses populares, a fim de reunir os excluídos da sociedade em torno dos valores que mais congreguem as pessoas em torno do desafio da inclusão e convivência social.

O casamento da teologia da libertação com a teologia da inreligionação seria muito bem-vindo em termos do que se vem chamando de teologia pública. Particularmente, ricos seriam seus frutos numa leitura teológica das construções simbólicas que a ciência da religião tem chamado de "sincretismo" ou hibridismo afro-brasileiro e que, há séculos, vem marcando a história do cristianismo neste país-continente.[37] De fato, muitos praticantes da tradição dos orixás, da umbanda e de outras variáveis religiosas de nossa herança africana sentem-se sinceramente cristãos. Acolheram em suas tradições de origem o enxerto cristão, expurgaram o que lhes pareceu desumano ou sem sentido, misturaram o que não parecia ter muita importância, e mantiveram o que julgaram positivo e enriquecedor para sua própria cosmovisão.

Queiruga consegue, dessa forma, ver com bons olhos um "ecumenismo *in fieri*" que já faz com que "as instituições cristãs [estejam] real e verdadeiramente presentes [como no caso das comunidades híbridas que entrelaçam catolicismo e religiões afro-brasileiras] nas demais religiões, da mesma forma que estas [práticas ancestrais dos antigos "bárbaros", rituais enquistados no catolicismo popular] estão presentes na religião cristã".[38] Por outro lado, creio que a direção vislumbrada por Haight para os próximos desenvolvimentos

---

[36] Ibid., p. 7.
[37] Sei que, como diz Peter Burke, há várias metáforas para falar dessa construção popular: empréstimo [economia]; hibridismo [botânica; zoologia]; caldeirão cultural [metalurgia]; sopa cultural [culinária]; tradução cultural; criulização [linguística] etc. (BURKE, Peter. *Hibridismos*. S. Leopoldo: Unisinos).
[38] Ibid., p. 195. A expressão "ecumenismo *in fieri*" merece o mesmo cuidado sugerido por F. Catão para o termo "macroecumenismo" (Cf. CATÃO, F. *Falar de Deus*; considerações sobre os fundamentos da reflexão cristã. São Paulo: Paulinas, 2001, pp. 208-209).

cristológicos já represente a iminência de um novo patamar do discurso teológico – justamente, o que se começa a chamar de *interfaith theology*.[39]

Esta decorre dos resultados da teologia cristã contemporânea, que redescobriu a revelação divina como um processo histórico, com etapas que têm seu sentido próprio (*Dei Verbum* 15: a pedagogia divina), mas não são definitivas. Nesse processo, o povo bíblico (autores e comunidades leitoras) sempre procurou modular em linguagem humana o sopro e as ressonâncias do divino mistério. Daí provêm a força e a fraqueza do umbral cristão: este depende intrinsecamente de uma experiência ineludível que só tem sentido se o indivíduo a fizer por si mesmo. E nem é garantido que o resultado deva necessariamente se apresentar como uma comunidade nitidamente configurada (cristã ou qualquer outro híbrido). Mesmo que o fosse, isso não eliminaria os inevitáveis percalços da tradução concreta desse encontro, ou seja, da espiritualidade cotidiana das pessoas.

Tal ambivalência não é em si um defeito; fomos constituídos assim. Por isso, as experiências sincréticas são também variações de uma experiência de amor [de sentido]. E se a teologia cristã admite que fazem parte da revelação as maneiras como os povos foram e continuam chegando, tateantes, a seus *insights*, o sincretismo – quando lido teologicamente – bem poderia ser lido como a história da revelação em ato, pois consiste no caminho real da pedagogia divina em meio às invenções religiosas populares.

Que teologia daria conta de traduzir conceitual e adequadamente uma experiência como essa? Sermos afoitos em buscar essa resposta pode levar a teologia a confundir o rolo compressor eclético do "tudo cabe" com a intuição universal e pluralista de que "todos cabem" [Hugo Assmann]. Pode ser um trunfo nesta fase reconhecer que nem teria sido pensável uma teologia inter ou transconfessional, se não fossem os passos prévios dados pelo pensamento ocidental. A pergunta e as dificuldades de uma "teologia *entrefés*" decorrem do caudal monoteísta trinitário que as gerou.[40]

---

[39] Ver a respeito: VIGIL, J. M. (org.). *Por uma teologia planetária*. São Paulo: Paulinas, 2011 (há edição em inglês e espanhol).

[40] Quanto aos perigos e questionamentos a uma teologia *entrefés* que possam provir de teólogos originários de outras tradições religiosas além da cristã, não cabe a mim elencá-los aqui.

Parêntese para a filosofia

Creio que a última consideração do item anterior seja o limite além do qual um discurso estritamente teológico não poderá seguir sem banalizar a própria busca. O projeto teológico *interfaith* assinala uma encruzilhada. Não parece epistemologicamente difícil avançar na proposta de uma ética (H. Küng) ou *ethos* (L. Boff) mundial; e será sempre simpático enveredar por um caminho místico que supere as demarcações teo-*lógicas* (R. Panikkar). Também é fácil descartar pastiches de pluralismo religioso como os *blockbusters* da trilogia *Matrix*. Mas ainda nos retém do lado de cá a inevitável noção de verdade.

Um autor assumidamente *interfaith* como J. M. Sahajanada nos propõe que "a verdade não pode ser definida, porque cada definição da verdade é como um túmulo e somente os mortos são postos em túmulos".[41] Entender isso é avançar pelos caminhos da sabedoria, pois "a sabedoria nasce de uma mente virginal, em que o poder do conhecimento é silenciado".[42] É óbvio que, para aceitar tais asserções, temos de assumir, com H.-C. Askani, que a reivindicação da verdade tem na filosofia [e na ciência] diferente significação do que numa religião. Na primeira,

> a reivindicação implica e exige a confrontação e o diálogo entre as filosofias. Na religião, no entanto, há uma maneira de se sentir obrigado e de se comprometer que é tão forte, tão extrema, tão única, que cada comparação [teológica] seria, por isso mesmo, uma *indiscrição* profunda.[43]

Diferentemente da ciência da religião, fazer teologia é elaborar uma reflexão ou especulação acerca da Realidade última [pessoal ou não] que parte dos dados oferecidos por determinada tradição espiritual – em geral, referendados por um acervo coerente de escritos – que pode, ou não, chegar à adoração da Realidade afirmada.[44] De outra parte, uma linguagem apta a furar bloqueios meramente ideológicos ou axiológicos é a eficiente linguagem

---

[41] No original: "truth cannot be defined because every definition of the truth is like a tomb and only the dead are put into tombs" (SAHAJANADA, J. M. *You are the light*; Rediscovering the eastern Jesus. Winchester (UK): O. Books, 2006, p. 813).

[42] A "wisdom is born of a virginal mind, in which the power of knowledge is silenced" (ibid., p. 149).

[43] Askani é citado por: TORRES QUEIRUGA, A. *Autocompreensão cristã*, cit., p. 96.

[44] A teologia, embora possa questionar um ou mais dados ou a interpretação destes que nos chegam via tradição, não questiona a tradição em si. Aliás, é premissa da reflexão teológica admitir a tradição como consistente doadora de sentido, isto é, como fonte com razoáveis chances de ser verdadeira por remontar a um conjunto coerente de testemunhas referenciais, por sua vez conectadas a uma origem ontológica presumida.

científica – da ciência da religião. Inábil para nos dizer a verdade cabal, ela pode, sim, desmascarar pretensas verdades e superar impasses que as viseiras religiosas e dogmáticas não conseguem destrinçar sem anátemas ou derramamento de sangue.

Perspectivas de caminho pela literatura e pela estética

Mas será que os estudos literários não poderiam oferecer a teólogos e cientistas da religião uma via mais arejada de aproximação à diversidade religiosa – uma possibilidade entre o rigoroso e necessário método de falseação (CRE) e os interditos confessionais (TEO)? Steven Engler afirma, num ensaio programático,[45] que a ciência da religião poderia aprender muito das reflexões profundas e rigorosas que filósofos e teólogos desenvolveram sobre a arte e o belo ("a estética" no seu sentido mais limitado e formal), ao discutirem consistentemente os paralelos entre as experiências estéticas e religiosas, entre a natureza e as percepções da beleza e do sagrado.

De maneira ampla, "a estética" refere-se ao estudo e à avaliação de modos da sensação humana. Segundo esta definição, todos os aspectos físicos e sensoriais da religiosidade caberiam numa estética da religião [da teologia de ícones ortodoxos ao uso do incenso em templos hindus; dos sofrimentos da automortificação aos êxtases da oração mística; das relações transcendentais entre a Verdade e a Beleza aos efeitos psicológicos da presença de instrumentos de percussão nos rituais]. O estudo de Engler não trata, porém, dos aspectos estéticos dos fenômenos religiosos, mas do papel do pensamento sobre a estética e os sentidos na ciência da religião – ou seja, o lugar das discussões *sobre* a beleza e das que se *referem* aos sentidos dentro deste campo acadêmico específico.

Engler ensaia em seu trabalho uma aproximação seminal entre estética filosófica e religião,[46] distinguindo, desde aqueles que negam qualquer conteúdo válido a conceitos "estéticos" ou "religiosos" [porque nunca se poderia

---

[45] ENGLER, Steven. A estética da religião. In: USARSKI, F. (org.). *O espectro disciplinar da ciência da religião*. São Paulo: Paulinas, 2007, pp. 199-227.
[46] Ibid., pp. 202-205.

verificar se os conceitos de fato correspondem, ou não, a qualquer realidade], até aqueles que veem a estética/a arte como revelação de uma realidade superior, jamais atingível pelos métodos científicos.

De forma semelhante, os cientistas da religião convivem com um desafio instransponível: estudam com métodos e teorias naturalistas e reducionistas fenômenos religiosos que são, do ponto de vista dos sujeitos religiosos pesquisados, uma mistura de natural e sobrenatural.[47] Citando Daniel Gold, especialista americano em hinduísmo, Engler sugere uma curiosa explicação para o fenômeno: a natureza ambígua do fenômeno da "religião" também caracteriza as obras publicadas no campo que a estuda, pois, quando "respondem a seus objetos religiosos esteticamente, muitos cientistas da religião em sua escrita transformam suas reações em objetos estéticos de sua própria criação". De um lado, satisfazem, com seu conhecimento explícito, o molde do iluminismo (analítico, fundado em uma concepção de mundo naturalista, orientado por meio de uma grande pergunta acadêmica), mas os detalhes da tradição que eles nos mostram levam a uma visão romântica (maravilhar-se no poder de mito, ritual e vida religiosa, e também com a sensação de que estes podem nos levar aos discernimentos mais profundos sobre a humanidade). Articulam, assim, "um argumento naturalista" com "uma larga visão humana".[48]

Conclui Engler: "Já que não podem enfrentar o sagrado sem colocá-lo entre aspas, os cientistas da religião traduzem-no em termos estéticos". E cita Gold: "Atraídos por seus objetos de estudo de maneiras diferentes, os cientistas da religião encontram neles significados muitas vezes impressionantes ou, pelo menos, com nuanças mais variadas e interessantes do que suas próprias tradições (ou falta delas)". E oferecem esses significados a pessoas que não os encontram facilmente no mundo ocidental moderno, e podem, assim, acessá-los "pelas religiões de outros" e degustá-los esteticamente, assimilando-os "de um modo teologicamente neutro".[49]

---

[47] Mas ao contrário do que se poderia esperar, diz Engler, não há uma divisão nítida entre os teólogos e os cientistas da religião – fato devido, ao menos em parte, a vínculos entre fatores políticos, institucionais e metateóricos.
[48] GOLD apud ENGLER, A estética da religião..., cit., p. 210.
[49] GOLD, apud ENGLER, art. cit., p. 211.

Engler levanta várias hipóteses de interpretação dessa apresentação e acolhida pública das pesquisas no campo da ciência da religião.[50] Mas parece preferir a seguinte interpretação: esta retórica híbrida indica que a ciência da religião está na trilha de algo bem característico da Modernidade – a substituição do conceito do "sublime", no romanticismo, pelo conceito do *uncanny* (esquisito) no modernismo. Seria uma espécie de presença do "sagrado" no centro da modernidade dita "secular". "Essa tendência de celebrar o sagrado em termos estéticos [pela ciência da religião] poderia ser interpretada de maneira sociológica, como uma compensação intelectual em resposta a certos fatores que se resumem pelo conceito vago de secularização."[51]

Já alertados para esse aspecto das relações entre ciência da religião e estética, pode ser útil retomar aqui as perspectivas de diálogo entre ciência da religião e literatura, assim como as sugerem autores como Antonio Magalhães.[52] Em um de seus artigos, Magalhães propõe a literatura como "arquivo (acervo bruto) e interpretação da religião" e a põe como "interlocutora importante das ciências da religião, especialmente da teologia". Sem negar as evidentes diferenças entre literatura e ciência da religião, ele sugere ser possível superar alguns limites impostos e coloca a relevância da literatura em suas diferentes possibilidades na interpretação da experiência religiosa.

Para tanto, Magalhães retoma as revisões em andamento acerca da noção de medição empírica nas ciências humanas, salientando que a ciência da religião, como filha da modernidade, precisa estar atenta para não atuar como algoz do objeto que diz estudar. Trazer a literatura para a mesa como intérprete da religião pode ser uma alternativa que revigore nosso interesse e nossos recursos de aproximação ao "fenômeno" religioso.

Aludindo a Wittgenstein, Magalhães afirma que, assim como a piada, o comando, a poesia, a oração, a ciência, tudo é jogo de linguagem, e falar do diálogo da ciência da religião com a literatura é entrar num diálogo entre

---

[50] Por ex.: 1) os cientistas da religião driblam ardilosamente a verdade religiosa; 2) a ciência da religião ainda não se livrou de crenças não científicas, por não separar o observador do crente; 3) este estratagema retórico é devido à ambivalência da audiência; 4) a amostra de obras escolhidas por Gold representa uma mistura de teologia, criptoteologia e ciências da religião. ENGLER, S. Teoria da religião norte-americana. Revista *Rever*, PUC-SP, abr. 2004 (http://www.pucsp.br/rever/rv4_2004/t_engler.htm).

[51] ENGLER, A estética da religião..., cit., p. 212.

[52] MAGALHÃES, A. C. de Melo. Religião e interpretação literária; perspectivas de diálogo das ciências da religião com a literatura. *Religião & Cultura* III/6 (2004): 11-27.

diferentes jogos de linguagem, entre a linguagem literária como sistematização ficcionalizada e a linguagem da ciência da religião como sistematização conceitual – e isto inclui uma visão mais flexível da relação entre interpretação e fato.[53]

O autor aponta quatro possíveis formas pelas quais a literatura lê a religião, principalmente nas relações cotidianas:

1) a reescritura literária de uma tradição a partir de uso de fontes da cultura popular (exemplo de *Morte e Vida Severina*);

2) O romance histórico no estilo do realismo mágico, que segue um roteiro próprio de não somente incorporar narrativas como fontes de informação, mas na construção do estilo literário (*Cem anos de solidão* etc.);

3) o ensaísmo latino-americano, sendo o México o principal país e Octavio Paz seu principal representante, que questiona uma linha divisória clara entre o registro historiográfico e a narrativa do romance (Exemplo de *Sóror Juana Inez de La Cruz o lãs trampas de la fé*);

4) o romance sociológico, que resgata práticas sociais e seus códigos de funcionamento para a estruturação da narrativa literária (Caso de Viana Moog). Aqui Magalhães sugere que a ciência da religião estenda o leque à história social, pois esta toma "a literatura sem reverências, sem reducionismos estéticos", dessacraliza-a, submete-a ao "interrogatório sistemático". "Para historiadores a literatura é, enfim, *testemunho histórico*."[54]

Naturalmente há outras possibilidades de usos e leituras da literatura como intérprete da religião. Para outros saberes, talvez seja mais importante justamente a dimensão estético-intuitiva aliada à dimensão sistemático--compreensiva da religião presente na literatura.

Do ponto de vista da teologia, Antonio Manzatto, em *Pequeno panorama de Teologia e Literatura*,[55] diz que a recente aproximação entre teologia

---

[53] Ver o que Salma Ferraz diz da obra de Saramago: "A nossa hipótese de leitura é que Deus seja um tema recorrente, estruturador e incitador de sua obra, comportando-se como um eixo condutor em grande parte de seus romances, e que sua obra funcione como um laboratório, ao longo da qual é construído literariamente um painel multifacetado de Deus" (FERRAZ, Salma. *As faces de Deus na obra de um ateu – José Saramago*, p. 19).

[54] PEREIRA, Leonardo Affonso; CHALHOUB, Sidney (org.). *A história contada. Capítulos de história social da literatura no Brasil*. Rio de Janeiro: Nova Fronteira, 1998, p. 7.

[55] Ver, do mesmo autor, *Teologia e arte*. São Paulo: Paulinas, 2010.

e literatura é fruto mais de trabalhos e esforços de teólogos e teólogas, uma vez que os estudiosos literários sempre se sentiram próximos das questões teológicas ou religiosas – e sua relação com a compreensão humana de si, da vida e do mundo.

Manzatto distingue os métodos de aproximação entre literatura e teologia em três blocos de métodos:

• O primeiro bloco seria aquele constituído por métodos "antigos" de abordagem, os que procuram dentro da obra literária os elementos de teologia que ali estão presentes, trabalhados pelo autor, praticamente, de forma "teológica".

• O segundo bloco seria constituído por métodos derivados do pensamento de Kuschel. Exemplo: o método da correspondência [Antonio Magalhães[56] associando aos elementos presentes no universo teológico outros presentes na obra literária, ou vice-versa] e a teopoética[57] [Salma Ferraz e Maria Clara Bingemer] realizaram seus trabalhos de aproximação entre teologia e literatura.[58] A maior parte dos trabalhos que aproximam teologia e literatura, na verdade, aproximam a literatura da religião. Dois desafios: aquele sobre a especificidade da teologia, ou seja, a reflexão sobre os conteúdos específicos da fé a partir do horizonte literário, e aquele da superação dos métodos antigos – certo círculo vicioso.[59] Trata-se, em verdade, de fato bastante corriqueiro, aquele de enxergar na literatura os conteúdos teológicos que ali foram inseridos pela própria convicção religiosa, o que não contempla a alteridade da literatura e permanece restrito ao teológico ou religioso, como já foi dito antes. Vê-se na literatura apenas a teologia que já se tem, o que, embora facilite os relacionamentos entre elas, não traz elementos novos para a teologia; faz-se apenas a confirmação de elementos teológicos já possuídos. Donde se segue que, para a teologia, o desvio pela literatura se revela inoperante ou desnecessário, a não ser em termos apologéticos, na confirmação de suas convicções já estabelecidas.

---

[56] MAGALHÃES, Antonio. *Deus no espelho das palavras*. São Paulo: Paulinas, 2000.

[57] O termo já é usado por: GAUTHIER, Jacques. *La Théopoésie de Patrice de La Tour Du Pin*. Montréal/Paris: Bellarmin/Cerf, 1989, e depois aplicado para caracterizar o trabalho de Rubem Alves, por exemplo.

[58] Salma Ferraz trabalha com Rafael Camorlinga na UFSC, enquanto Maria Clara Bingemer atua na PUC-Rio, com Eliana Yunes.

[59] Cf. MANZATTO, Antonio. *Teologia e literatura*. São Paulo: Loyola, 1994.

- O terceiro bloco de métodos quer contemplar o desafio teológico em sentido estrito, pensando conteúdos da fé a partir do horizonte literário propriamente dito. E por isso, debruça-se mesmo sobre obras e autores confessadamente não religiosos e não teológicos e que não podem, pois, ter uma "aplicação direta" para a teologia. Torna-se muito mais interessante o procedimento, porque a teologia vai encontrar-se com algo "diferente de si mesma", o que vai exigir-lhe não apenas capacidade de diálogo, mas disposição de reler-se e reelaborar-se.

Manzatto se encontra aqui, mas não aceita que seu método seja chamado de "leitura teológica de uma obra literária"[60] – como faz o próprio Magalhães. Sua convicção é que o antropológico não apenas influencia na compreensão teológica, mas, em certo sentido, a determina não apenas porque a teologia é feita por seres humanos ou porque ela reflita sobre a significação do humano no mundo, mas, sobretudo, em razão de enxergar, nesse humano, a presença e a revelação de Deus já que ele se revela, sempre, através de categorias e situações humanas. O humano expresso pela literatura poderá ser, então, revelador de Deus, e a teologia que daí decorra se constituirá em relação com o literário.

Para não concluir

Como vimos antes, as contribuições são multifacetadas, e assim precisam ser se quisermos minimamente dar conta da diversidade cultural em nossas pesquisas. As hermenêuticas distintas provenientes do olhar do crítico literário, do exegeta, do teólogo e do cientista da religião – para citar alguns – são, em sua pluralidade, mais respeitosas do objeto dinâmico visado. E bem por isso, talvez se possa vislumbrar que, nas próximas décadas, advenha uma nova aliança entre religião e ciência, entre teologia e ciência da religião. Realidades como as vivências espirituais sincréticas estão literalmente rompendo diques e tornando porosas fronteiras onde pode estar nascendo uma nova possibilidade de nos reeducarmos como seres humanos. E será sempre perigosa a busca da

---

[60] Em seu artigo "Pequeno panorama de teologia e literatura" (cf.: MARIANI, C.; VILHENA, M. *Teologia e arte*; expressões de transcendência, caminhos de renovação. São Paulo: Paulinas, 2011, pp. 87-98), Manzatto afirma que o método de sua tese doutoral não foi uma "leitura teológica de obras de Jorge Amado", mas antes uma "reflexão teológica a partir da antropologia contida nos romances de Jorge Amado" (p. 95, n. 20). Mas ele admite que o nó da questão parece ser a compreensão da função da teologia no interior da comunidade eclesial, e não seu relacionamento com a literatura.

linguagem unívoca, pois esta nos impediria de receber dos múltiplos pontos de vista algumas sinapses de autocrítica que, unidas à sabedoria prática dos sujeitos culturais, nos podem ajudar a acolher e dialogar melhor com as realidades humanas que seguem em construção.

A importância da lógica plural para o método teológico

*Claudio de Oliveira Ribeiro**

Introdução

As reflexões que se seguem são formuladas a partir do encontro de duas preocupações acadêmicas: uma de caráter mais institucional e coletivo e outra mais pessoal, que me acompanha já há alguns anos. A primeira tem a ver com a necessidade de se aprofundar no campo das ciências da religião a perspectiva de caráter mais hermenêutico em torno das linguagens da religião. O Programa de Pós-graduação em Ciências da Religião da Universidade Metodista de São Paulo propôs recentemente uma área de concentração – "Linguagens da Religião"–, cujo propósito está em torno do "estudo de textos, símbolos, mitos, ritos, práticas das religiões, assim como de sistemas doutrinários a partir de sua linguagem e articulação próprias por meio de métodos das ciências da linguagem, da hermenêutica, da teologia, da filosofia, da história e da antropologia".

Pessoalmente, tenho me interessado há algum tempo pela revisão do método teológico para que ele possa ser mais abrangente e, assim, responder mais adequadamente às questões que emergem da sociedade, especialmente pelo contexto das grandes mudanças econômicas, políticas, culturais e religiosas ocorridas nas últimas décadas. Para isso, organizei um pequeno grupo de pesquisa com o sugestivo nome de "Teologia no Plural" e tenho concentrado minhas leituras e produções em torno de um modesto projeto que analisa a "importância da lógica plural para o método teológico". Ele tem alimentado minha tarefa docente. Nos últimos anos, isso tem se dado mais efetivamente

---

* Professor de Teologia e Ciências da Religião da Universidade Metodista de São Paulo.

nos seguintes temas ministrados: (a) Questões de Método em Teologia, (b) Teologia e Cultura, (c) Hermenêutica do Pluralismo Religioso.

Como introdução ao texto que ora apresento, julguei que seria oportuno socializar as linhas gerais desse projeto e na sequência, como parte central do texto, indicar alguns elementos que considero como resultados preliminares da pesquisa. Obviamente, cada indicação merecerá no futuro próximo melhor embasamento teórico e maior densidade de resultados. Portanto, o que será descrito a seguir, ainda como introdução, não é o que esse texto se propõe a refletir, mas, sim, a perspectiva que está por trás de suas motivações.

O referido projeto ("A importância da lógica plural para o método teológico"), em resumo, trata do método teológico a partir da identificação de aspectos que, nas últimas décadas, têm limitado ou facilitado o seu alargamento e consequentemente oferecido menor ou maior capacidade de formulação de respostas teológicas consistentes, diante da complexidade da realidade social latino-americana, em especial a diferença cultural nas linguagens da religião no Brasil. Para isso, se discute: (i) a importância dos *estudos culturais* para a reflexão teológica na atualidade; (ii) a necessidade de revisão do marxismo na teologia latino-americana; (iii) o valor da pluralidade, da subjetividade e da ecumenicidade para o método teológico, com vistas a sistematizar as principais implicações teóricas e práticas da formação de uma lógica plural na reflexão teológica e as consequências disso para o conjunto da sociedade e (iv) a interpretação antropológica e teológica das inter-relações de diversos discursos, linguagens, experiências e sensibilidades religiosas.

Como objetivo geral da pesquisa [e relembro que não se trata do texto a seguir, mas do todo ainda a ser pesquisado], proponho-me a identificar os principais aspectos metodológicos e de conteúdos que interpelam mais diretamente os processos de renovação teológica, bem como sistematizar as principais implicações teóricas e práticas da formação de uma lógica plural na reflexão teológica e as consequências para o conjunto da sociedade. De forma mais específica, espero: (1) Identificar como os *estudos culturais* podem se constituir em forma mais eficaz de mediações socioanalíticas para a reflexão teológica na atualidade. (2) Analisar o significado da revisão do marxismo no método teológico latino-americano e as perspectivas críticas *ad intra* que advogam um alargamento metodológico e de conteúdos para a teologia. (3) Destacar a importância da pluralidade e da ecumenicidade para o método teológico e para uma hermenêutica da situação religiosa atual. (4) Apresentar sinteticamente um quadro do panorama religioso atual, em especial brasileiro, tendo em vista uma hermenêutica do pluralismo religioso e uma teologia ecumênica das religiões.

O caminho que temos seguido é cheio de "paradas" e "atalhos", mas, em geral, os aspectos metodológicos básicos da pesquisa procuram realizar: (a) uma identificação dos principais aspectos dos *estudos culturais*, especialmente as contribuições de Nestor Canclini e Homi Bhabha, e posterior análise da importância deles para a reflexão teológica; (b) um inventário das análises anteriormente feitas sobre o significado da revisão do instrumental marxista na teologia latino-americana; (c) um balanço das perspectivas críticas sobre os limites e o alcance da teologia latino-americana, a partir da produção bibliográfica dos teólogos José Comblin, Juan Luis Segundo, Julio de Santa Ana e Hugo Assmann; (d) uma análise da importância que a dimensão ecumênica possui para o método teológico, em especial a partir da avaliação das contribuições científicas de Robert Cummings Neville, MirceaEliade, e as interpretações teológicas de Paul Tillich, John Hick, Roger Haight, Paul Knittere José Maria Vigil; (e) e uma sistematização dos principias aspectos relativos ao método teológico, considerando os objetivos e as referências teóricas pertinentes ao tema.

Tenho dedicado um tempo maior de análise dessas questões nas pesquisas socializadas na disciplina "Questões de método em teologia", que se propõe a estudar "diferentes métodos teológicos elaborados em diálogo e confronto com a tradição judaico-cristã, seus pressupostos hermenêuticos, seu lugar de produção e desenvolvimento e sua relação com a cultura e a religião". Os objetivos do referido curso basicamente procuram identificar os principais aspectos metodológicos e de conteúdos que interpelam mais diretamente os processos de renovação teológica, assim como sistematizar as principais implicações teóricas e práticas da formação de uma lógica plural na reflexão teológica e as consequências disso para o conjunto da sociedade.

Há algum tempo tenho me dedicado às análises da Teologia Latino-americana da Libertação em sua relação com o marxismo e o socialismo.[1] Considero que, para as ciências da religião, especialmente no tocante à

---

[1] Apresentei os resultados dessa pesquisa de forma pormenorizada em: *A Teologia da Libertação morreu? Reino de Deus e espiritualidade hoje*. São Paulo: Fonte Editorial/Santuário, 2010.

dimensão hermenêutica que se detém nas linguagens da religião, o que inclui o método teológico, é fundamental que não se deixe esse aspecto de fora das preocupações.

Como se sabe, a passagem para o século XXI foi marcada, não somente no campo da teologia e das ciências da religião, mas em diferentes áreas do saber, por diversos impasses teóricos, parte deles identificados usualmente pela "crise dos paradigmas" que caracterizaram as últimas décadas do século XX. Os modelos de análise sofreram diversas avaliações, especialmente com respeito às formas de dogmatismo, comum em determinadas visões teológicas de caráter mais eclesiástico, ou do uso de instrumentais científicos de análise social, como o marxismo, caso da Teologia Latino-americana.

De fato, a tensão entre compreender e transformar o mundo não ficou isenta de simplificações para todos aqueles que têm trabalhado com a herança do marxismo ou com formas similares de racionalismo político e social. O entusiasmo pelos esforços de transformação social impediu fortemente uma percepção mais definida de que o mundo mudou. Dessa forma, emergiram com intensidade discussões em torno do valor da pluralidade, da subjetividade e da ecumenicidade para as reflexões teológicas.

Especificamente sobre o texto que apresento agora, espero indicar um caminho que possa responder às demandas do método de interpretação das linguagens da religião. Apresento dois blocos de questões que julgo relevantes para o assentamento de uma lógica plural nas interpretações. O primeiro trata da necessidade de alargamento de horizontes metodológicos, especialmente a tarefa latino-americana de ir além do marxismo para a compreensão da realidade social. Para isso, apresento – sinteticamente, o que é possível no momento – um quadro das transformações sociopolíticas, econômicas e culturais ocorridas na virada para o século XX, cujas marcas vivemos hoje, e o contexto de crise metodológica da Teologia Latino-americana diante desse quadro. Na sequência, indico questões advindas da relação entre teologia e cultura, historicamente desafiadora e complexa. A partir do referencial teórico da Teologia da Cultura, de Paul Tillich, dialogo com outros autores como Keith Ward, Bruno Forte, José Comblin e Homi Bhabha, que a meu ver, olham a diferença cultural com vistas a ampliarem as possibilidades de análise com uma lógica plural.

O segundo bloco apresenta a perspectiva ecumênica para a linguagem da religião. A partir de um ideário ecumênico, nas dimensões do plural diante da vida, do diálogo diante do pluralismo religioso e da salvação como utopia religiosa e humana, ofereço, a partir de vários autores, um conjunto de indicações de uma visão pluralista para as análises das experiências religiosas.

Cada item é relativamente autônomo e, no conjunto, encontram o seu ponto de articulação na fuga de respostas bipolares para a interpretação da diferença cultural e das linguagens da religião, ao buscarem assim uma lógica plural no método teológico.

Lógicas plurais e de "fronteiras": novas interpelações entre teologia e cultura

As temáticas referentes às relações entre teologia e cultura e entre religião e cultura são historicamente destacadas na história do pensamento teológico contemporâneo, em especial a partir do século XIX, com o liberalismo teológico, assim como na fundamentação das ciências da religião, que ganharam destaque no século XX. Elas se mantêm em destaque na atualidade, especialmente no tocante ao debate hermenêutico em torno das linguagens da religião. Minha perspectiva é que as análises centradas na relação da teologia com a cultura não podem substituir as que foram forjadas, sobretudo a partir dos anos de 1960, no debate com a economia e a política. Ao contrário, devem ser devidamente articuladas para que haja efetivamente um alargamento de horizontes metodológicos para o estudo e a interpretação da religião.

A proposta do debate da tensão constante e criativa entre teologia e cultura, apresentada pelo Programa de Pós-graduação em Ciências da Religião da Universidade Metodista de São Paulo, estuda as relações – de antagonismo, conflito, interação, sincretismo ou diálogo – entre religião, teologia e cultura no contexto contemporâneo e analisa diversos sistemas interpretativos presentes na religião e na cultura, em perspectivas histórica, fenomenológica, antropológica e teológica. De minha parte, procuro estabelecer como objetivo de tais reflexões, analisar questões contemporâneas dentro de uma correlação entre religião e cultura, considerando os limites e as possibilidades da lógica da racionalidade moderna, assim como perspectivas de ampliação metodológica em função da complexidade da realidade cultural, especialmente a latino-americana. Por diferentes razões, considero que o referencial teórico utilizado, a Teologia da Cultura de Paul Tillich, é consistente e válido para a realidade atual. Não é sem razão que a autobiografia do autor se denominou "Na fronteira".

Ultimamente, os conteúdos vistos, em diálogo com o referencial *tillichiano*, têm sido: (1) a relação entre fé, cultura e secularização. Para isso, tenho me confrontado com a novidade de análise de Keith Ward, na obra *Deus: um guia para os perplexos*.[2] (2) A relação entre religião, cultura e libertação na América Latina, a partir do enfoque de José Comblin, evidenciado, sobretudo, na obra *Cristãos rumo ao século XXI: nova caminhada de libertação*.[3] (3) Por fim, a contribuição de Homi Bhabha, na referência de sua obra *O local da cultura*,[4] cujo recurso tem me sido caro, especialmente no tocante ao aprofundamento da compreensão da cultura como mediação de destaque no método teológico. Para as reflexões a seguir, vou dispor de uma pequena síntese de alguns desses conteúdos.

No entanto, como ambientação e interpelação metodológica, apresentarei um primeiro bloco de questões, de caráter mais descritivo, que considero ser desafiadoras. Trata-se de aspectos da realidade sociorreligiosa que marcam um cenário bastante novo, tanto no contexto latino-americano como nas dimensões mais globais na sociedade contemporânea.

Entre os aspectos que se destacaram em tais reflexões, pode-se sintetizar os pontos a seguir.

O mundo em mudança

As transformações ocorridas na sociedade, tanto em âmbito mundial como continental, desafiam fortemente os grupos religiosos e acadêmicos, em especial em relação às formulações teóricas e às práticas inovadoras que se destacaram nas últimas décadas do século XX e que hoje parecem não ser mais os fatores que caracterizam a vivência religiosa em nossas terras.

---

[2] Rio de Janeiro: DIFEL, 2009.
[3] São Paulo: Paulus, 1996.
[4] Belo Horizonte: Editora UFMG, 2001.

No campo cristão, a teologia e a pastoral latino-americanas não ficaram isentas dos impactos proporcionados pelas mudanças socioeconômicas e políticas no final do século passado, simbolizadas pela queda do "muro de Berlim". Em função disso, novos referenciais precisam ser descobertos para que a produção teológica possa ser aprofundada e adquira novos estágios cada vez mais relevantes.

Para a reflexão sobre os atuais desafios que se apresentam à teologia e às ciências da religião no contexto latino-americano, é necessário pressupor o quadro das referidas transformações nos campos político, social, econômico e cultural, ocorridas ainda na virada para os anos 1990, e que até hoje exigem melhor compreensão. Tais mudanças fortaleceram o neoliberalismo econômico e desordenaram significativamente os processos de produção de conhecimento. Ao mesmo tempo viveu-se o crescimento e o fortalecimento institucional de novos movimentos religiosos, em especial do pentecostalismo e das experiências de avivamento religioso, cristão e não cristão.

Nestor Canclini, na conhecida obra *Consumidores e cidadãos: conflitos multiculturais da globalização*, indica que

> a maneira neoliberal de fazer globalização consiste em reduzir empregos para reduzir custos, competindo entre empresas transnacionais, cuja direção se faz desde um ponto desconhecido, de modo que os interesses sindicais e nacionais quase não podem ser exercidos. A consequência de tudo isto é que mais de 40% da população latino-americana se encontra privada de trabalho estável e de condições mínimas de segurança, que sobreviva nas aventuras também globalizadas do comércio informal, da eletrônica japonesa vendida junto a roupas do sudoeste asiático, junto a ervas esotéricas e artesanato local.[5]

Desde a derrocada do sistema socialista soviético, o neoliberalismo, o novo estágio que o capitalismo experimentou no final do século XX, tem sido apresentado como o único caminho para se organizar a sociedade. As conhecidas e controvertidas teses de Francis Fukuyama afirmam que o triunfo do capitalismo como um sistema político e econômico significou que o mundo teria alcançado o "fim da história".[6]

---

[5] Rio de Janeiro: UFRJ, 1996, pp. 18-19.
[6] Cf. *O fim da história e o último homem*. Rio de Janeiro: Rocco, 1992.

Esse novo estágio do sistema capitalista acentua a desvalorização da força de trabalho em função da automação e da especialização técnica e em detrimento das políticas sociais públicas. Forma-se, portanto, um enorme contingente de massas humanas excluído do sistema econômico e destinado a situações desumanas de sobrevivência ou mesmo passível de ser eliminado pela morte. Os ajustes sociais e econômicos implementados pelas políticas neoliberais geram degradação humana, perda do sentido de dignidade e consequentes problemas sociais das mais variadas naturezas. Contraditoriamente, em meio ao processo de globalização da economia e da informação, emergem, com maior intensidade, os conflitos étnicos, raciais e regionais no mundo inteiro.

Portanto, as análises sociais precisam pressupor a reordenação internacional já referida, os efeitos do fim do "socialismo real" e as mudanças no capitalismo internacional, em especial por suas propostas e ênfases totalizantes e hegemônicas que reforçam sobremaneira as culturas do individualismo e do consumismo exacerbados. Ao lado disso, está a complexidade da realidade cultural e a necessidade de compreensões mais amplas que não sejam reféns de uma visão meramente bipolar "dominantes x dominados". Todos esses aspectos são arestas correlacionadas de uma mesma realidade e demarcam as discussões em torno dos temas teológicos e das análises científicas das experiências religiosas. A necessidade de se superar as visões dicotômicas e dualistas revelam a importância dos estudos culturais e das análises oriundas da visão pós-colonial para os nossos estudos, como a de Nestor Canclini, Homi Bhabha, Frantz Fanon, Walter Mignolo, Enrique Dussel, Boaventura de Souza Santos e outros.

No campo social, as sociedades latino-americanas vivem processos que, embora variados, possuem em comum uma série de obstáculos para o exercício da cidadania. Além da realidade política e econômica, está o desenvolvimento de uma cultura da violência que, além da dimensão social, envolve os aspectos étnicos, raciais e de gênero. O Brasil e os demais países da América Latina vivem tal realidade intensamente. Soma-se a isto a violência a partir das ações do crime organizado, de justiceiros e de grupos de extermínio, fobias sociais, étnicas e de motivação sexual, e a degradação da vida humana com tráfico de crianças, comércio de órgãos humanos e prostituição.

É fato que, em termos políticos, há sinais que contradizem tal tendência. Mesmo que cada grupo ou opção política tenha diferentes avaliações em relação às suas atuações, é consenso afirmar que, nos últimos anos, diversos governos na América Latina assumiram e têm desenvolvido políticas cujo perfil se enquadra em um espectro mais "à esquerda" do que seus antecessores. É o caso do Brasil, da Venezuela, do Chile, da Argentina, da Bolívia, do Equador e do Paraguai. As repercussões de tais políticas requerem uma análise à parte, mas elas têm gerado expectativas de mudança social. O mesmo se dá com alguns movimentos sociais, como, por exemplo, o Movimento de Trabalhadores Rurais Sem Terra (MST) no Brasil, articulações de povos indígenas na Bolívia e mobilizações populares diversas, em especial as que integram o Fórum Social Mundial em suas diferentes versões no Brasil e em outros países, cuja referência básica é que "um outro mundo é possível".

Outro dado são os aspectos relacionados às transformações no campo religioso. Os limites deste trabalho, obviamente, não permitem uma visão aprofundada da situação religiosa no Brasil. Irei me limitar a algumas notas que revelam a complexidade das mudanças.[7]

As últimas décadas do século XX e a primeira do XXI desafiaram os cientistas da religião e teólogos, em especial pelas mudanças socioeconômicas e suas implicações na esfera religiosa. O leque de influências filosóficas e teológicas é tão grande, que se torna árdua tarefa até mesmo descrever o pensamento doutrinário ou teológico e o cotidiano prático de uma comunidade religiosa.

O fato é que a vivência religiosa no Brasil sofreu, nas últimas décadas, fortes mudanças. Alguns aspectos do novo perfil devem-se à multiplicação e maior visibilidade dos grupos orientais, em toda a sua diversidade étnica e cultural, à afirmação religiosa indígena e afro-brasileira, em suas diversas matizes, ao fortalecimento institucional dos movimentos católicos de renovação carismática, à presença pública das diferentes expressões do judaísmo e do islamismo, às expressões espiritualistas e mágicas que se configuram em torno da chamada Nova Era, e ao crescimento evangélico, em especial, o das Igrejas

---

[7] Para uma visão de conjunto, entre tantos trabalhos, os seguintes textos: BRANDÃO, Carlos Rodrigues; PESSOA, Jadir de Morais. *Os rostos de Deus do outro*. São Paulo: Loyola, 2005. CAMURÇA, Marcelo. Novos movimentos religiosos: entre o secular e o sagrado (91-109). In: CAMURÇA, Marcelo. *Ciências sociais e ciências da religião*. São Paulo: Paulinas, 2008. MOREIRA, Alberto da Silva; DIAS DE OLIVEIRA, Irene (org.). O futuro da religião na sociedade global. São Paulo: Paulinas/UCG, 2008.

e movimentos pentecostais. Todas estas expressões, além de outras, formam um quadro complexo e de matizes as mais diferenciadas.[8]

Teólogos e cientistas da religião, ao analisarem especificamente o campo das Igrejas e dos movimentos cristãos, indicam que há no crescimento numérico dos grupos uma incidência intensa e direta de vários elementos provenientes da matriz religiosa e cultural brasileira. Esta, como se sabe, é marcada por elementos mágicos e místicos, fruto de uma simbiose das religiões indígenas, africanas e do catolicismo ibérico.[9]

É necessário destacar que o processo de secularização vivido em meio à modernidade não produziu, como se esperava, o desaparecimento ou a atenuação das experiências religiosas. Ao contrário, no campo cristão, por exemplo, as formas pentecostais e carismáticas ganharam apego popular, espaço social e base institucional, tanto no mundo evangélico como no católico. Outras religiões também vivenciam, no Brasil e no mundo, momentos de reflorescimento.

Sobre a "explosão religiosa" atual, há outro aspecto relevante. Trata-se da influência na vivência religiosa de aspectos, não explicitamente religiosos, que formaram a mentalidade da sociedade moderna no final do século XX, como é o caso das ênfases no consumo, na vida privada, na ascensão social e aspectos similares. Talvez isto explique, pelo menos em parte, o sucesso dos livros e ideias de autores bastante difundidos como Paulo Coelho e Lair Ribeiro, entre outros. Nesse sentido, destacam-se também as "religiões de mercado", bastante evidenciadas em propostas no campo pentecostal.

Não é somente no campo cristão que esse fenômeno se manifesta. Diferentes religiões, incluindo as de natureza afro-brasileira, possuem vertentes que advogam formas de uma "espiritualidade de consumo". Nelas reside um caráter intimista, individualista e marcado pela busca de respostas imediatas para problemas pessoais ou familiares concretos, o qual se revela na troca de esforços humanos (ofertas materiais e financeiras, atos religiosos como orações, bênção de objetos materiais e outros) por um retorno favorável aos desejos e necessidades humanas por parte do divino. Uma simples observação

---

[8] Um detalhado quadro, encontramos no texto de Carlos Rodrigues Brandão: "O mapa dos crentes: sistemas de sentido, crenças e religiões" (pp. 13-58) na obra *Os rostos de Deus do outro*, já citada.

[9] Para isso veja BITTENCOURT FILHO, José. *Matriz religiosa brasileira*; religiosidade e mudança social. Petrópolis: Vozes, 2003.

dos meios de comunicação social possibilita constatar o aumento do número de programas que utilizam os sistemas "0800" e "0900" para fins religiosos.

Nestor Canclini já nos alertara que as identidades não mais se definem fundamentalmente por essências a-históricas, mas são criadas e recriadas pelo consumo e pelas posses materiais. A cultura torna-se desterritorizada. Ela passa a ser um processo multinacional, uma "articulação flexível de partes", uma "colagem de partes" independentemente de país ou território, religião ou ideologia.[10]

Todo esse quadro está em sintonia com as transformações sociopolíticas, econômicas e culturais em todo o mundo e, no tocante às análises teológicas e das ciências da religião em geral, têm causado perplexidade.

É fato que não somente a perplexidade caracteriza a conjuntura social, política e religiosa, descrita sinteticamente no início deste capítulo. Há uma série de experiências, incipientes e localizadas, que são "fios de um tecido em construção".[11] Acompanhando as reflexões políticas e econômicas que se deram no Fórum Social Mundial, desde a sua primeira versão em Porto Alegre-RS, em 2001, há uma série de reflexões teológicas, já referidas, que indicam "um outro mundo possível".[12] Para as ciências da religião, em especial as suas áreas de maior ênfase hermenêutica como as que analisam as linguagens da religião, tal olhar requer cuidadosa atenção.

Parcela significativa das questões religiosas ou políticas advêm do contexto de crise, mas não podem jamais ser compreendidas meramente em uma perspectiva negativa. Ao contrário, são indicadoras de uma nova etapa, de recriação e de aprofundamento dos processos sociopolíticos, teológico-pastorais e religiosos em geral.

Boa parte destas questões, provavelmente a maioria delas, não encontrará resposta de imediato. Talvez, seja necessário um longo e árduo processo de maturação e de gestação de novas práticas e perspectivas. Todavia, ao indicar questões já estão sendo lançados alguns dos alicerces para maior densidade e

---

[10] Cf. *Consumidores e cidadãos*; conflitos multiculturais da globalização. Rio de Janeiro: UFRJ, 1996, p. 17.

[11] Este é título da revista *Tempo e Presença*, 17(282), jul./ago. 1995. Neste número, encontra-se uma série de artigos sobre microexperiências eclesiais, sociais, educativas e políticas no Brasil que incidem no processo de transformação social.

[12] *Teologia para outro mundo possível* é o título do livro, organizado por Luiz Carlos Susin, que reúne tais reflexões (São Paulo: Paulinas, 2006).

profundidade na compreensão da realidade, tanto para a produção teológica latino-americana como para a compreensão científica das experiências e linguagens religiosas.

Como se sabe, a filosofia e a teologia latino-americanas representam indubitavelmente uma das grandes contribuições ao pensamento contemporâneo desde a segunda metade do século XX. Os centros de formação teológica na Europa e nos Estados Unidos, assim como o movimento ecumênico internacional, tiveram os olhos voltados para a produção teológica latino-americana. O mesmo se deu nos círculos acadêmicos das ciências da religião, dentro e fora do Brasil. Todavia, diante de impasses desta produção e da necessidade de articulação de novos enfoques metodológicos e de conteúdos, tornam-se saudáveis a construção de referenciais novos e plurais e uma aproximação maior e um diálogo com as produções acadêmicas produzidas em outros continentes.

É um desafio – e ao mesmo tempo uma realidade – implementar a tarefa teológica com paradigmas novos e plurais. Como já referido, a ampliação da lógica de análise da sociedade é um imperativo, devido às simplificações no uso do marxismo como elemento teórico, além das limitações próprias deste para compreender situações marcadas por dimensões subjetivas, simbólicas e plurais. Há poucas produções teológicas que tenham, substancialmente, superado tal limitação.

É inegável também que as questões ecológicas, ecumênicas, de gênero e de raça são molas propulsoras de novas proposições teológicas. Para a produção teológica latino-americana, em especial as temáticas relacionadas à Teologia Feminista, à Teologia Negra, à Teologia Ecológica e à Teologia Ecumênica das Religiões – intensamente desafiadoras, como as últimas décadas têm revelado –, é de vital importância ouvir e interpelar as vozes asiáticas, africanas e norte-americanas, especialmente as do mundo hispânico. De fato, tais perspectivas exigem revisões nos campos da cristologia, eclesiologia e espiritualidade especialmente. No entanto, as referidas discussões não podem estar dissociadas dos aspectos sociopolíticos e econômicos. Nesta medida encontra-se um dilema de difícil solução, pois, se a discussão da economia não pode, por um lado, se limitar aos modos de produção, mas deve ater-se à reprodução, distribuição e consumo, por outro, a discussão sobre gênero, ecologia, etnias e novas religiões não operacionaliza a inserção das camadas pobres da população no mercado. Novos olhares são necessários.

Para discernir a cultura

O referencial de análise: a profundidade da cultura – Diante do quadro descrito, um dos desafios que se impõe é uma compreensão mais apurada das relações entre religião e cultura. Para isso, proponho uma análise teológica da cultura, nos termos que o teólogo Paul Tillich indicou. Tal análise leva em conta a complexidade de toda e qualquer realidade, assim como as dificuldades inerentes à linguagem, para que as ideias sejam expressas e para que as visões de mundo sejam criadas. Essa construção, como se sabe, faz-se no âmbito da cultura. É oportuno lembrar que "qualquer tipo de linguagem, incluindo a da Bíblia [*e aqui poderíamos estender a todo texto sagrado*], resulta de inumeráveis atos de criatividade cultural".[13]

Minha pressuposição é de que a linguagem, como criação cultural fundamental, representa a mediação do encontro humano com o infinito. Essa linguagem é também infinita na medida em que não se esgota nas formas que conhecemos dela; ela se recria e se reinventa. Ela é prova da relação real e ambígua que existe entre religião e cultura. Daí que o reconhecimento do caráter *simbólico* da linguagem religiosa, seja teológica ou eclesial/comunitária, é elemento fundamental para o diálogo da religião com a cultura e o com o mundo moderno. O símbolo é abertura a uma realidade profunda, mas não se confunde com ela. Por isso, nenhum símbolo pode ser absolutizado nem elevado à condição de realidade objetiva; ele é sempre provisório.

Os símbolos, como sabemos, servem ao propósito de revelar a comunicação entre as expressões culturais e a profundidade delas. Eles não são o sagrado, mas permitem experimentá-lo. Aparecem em determinado contexto e adquirem aí os seus significados. Ao mudar o contexto, os símbolos, se não forem recriados, perdem o sentido e se tornam obsoletos e vazios de significado. Com isso, novos símbolos precisam emergir para que as experiências religiosas possam conferir sentido às diferentes gerações e contextos culturais. Tal perspectiva é extremamente útil para a interpretação que usualmente fazemos do quadro religioso na atualidade.

No tocante à relação entre religião e cultura, segue-se a máxima de que "a religião é a substância da cultura e a cultura é a forma da religião".[14] Reli-

---

[13] TILLICH, Paul. *Theology of Culture*. Oxford: Oxford University Press, 1959, p. 47.
[14] Ibid., p. 42.

gião é entendida em sua acepção ampla e existencial e não em sua dimensão meramente teórica. Ela é "o estado em que somos tomados pela preocupação suprema, não restrito a determinado âmbito".[15] Pode-se dizer que esse âmbito pode nem ser o da religião institucionalizada, pois tal concepção se baseia no desaparecimento da separação entre sagrado e secular. "O universo é o santuário de Deus" [ou do divino].[16]

Religião, assim, tomada no sentido mais amplo, se expressa por intermédio de manifestações culturais e abrange todos os cenários espaçotemporais de produção cultural. Portanto a arte, a filosofia, a arquitetura, a política, a educação, as ciências, a economia e formas gerais de comportamento e relacionamento humano adquirem significado teológico. Com chave filosófica existencialista, afirmo que as produções culturais são formas de responder às situações limites da vida. Assim, tornam-se uma expressão visível da *preocupação suprema* presente em todos os seres humanos. Aí se evidência a dimensão religiosa do humano. Engenhosidade, pintura, música, poesia e outras expressões artísticas e técnicas, e mesmo sistemas políticos e econômicos, são emanações humanas em que podemos identificar elementos que retratam a preocupação suprema da existência humana. Tais expressões culturais não possuem sacralidade em si mesmas, mas se tornam canais de acesso a experiências mais profundas. A religião é, no entanto, um elemento criativo do espírito humano, ou seja, é compreendida como a suprema qualidade do espírito humano. Ela é considerada um aspecto do espírito humano; não é uma função especial, mas a dimensão da profundidade presente em todas as funções. Ou seja, quando observamos o espírito humano a partir de certo ponto de vista, ele se apresenta para nós de forma religiosa. Essa profundidade significa que o aspecto religioso volta-se para os elementos supremos, infinitos e incondicionados da vida. A religião é a preocupação suprema manifesta em todas as funções criativas do espírito, bem como na esfera moral, por causa da seriedade incondicional que ela exige. Ela – em seus aspectos específicos e concretizações sociológicas – não está separada do mundo secular, e ambos estão fundamentados na experiência da preocupação suprema.

Cultura, por seu turno, não é simplesmente aquilo que deve ser "purificado", "restaurado" ou "preenchido" pela fé ou pela religião (aqui o termo

---

[15] Ibid., p. 41.
[16] Id.

é entendido na sua acepção clássica). Não é um vazio a ser preenchido. Ela, como forma da religião, expressa o relacionamento humano com o divino por intermédio de todas as dimensões da vida. Essa forma está carregada de conteúdo, o que não a torna traduzível num primeiro olhar. As formas culturais, portanto, têm profundidade; no fundo, ou no interior dela, subsiste o religioso.

Resta ainda a pergunta sobre se deveria haver uma hierarquização ou um critério de avaliação das produções culturais em termos de sua contribuição ao desenvolvimento do humano – ou seja, se todas elas conseguem comunicar efetivamente o mistério do Ser.

Em Tillich, a resposta encontra-se no que ele chamou de *princípio protestante*. Trata-se do critério ao qual se tem que submeter todas as realidades culturais, incluindo a religião. O princípio protestante só pode ser percebido quando há uma articulação entre teoria e prática (a práxis). Ele constitui uma crítica permanente a todas as realidades socioculturais, incluindo (mas não exclusivamente) a religião. Esse instrumento é inspirado na tradição profética judaico-cristã, mas não se limita a ela. Ele parte da premissa de que nada é santo em si mesmo.

A contribuição de Keith Ward – Minha pressuposição teológica é de que a experiência de Deus é fundamental para a construção de sentido e de valor nos seres humanos. Sigo não somente o referencial de Tillich, mas também o que indicou Keith Ward, em seu projeto de pensar a fé nos moldes e em resposta à racionalidade científica e moderna, fascinantemente redigido na obra já referida *Deus: um guia para os perplexos*. Na visão do autor, "pensar sobre Deus não é apenas um exercício intelectual. É pensar sobre a melhor forma de viver como um ser humano e sobre a mais profunda compreensão a respeito do mundo onde vivemos".[17]

Nesse sentido, o que é realmente importante falar e pensar sobre Deus não são as conclusões que se possam tirar a respeito dele, senão o que essas ideias podem significar na vida concreta e na relação humana com o outro e com o cosmo. O aspecto fundamental da fé religiosa em Deus é o compromisso ao qual somos por ele levados com a bondade, com o bem e com a libertação da alienação humana e a do mundo. Isto requer uma decisão existencial.

---

[17] Op. cit., pp. 313-314.

Meu entendimento é que a noção tillichiana de Deus como "o poder de ser no qual todos os seres participam" articula-se bem com a perspectiva da inutilidade de Deus como hipótese científica indicada por Ward. Nas palavras desse autor:

> Haverá diferentes soluções para as questões da vida, cada uma delas refletindo a escolha existencial que fazemos para nós mesmos. Mas não são questões científicas, e a reflexão não ocorre por meio de medidas e experimentos. Estamos numa área diferente da observação e do experimento, uma área mais pessoal, de maior envolvimento, mais passional e subjetiva. Entretanto, essa é a área mais importante de cada área da vida humana. Essa é a área do coração e da vontade. Esta é a área – não uma da observação científica ou da hipótese intelectual – em que palavras sobre "Deus" se comovem, sejam apaixonadamente aceitas ou rejeitadas.[18]

Diante da condição existencial descrita, é importante lembrar que a teologia, por sua vez, pensa o ser humano em seus relacionamentos com o divino, sob todas as suas formas, entendendo que tal relacionamento não tem outro âmbito que não o da cultura. Na relação entre teologia e cultura, uma das questões fundamentais é discernir como o Incondicional toca o condicional (cf. Tillich). Para isso, é necessário que haja um aprofundamento da análise da condição humana, uma vez que tudo o que diz respeito à cultura e à religião é condicionado. Quando o ser humano reconhece esse limite, passa-se então a existir a possibilidade do Incondicional "tocar" o condicional. Isso exige também se deparar com a tragicidade da condição humana, como nos revelaram grandes literatos como, por exemplo, Dostoiévski em sua obra.

A tragédia só aparece quando renunciamos à tentação de uma aparência tranquilizadora de felicidade, ou seja, quando decidimos viver. Por isso, é preciso a coragem para viver intensamente a vida, em sua fragmentação, transitoriedade e tragédia. Isso requer uma dimensão apofática do divino para que se neguem as características de finitude presentes nas ideias sobre Deus. Tal dimensão conduz à noção de analogia como caminho mais adequado para se falar do divino, tal como indicou Keith Ward. A analogia permite expressarmos o que acreditamos ser o divino, tornando-o de certa forma humano, perceptível e inteligível à compreensão humana. A analogia faz uma ponte entre aquilo que é infinito e o que é finito.

---

[18] Ibid., p. 249.

Sendo assim, a analogia não descreve por completo o que é infinito, pois, por definição, a analogia pertence ao campo do finito. Ela apenas serve de "ponto de contato", uma janela para o infinito, pela qual podemos observar e admirar o mistério de Deus.

A perspectiva latino-americana de José Comblin – Olhando a realidade que nos é próxima, vemos, no entanto, que a cultura industrializada tem na sua formação pelo menos duas características que nos interessam nessa reflexão. A primeira é a perda da dimensão de profundidade no encontro com a realidade, causada pela concentração de atividades elaboradas em métodos mera e estritamente científicos e técnicos. A segunda é que, para obter êxito em seu destino, a sociedade precisou e precisa apropriar-se dos processos criativos atribuídos a Deus, análogos aos que eram usados na sociedade não industrializada. Como consequência, há o desaparecimento da dimensão de profundidade do divino nas realidades culturais que constroem a vida, cedendo lugar para experiências de vazio, de falta de sentido, de desumanização e de alienação.

O sistema cultural moderno criou uma mentalidade de consumo que se tornou uma falácia, pelo fato de estar baseada no consumo pelo consumo. Essa mentalidade é contrária à ideia bíblica do consumo pela necessidade, como enfatiza José Comblin nas reflexões que apresenta sobre a "libertação cultural" na obra que já referimos: *Cristãos rumo ao século XXI: nova caminhada de libertação*. Resultam-se daí formas negativas de individualismos, massificação e violência, especialmente em detrimento da vida das pessoas pobres.

Para o autor, economia, política e vida social são três componentes de uma mesma cultura, e é a cultura que faz a unidade desses fenômenos.[19] Diante de todas as realidades culturais, o caráter incondicional do imperativo ético coloca todas elas, incluindo o nosso ser essencial, em questionamento profundo. Há exigência crítica até contra nós mesmos ou contra sistemas e valores que advogamos. No entanto, o imperativo ético não é lei estranha, imposta a nós, mas é a lei de nosso próprio ser: *teonomia*, como afirmam outros teólogos.

Da mesma forma, afirma-se que mandamento externo algum pode ser incondicional, venha do Estado, da Igreja, do mercado financeiro, de

---

[19] Cf. op. cit., pp. 249ss.

instituições religiosas ou seculares, de pessoas ou mesmo de Deus – quando este é considerado um poder fora de nós –, estabelecendo totalitariamente leis para o comportamento humano. Por isso, destacamos a importância das linguagens da religião serem livres de qualquer nuança ideológica.

Qualquer estranho, mesmo que se chame deus (por isso em minúsculo), que imponha mandamentos sobre nós deve ser resistido. Comblin analisa e critica o "reino de mercado", a unidimensionalidade da vida, em que o valor econômico é a norma definitiva:

> O dinheiro torna-se, desse modo, a medida de tudo. Tudo se aprecia em dinheiro. Tudo é apreciado quantitativamente e não qualitativamente. Apesar das tentativas de reagir por meio da busca da "qualidade de vida", o que predomina é a quantidade. Os bens e serviços valem não pelas qualidades intrínsecas, mas pelo que custam no mercado. Um jogador de futebol vale tantos milhões, uma modelo tantos milhões, uma casa tantos milhões, um vestido tantos mil, uma refeição no restaurante tantos reais e assim por diante.[20]

No entanto, a verdadeira moralidade vem da profundidade da vida. Ela baseia-se na "coragem de ser", na afirmação do ser humano como tal e enfrenta a ameaça da morte, da destruição e da falta de sentido. Assim como a vida em geral, o sofrimento é uma realidade e mesmo Deus é passível de vivenciá-lo.

A nova cultura mundializada requer, portanto, uma reação ética da sociedade, e a religião, quer seja pela suas bases históricas e teológicas, quer seja pelo peso social que possui, encontra-se mais uma vez desafiada. Nas palavras do autor:

> A cultura nova, mundializada, oferece um lugar para a Igreja: dar uma ética às novas gerações, consolar as vítimas do progresso, recolher os derrotados do mercado e oferecer uma compreensão moral aos que não puderam ter acesso ao mercado. O eixo da nova cultura não é a religião e, sim, o crescimento econômico.[21]

O acento crítico agudo de Comblin, por vezes, parece nos indicar caminhos sem esperança; o que não é verdadeiro. É que o autor revela a dispersão que se dá, especialmente nos setores eclesiais, em que "uma parte será absorvida pela cultura dominante. Uma parte procurará converter as classes

---

[20] Ibid., p. 261.
[21] Ibid., p. 300.

dominantes. Uma parte irá aos pobres. Uma parte ficará apegada até o fim à antiga cristandade e aos seus restos".²²

Há diferentes tarefas que esboçam um ideário libertário, cujos eixos articulam as dimensões social, econômica, política, cultural e pessoal. Essa é a proposição do autor e, com ela, fica reforçada a tese da necessidade de lógicas plurais e de fronteiras para responder às novas interpelações entre teologia e cultura.

O lugar da cultura: as interpelações de Homi Bhabha – Uma das interpelações críticas mais agudas às formas dualistas, bipolares, quase maniqueístas de compreensão da realidade socioeconômica, vem da contribuição dos estudos culturais, com autores como Homi Bhabha. Para estas reflexões, especialmente no que comumente se refere à necessidade de alargamento de horizontes metodológicos, considera-se que o "local da cultura" [para usar o sugestivo título de uma obra do autor]²³ é fundamental no processo que se advoga de estabelecer mediações socioanalíticas para as interpretações teológicas.

A referida obra destaca que as identidades se constroem não mais nas singularidades – como as de classe, gênero etc. –, mas nas fronteiras das diferentes realidades. Trata-se dos "entrelugares". Pela natureza deles, não é simples caracterizar tal espaço cultural, mas eles podem se encontrar, por exemplo, na experiência da comunicação eletrônica entre jovens das camadas sociais pobres, que junta duas dimensões de tempo distintas na vivência humana: o pós e o pré-moderno. Ou na construção da cidadania a partir de expressões artísticas como hip-hop, danças de rua, capoeira e formas de teatro popular, ou ainda nas experiências religiosas que agregam diferentes tradições, como aquelas que reúnem em uma só vivência o urbano, o afro e elementos tradicionais cristãos. São entrelugares dessa natureza que possibilitam que a fronteira se torne "o lugar a partir do qual *algo começa a ser(ou se) fazer presente...*".²⁴

Aqui reside um dos fortes motivos de se priorizar o diálogo com Bhabha. Para ele, a condição pós-moderna não pode meramente celebrar a "fragmentação das 'grandes narrativas' do racionalismo pós-iluminista".²⁵ Ao

---

[22] Ibid., p. 301.
[23] BHABHA, Homi K. *O local da cultura*. Belo Horizonte: Editora UFMG, 2001.
[24] Ibid., p. 24.
[25] Ibid., p. 23.

contrário, viver na "fronteira" das distintas situações deve produzir um novo sentido para a realidade. Além disso, viver no "além" da fronteira é desfrutar do futuro, mesmo vivendo no presente:

> O trabalho fronteiriço da cultura exige um encontro com "o novo" que não seja parte do *continuum* de passado e presente. Ele cria uma ideia do novo como ato insurgente de tradução cultural. Essa arte não apenas retoma o passado como causa social ou precedente estético; ela renova o passado, refigurando-o como um "entrelugar" contingente, que inova e interrompe a atuação do presente. O "passado-presente" torna-se parte da necessidade, e não da nostalgia, de viver.[26]

Isso pode ser representado em novas formas jurídicas, como as que propõem direitos de minorias sociais, direitos ambientais, liberdade religiosa, ou em novas formas econômicas, como moedas únicas, compras e vendas por intermédio de canais eletrônicos, sem barreiras até mesmo de nacionalidade, diversificação das modalidades de trabalho, ou ainda em avanços tecnológicos e na área da saúde, como monitoramento eletrônico da vida social, clonagem e manipulação genética e aspectos similares do avanço da bioética. As ambivalências e ambiguidades dessas possibilidades não requerem de nós uma negação *a priori*, como é comum em determinadas visões políticas e/ou religiosas.

O autor propõe uma linguagem crítica, que não somente distinga as polaridades "senhor" e "escravo", "dominadores" e "dominados", "mercantilista" e "marxista", mas que as ultrapasse ao mostrar como o hibridismo presente na cultura também revela novas formas de dominação. A cultura, então, precisaria ser "traduzida".

Nesse sentido, Bhabha indica como horizonte hermenêutico e de intervenção social a possibilidade de "negociação", em vez da "negação" da cultura. Trata-se de "uma temporalidade que torna possível conceber a articulação de elementos antagônicos ou contraditórios: uma dialética sem a emergência de uma história teleológica ou transcendente".[27] Exemplos disso podem ser encontrados na viabilidade de projetos políticos identificados com os referenciais da "esquerda" que estabelecem avanços sociais significativos em "negociação" com outras formas de ver e de exercer a política. Também as formas mais intimistas de experiência religiosa que ganham força e visibi-

---

[26] Ibid., p. 27.
[27] Ibid., p. 51.

lidade social podem, nessa perspectiva, ser consideradas transformadoras da dinâmica social, se vistas de forma mais abrangente, sem estarem reféns das lógicas meramente racionalistas.

Com isso, reforça-se a noção do "outro" como categoria filosófica de destaque para a compreensão da diferença cultural. Bhabha, retomando Frantz Fanon, lembra "que uma leitura oposicional, diferencial do Outro de Lacan, poderia ser mais relevante para a condição colonial do que a leitura marxizante da dialética do senhor e do escravo".[28] Essa perspectiva é muita cara às nossas preocupações concernentes às relações entre teologia e cultura.

***

O caminho até aqui trilhado mostra como as lógicas plurais e de "fronteiras" são mais adequadas para o alargamento metodológico buscado na teologia e nas ciências da religião.

Primeiramente, tentou-se uma identificação dos principais aspectos da complexa realidade social e religiosa que hoje enfrentamos e que desafiam fortemente a produção teológica latino-americana. A partir disso, outra tentativa: avaliar as possibilidades e os limites do método teológico e indicar temáticas relevantes e desafios teológicos para a atualidade. Entre eles estão: a necessidade de articulação de diferentes perspectivas hermenêuticas, construindo com isso uma lógica plural para o método teológico, e a complexa relação entre fé, religião e cultura, acompanhada de uma teologia da cultura de inspiração *tillichiana*.

Procurou-se refletir sobre o método teológico a partir da identificação de aspectos que, nas últimas décadas, têm limitado ou facilitado o seu alargamento e, consequentemente, oferecido menor ou maior capacidade de formulação de respostas teológicas consistentes, diante da complexidade da realidade social latino-americana, em especial a diferença cultural nas linguagens da religião no Brasil. Para isso, diante do quadro atual de mudanças sociais e religiosas, indica-se, a partir de diferentes autores como Keith Ward, José Comblin e Homi Bhabha, um leque de perspectivas para um equacionamento mais adequado às relações entre teologia e cultura, ressaltando o valor dos *estudos culturais* para a reflexão teológica na atualidade.

---

[28] Ibid., p. 60.

Ecumenismo, pluralismo e religiões: a busca de novos referenciais teóricos

Como indicativo da necessidade de novos referenciais teóricos para as ciências da religião está uma compreensão mais adequada da diversificação cada vez mais visível do quadro religioso e o crescente anseio da parte de diferentes grupos pelos diálogos inter-religiosos, não obstante o simultâneo fortalecimento das propostas de cunho fundamentalista. Este panorama tem implementado novas perspectivas hermenêuticas, teológicas ou não, mas ainda possui no horizonte a maior parte de suas questões. Estas também necessitam ser formuladas de maneira mais adequada e debatidas com profundidade.

Nesse sentido, há, pelo menos, uma indicação inicial a ser feita: a importância, no contexto brasileiro, dos diálogos inter-religiosos como busca de inculturalidade – para usar uma expressão de Raul Fornet-Betancourt[29] – das experiências religiosas. Ou seja, quanto mais olharmos as vivências religiosas dentro de uma lógica plural que perceba suas conexões com as demais experiências humanas – religiosas ou não –, como se inter-relacionam e se interpelam e como podem expressar os seus valores fundamentais, mais compreensíveis serão as linguagens da religião. Para isso, as ciências da religião, sobretudo as áreas de caráter mais hermenêutico que intentam analisar as linguagens da religião, precisam estar atentas.

De minha parte, tenho proposto tal reflexão em, pelo menos, dois espaços docentes. O primeiro, como parte das discussões sobre "Questões de método em teologia", que advoga a ecumenicidade como contraponto à linearidade racionalista para as análises culturais e religiosas. O outro espaço é a disciplina "Hermenêutica do pluralismo religioso" que, em chave antropológica e teológica, propõe uma "interpretação das inter-relações dos diversos discursos, experiências e sensibilidades religiosas que coexistem num mesmo espaço, tais como oposição, acomodação, assimilação, influência recíproca, interpenetração, trânsito, hibridação e recomposição sincrética das suas respectivas linguagens".

---

[29] Cf. *Religião e interculturalidade*. São Leopoldo-RS: Nova Harmonia/Sinodal, 2007.

Metodologicamente, tenho procurado partir tanto de uma descrição da relação entre religião e sociedade global – o que inclui temas como efervescência religiosa e secularização, fundamentalismos e pluralismo religioso –, quanto de um quadro de diferenças religiosas, especialmente no Brasil, com mapas, fronteiras e identidade da religião, seguindo a contribuição de Carlos Rodrigues Brandão.[30] O ponto de chegada é uma interpretação teológica do pluralismo religioso, fundamental para os nossos propósitos na pesquisa. A seguir, esboçarei apenas esse último aspecto, pontuando a contribuição de diferentes autores.

A dimensão do plural

A perspectiva ecumênica, tanto na dimensão intracristã como na inter-religiosa, ganhou, nas últimas décadas, forte destaque nos ambientes teológicos. A pressuposição hermenêutica é que ela é fundamental para toda e qualquer experiência religiosa ou esforço teológico ou hermenêutico. Esta visão, quando vivenciada existencialmente e/ou assumida como elemento básico entre os objetivos, altera profundamente o desenvolvimento de qualquer projeto, iniciativa ou movimento religioso. Daí, o interesse das ciências da religião pelos estudos ecumênicos. No tocante à teologia, em todos os seus campos, o dado ecumênico suscita novas e desafiantes questões.

No campo cristão, por exemplo, à medida que as pessoas e os grupos, nas bases, nas atividades práticas, nos espaços de formação e em encontros, contam com a participação de pessoas e grupos de confissões ou religiões diferentes, eles vão mergulhando cada vez mais no universo plural que a sociedade hoje representa. E mais do que isso, aprendem a fugir das respostas rápidas e unívocas e descobrem a existência de formas diferentes de compreender o mundo, a vida e a missão religiosa — igualmente válidas.

Além disso, e em plano semelhante, estão as indicações de Marcelo Azevedo, ao mostrar que:

---

[30] BRANDÃO, Carlos Rodrigues; PESSOA, Jadir de Morais. *Os rostos de Deus do outro*. São Paulo: Loyola, 2005. Veja também: CAMURÇA, Marcelo. Novos movimentos religiosos: entre o secular e o sagrado (91-109). In: CAMURÇA, Marcelo. *Ciências Sociais e Ciências da Religião*. São Paulo: Paulinas, 2008. MOREIRA, Alberto da Silva; DIAS DE OLIVEIRA, Irene (org.). *O futuro da religião na sociedade global*. São Paulo: Paulinas/UCG, 2008.

O diálogo supõe que cada um dos parceiros seja ele mesmo e como tal se manifeste e seja acolhido. Seu fruto principal é a percepção da diferença entre ambos e, por conseguinte, a intuição mais aguda das respectivas identidades. Ao conhecer melhor o outro, cada um se conhece melhor a si. O que poderia parecer um fator que aprofunda a discrepância e alarga a distância torna-se caminho privilegiado de uma nova perspectiva.[31]

A presença do "outro", portanto, é a dimensão interpeladora da prática ecumênica. Esta presença é desafiadora em diferentes aspectos. O primeiro ponto é a pluralidade. Embora cultuada, é possível assumir as dificuldades que todos os que temos a perspectiva teórica do marxismo ou temos atuado com os referenciais da esquerda política encontramos nesse aspecto. Os reducionismos teóricos e metodológicos de expressiva parcela de agentes e líderes religiosos, assim como de teólogos, têm sido, muitas vezes, um exemplo de estar "pouco à vontade" nesse ponto. As pessoas que somam em sua trajetória uma experiência ecumênica, regra geral acrescentam aos eventos, projetos ou experiências religiosas uma sensibilidade distinta de abertura, afetividade, alteridade e criatividade. Também o aprofundar da vivência ecumênica exige um reordenamento de sentidos e de sensibilidade aos fatos. Trata-se de possuir – como as mulheres, por exemplo – outra forma de ver o mundo e o divino.

Paul Knitter, ao introduzir a ideia, assumidamente utópica, de "uma comunidade dialógica de comunidades entre as religiões mundiais", enfatiza que:

> Para conhecer a verdade, temos de estar comprometidos com a prática de comunicação uns com os outros; isso quer dizer conversar realmente com pessoas que são, de modo significativo, diferentes de nós, e escutá-las. Se falamos somente com nós mesmos ou com alguém de nosso próprio grupo natural, ou se há algumas pessoas que simplesmente excluímos de nosso convívio e com quem não conseguimos nos imaginar falando, então possivelmente nos alijamos da oportunidade de aprender algo que ainda não descobrimos.[32]

Outro significado teológico da vivência ecumênica é, como já indicado, a referência utópica. A presença em conjunto de pessoas e de grupos com diferentes experiências religiosas aponta para o futuro e, necessariamente, precisa estar deslocada do real. Ou seja, trata-se de uma "ruptura" ou

---

[31] TEIXEIRA, Faustino Luiz Couto (org). *Diálogo dos pássaros*; nos caminhos do diálogo inter-religioso. São Paulo: Paulinas, 1993, p. 18.
[32] *Introdução à Teologia das Religiões*. São Paulo: Paulinas, 2008, p. 32.

"descontinuidade" criativa. Tal presença não precisa corresponder exatamente à realidade na sua totalidade. Quando comunidades religiosas, ainda que de forma incipiente, começam a se unir em torno de uma proposta socialmente responsável e comum, isso se torna uma ação política e profética. A unidade é, portanto, uma tarefa religiosa sublime e nos cabe identificá-la (ou mesmo as suas contraposições) nas diferentes linguagens religiosas.

No contexto das experiências religiosas, é comum encontrarmos um tipo de apelo que indica ser preciso abrir caminhos, dar sinais proféticos de unidade, ainda que pequenos, superando posturas já cristalizadas perante o ecumenismo, como a caracterizada por um otimismo festivo que considera a prática ecumênica em estágio avançado e pouco está atenta às limitações e diferenças dos diversos grupos. Ou, ainda, como aquela marcada por um pessimismo exigente que não considera os avanços do ecumenismo e não valoriza as pequenas iniciativas e possibilidades. Uma alternativa que se percebe no campo religioso – e, em nossa interpretação, nos parece consistente – é enxergar a unidade ecumênica numa dimensão histórica: valorizando seu desenvolvimento, limitações e possibilidades.

As pessoas e grupos que atuam ecumenicamente, especialmente no campo popular, na grande maioria vivem sua fé por vezes de maneira inédita e fora dos padrões eclesiásticos ou religiosos próprios. É fato que muitos pagam elevado ônus pela radicalidade ecumênica e por seus compromissos políticos, nem sempre bem acolhidos pelas ferrugens das dimensões institucionais que organizam o espaço religioso.

Outro aspecto é a fragmentação das experiências. Não há, ainda, elementos de articulação das iniciativas ecumênicas, tanto no âmbito intracristão como no inter-religioso. No Brasil, elas têm sido vividas por todos os cantos do país, todavia, de forma diversa, modesta, por vezes embrionária, outras vezes com dimensão política mais acentuada, outras vezes não. Algumas experiências conseguem continuidade, outras fragilizam-se com a mudança do líder religioso. Umas têm caráter mais eclesial/comunitário e gratuito, muitas estão em torno de grupos para estudo da Bíblia, no caso cristão, ou de formas mais espontâneas de espiritualidade. Em alguns lugares, têm-se implementado projetos comuns de formação religiosa e em outros, projetos sociais e econômicos.

Dois aspectos dessa diversidade e fragmentação da vivência ecumênica precisam ser ressaltados. Em primeiro lugar, aqueles que questionam a autenticidade do ecumenismo nas bases, por estar, muitas vezes, calcado somente na figura do líder ou num pequeno grupo de pessoas, precisam considerar que isso pode ser extremamente significativo devido ao caminhar histórico das Igrejas cristãs e das religiões em geral. Em segundo lugar, é preciso olhar de forma especial e atenta para poder visualizar as vivências ou potencialidades ecumênicas nos diferentes espaços de atuação, caso tenha-se uma posição interessada motivada pelos processos de democratização e de reforço à pluralidade na sociedade.

No campo hermenêutico, diferentes demandas se avizinham. Uma delas é o diálogo inter-religioso, base de uma teologia ecumênica das religiões. Não é necessário afirmar a complexidade dessa perspectiva e o quanto ela nos desafia. Na sequência, algumas dimensões dessa temática serão indicadas, especialmente a que enfatiza o diálogo e o encontro das religiões em torno da salvação humana e do cosmo.

A dimensão do diálogo

Retomo aqui o referencial filosófico e teológico de Paul Tillich. Em "O significado da história das religiões para um teólogo sistemático", conferência realizada dias antes de seu falecimento (1965),[33] o autor apresenta cinco pressuposições sistemáticas para a abordagem teológica das religiões. A primeira é que as experiências de revelação são universalmente humanas. As religiões são firmadas sobre algo que é dado para o ser humano onde quer que ele viva. A ele é dada uma revelação, um tipo particular de experiência, o qual sempre implica um poder salvífico. Revelação e salvação são inseparáveis, e há poder de revelação e de salvação em todas as religiões.

O segundo aspecto é que a revelação é recebida pelo ser humano nas condições de caráter alienado que possui e na situação humana finita e limitada. A revelação é sempre recebida em uma forma distorcida, especialmente se a religião é usada como "meio para um fim" e não como um fim em si mesma.

---

[33] TILLICH, Paul. *The Future of Religions*. New York: Harper & Row, Publishers, 1966, pp. 80-94.

Em toda a história humana, não há somente experiências revelatórias particulares, mas há um processo revelatório no qual os limites de adaptação e as deficiências de distorção são sujeitos à crítica, seja mística, profética ou secular. Esse é o terceiro pressuposto.

O quarto é que há um evento central na história das religiões que une os resultados positivos dessa crítica e que nele e sob ele as experiências revelatórias acontecem. Um evento, portanto, que faz possível uma teologia concreta com um significado universal.

O último pressuposto é que a história das religiões, em sua natureza essencial, não existe ao lado da história da cultura. O sagrado não está ao lado do secular, mas ele é a sua profundidade. O sagrado é o chão criativo e ao mesmo tempo um juízo crítico do secular.

Com esses pressupostos, Tillich oferece indicações para uma teologia das religiões. Sua compreensão é a de que essa teologia reúne uma crítica e uma valorização positiva da revelação universal. Ambas são necessárias. A teologia das religiões nos ajudaria a entender o presente momento e a natureza do próprio lugar histórico do fazer teológico, tanto no caráter particular do cristianismo como na reivindicação de universalidade deste.[34]

No caso do cristianismo, seu caráter paradoxal origina-se na concepção de que "a Palavra se fez carne". Compreende-se o significado da expressão "paradoxo" no fato de um evento transcender todas as expectativas e possibilidades humanas. Essa é a perspectiva teológica sobre a encarnação. O caráter revelatório "em Jesus como o Cristo" – como centro da história – confere ao cristianismo um progresso em relação à revelação final. Todavia, essa noção de progresso será relativizada em função da preocupação última já respondida nesse evento revelatório, que rompe o poder demônico na realidade. Nesse sentido, fica excluída a concepção de um progresso horizontal como fim da história e ressaltada a noção de uma interação divina vertical na história.

Com isso, o teólogo não estimula a eliminação do paradoxo cristológico em benefício de um maior teocentrismo ecumênico; ao contrário, precisamente na confissão de Jesus ser o Cristo é que há a chance de assegurar para o cristianismo o diálogo não autoritário. Há uma particularidade

---

[34] Cf. ibid., pp. 81-84.

(Jesus) conectada a uma universalidade (Cristo) que mantém o cristianismo como religião singular, na medida em que atesta a revelação final. Tal revelação é inseparável do mistério da morte e da ressurreição; e o significado último dela, firmado na doutrina de Cristo como o Novo Ser, é encontrado na cruz.

A particularidade singular e relativa do cristianismo é possibilitada pela cruz. Ela é a condição da glória. A cruz tem um valor simbólico universal, uma vez que o Cristo ressurreto livra a pessoa de Jesus de um particularismo que faria dele propriedade de um povo particular.

A perspectiva teológica do martírio e do sofrimento humano – ênfase constante na teologia latino-americana – constrói bases comuns de encontro das religiões, pois são experiências que abrangem a universalidade da dimensão humana. Ao mesmo tempo, a cruz e o martírio podem ser elementos de discernimento das propostas religiosas. No caso latino-americano, as experiências relacionadas ao sucesso financeiro e patrimonial, pessoal ou familiar, em geral identificadas nas teologias de prosperidade, por exemplo, tendem, como visto, a omitir ou camuflar ideologicamente a perspectiva da cruz.

O cristianismo é baseado, portanto, em uma ausência (o túmulo vazio). E é essa consciência do vazio que oferece condições para o relacionamento com o outro. Nesse sentido, o diálogo com outras religiões é uma vocação cristã.

A dimensão da salvação

A vocação ecumênica, ao marcar as reflexões teológicas, mostra que o caráter de apologia, de sectarismo ou de exclusivismo é – ou deve ser – evitado. Teologicamente, afirmamos que Deus é sempre maior do que qualquer compreensão ou realidade humana. Age livremente, em especial na ação salvífica. Nesse sentido, não é preciso estar excessivamente preocupado em descobrir quem é ou será salvo (para utilizar o imaginário comum dos cristãos); mas, no caso dessa mesma tradição religiosa, quem é e o que representa Jesus Cristo para a comunidade cristã.

Essas constatações foram feitas para explicitar melhor um ponto de partida da teologia cristã: o pecado humano e a superação dele em Jesus, o Cristo, como poder de salvação. Trata-se, sobretudo, da salvação do ser humano em sua "negatividade última". É salvar o humano de sua exclusão da unidade universal do Reino de Deus e, assim, possibilitar-lhe a Vida Eterna, como símbolo de uma vida sem ambiguidades.

Isso se refere a uma das questões centrais das reflexões cristológicas e/ou soteriológicas atuais: tratar da salvação a partir do pecado humano.[35] A produção teológica latino-americana, como se sabe, enfatizou o aspecto do pecado social. Em geral, a teologia cristã ressalta a concepção de pecado como a contradição própria da existência humana e o poder de Jesus Cristo como salvador dos pecados. A suposta pretensão destas afirmações já indica a densidade do debate. Todavia, como já referido, a reflexão que privilegia a centralidade da pessoa de Jesus Cristo em relação à salvação humana não deve inibir o diálogo teológico inter-religioso, mas, na medida em que elucida mais adequadamente a Cristo, como símbolo da sujeição e ao mesmo tempo da superação da existência humana, pode então se constituir como critério paradigmático de uma teologia mais universalista.

A pressuposição cristã de Jesus Cristo como poder de salvação dos pecados está no caráter da revelação divina. Não se trata de um tipo de informação a respeito da realidade divina ou de mera comunicação extraordinária, mas de um impacto, de uma consonância de sentimentos, existencialidades e espíritos, de um encontro fundamental baseado num despojamento divino. Assim compreendemos a revelação.

Essa manifestação privilegia a humanidade. Deus se sujeita a ela; quer ser humano. Ao assumir a existência humana, ele articula as questões da vida e da morte: da vida, porque é criador e misericordioso; da morte, porque é humano. Ser humano é participar da alienação à qual a criação foi submetida.

A reflexão e a tensão entre a vida e a morte produzem, pelo menos, duas interpelações. A primeira é que a fé cristã, como indicou José Comblin, não pertence, fundamentalmente, à ordem do conhecimento e da representação

---

[35] É fato que há outros enfoques. Jaci Maraschin, por exemplo, situa que "esse ponto de partida tem caracterizado todas as teologias ortodoxas e tradicionais. Na escolha desse lugar teológico fundamental Tillich está longe de inovar. A teologia da Queda e do Pecado Original tem sido utilizada para acentuar o que se poderia chamar de 'experiência de culpa' e a consequente valorização do ministério do perdão. Tem havido e há, no entanto, movimentos que preferem não partir desse ponto mas da 'bênção original', retirando das descrições da existência o pessimismo que a mitologia da queda e do pecado original ressalta. É o conhecido caso de Matthew Fox, com sua teologia mais otimista expressa em obras como: *Original Blessing – a primer in Creation Spirituality* e *The Coming of the Cosmic Christ*". A linguagem ontológico-existencialista de Tillich. *Estudos da Religião*, v. 10, n. 10, jul. 1995, p. 76.

política ou eclesiástica, mas, sim, da vida, em seu sentido amplo e radical. Para ele

> ser cristão não é revestir-se de um conjunto de conhecimentos ou de estruturas. É viver, libertar-se do que não é vida, para viver plenamente. Jesus se define assim: a vida, o caminho, a porta, o pão, a luz. Ele dá a vida, a saúde, o dinamismo, atira à ação. Não se trata simplesmente da vida biológica, nem tampouco de uma realidade estranha à vida biológica: trata-se desse tônus vital que é parte da responsabilidade de cada um na sua intensidade de vida.[36]

A segunda interpelação teológica é que toda e qualquer teologia que ocultar as estruturas autodestrutivas da existência humana poderá ocultar Deus. Esse foi o caminho altamente perigoso por onde caminharam as teologias liberais, não obstante a substancial contribuição destas para a comunicação da mensagem cristã ao mundo moderno desde o século XIX. O mesmo pode ocorrer com setores da Teologia da Libertação latino-americana, uma vez que a concepção do progresso humano, ainda que de corte não cientificista, corrobora com propostas exacerbadamente centradas no êxito humano, na tentativa de privilegiar a humanidade de Deus. No entanto, a humanidade de Deus se manifestou fundamentalmente no fracasso humano, ou seja, na morte de cruz; daí a importância de se refletir sobre o evento da cruz e a salvação da humanidade.

As implicações sociopolíticas e religiosas das práticas proféticas de Jesus, tal como testemunharam as comunidades cristãs primitivas, evidenciam com determinada lógica histórica que o final invariavelmente seria a morte. O olhar teológico liberal, seja do século passado ou em seus resquícios atuais, colocaria Jesus entre os grandes profetas, como exemplo de conduta ética a ser seguido. Por outro lado, o olhar teológico fundamentalista observaria que esse era de fato o propósito premeditado de Jesus e afirmaria que não há salvação fora dele. Todavia, tais respostas não atendem substancialmente à indagação de sentido da vida e da morte de Jesus como ato salvador dos pecados humanos. No primeiro caso, a salvação nem está em questão, ela poderá vir naturalmente ou engendrada a partir de processos intra-históricos. No segundo, está a contradição evidente do deus cruel, sanguinário e até mesmo sadomasoquista.

---

[36] COMBLIN, José. O debate atual sobre o universalismo cristão. *Concilium* (155), 1980, p. 81.

A formação do sentido da salvação começa na ausência dele na humanidade. A vida humana depende de "forças curadoras" que impeçam que as estruturas autodestrutivas da existência mergulhem na humanidade a ponto de provocar uma aniquilação completa. A revelação de Deus encontra ressonância nessa busca humana. Daí a compreensão de salvação como cura, pois, ao encarnar-se, Deus reúne aquilo que está alienado e disperso. Trata-se de superar o abismo entre Deus e o ser humano, entre o ser humano consigo mesmo, com o seu próximo e com a natureza e com o cosmo.

A consciência religiosa, como preocupação última, afirma sempre a transcendência incondicional ao lado da concretude que torna possível o encontro humano-divino. Nesse sentido, o processo de salvação só é possível com uma mediação. Jacques Dupuis, no debate em torno das religiões, indica que:

> Na realidade, o cristocentrismo da tradição cristã não se opõe ao teocentrismo. Não coloca jamais Jesus no lugar de Deus; afirma somente que Deus colocou-o no centro de seu plano de salvação para a humanidade, não como fim último, mas como caminho, não como a meta de toda a busca humana de Deus, mas como mediador universal da ação salvadora de Deus para com a humanidade. A teologia cristã não se encontra, então, diante de um dilema: ser cristocêntrica ou teocêntrica. Ela é teocêntrica sendo cristocêntrica e vice-versa. Isto quer dizer que Jesus Cristo é o sacramento do encontro de Deus com os homens.[37]

Na teologia cristã, encontramos a visão de que em Jesus Cristo foi possível o acesso do ser humano a Deus, na medida em que ele reuniu o infinito da transcendência com a finitude humana. Em Jesus Cristo foi experimentada a vontade reconciliadora de Deus por excelência. Esses dois aspectos identificam Cristo como mediador por intermédio de quem Deus age salvificamente em favor da humanidade. Como o Novo Testamento registra: "Tudo provém de Deus, que nos reconciliou consigo mesmo por meio de Cristo e nos deu o ministério da reconciliação, a saber, que Deus estava em Cristo reconciliando consigo o mundo..." (2Cor 5,18-19).

A superação da ambiguidade humana encontra resposta na tensão vivida por Jesus Cristo entre as forças curadoras nele reconhecidas e as estruturas autodestrutivas da existência humana. Isso se dá uma vez que sua vida não

---

[37] O debate cristológico no contexto do pluralismo religioso. In: TEIXEIRA, op. cit., pp. 83-84.

oculta a limitação humana (objetiva), ao revelar a possibilidade da morte a ser assumida (objetivamente) pelos seres humanos, e, ao mesmo tempo, possibilita a estes a participação (subjetiva) no poder de Deus, ao vivenciar a superação da morte (subjetivamente) com o sentido da salvação.

É nesse sentido que Roger Haight vai propor um pluralismo normativo ao analisar a relação entre Jesus e as religiões mundiais. Para o autor – e seguimos a sua percepção –, por diferentes e consistentes motivos que sua obra apresenta com detalhes, "o pluralismo religioso não precisa ser ameaçador nem para a cristologia nem para a fé cristã em geral".[38]

Essa perspectiva nos remete à busca de um paradigma para a teologia das religiões. Trata-se da superação dos modelos já consagrados, como o que considera Jesus Cristo e a Igreja como caminho necessário para a salvação (exclusivismo); o que considera Jesus Cristo como caminho de salvação para todos, ainda que implicitamente (inclusivismo); e aquele no qual Jesus é o caminho para os cristãos, enquanto para os outros o caminho é a sua própria tradição (relativismo).

A perspectiva pluralista, que advogo, possui como característica básica a noção de que cada religião tem a sua proposta salvífica e de fé que deve ser aceita, respeitada e aprimorada a partir de diálogo e aproximação mútuos. Assim, a fé cristã, por exemplo, necessita ser reinterpretada a partir do confronto dialógico e criativo com as demais fés. O mesmo deve se dar com toda e qualquer tradição religiosa.

Paul Knitter, na sua didática obra já referida *Introdução às Teologias das Religiões*,[39] apresenta quatro modelos de relação inter-religiosa, que, em certo sentido, retoma a tipologia anteriormente descrita. O autor usa as nomenclaturas: "substituição", "complementação", "mutualidade" e "aceitação" para formular aquilo que no entendimento dele representa os principais modelos de relação inter-religiosa. Considero o último como mais adequado para as reflexões de caráter ecumênico no campo da teologia e das ciências da religião.

Toda classificação é frágil e exposta a equívocos, mas, dentro de uma visão pluralista, os elementos chaves da vivência religiosa e humana em geral

---

[38] HAIGHT, Roger. *Jesus, símbolo de Deus*. São Paulo: Paulinas, 2003, p. 486.
[39] São Paulo: Paulinas, 2008.

são: alteridade, respeito à diferença e diálogo e cooperação prática e ética em torno da busca da justiça e do bem comum. No caso da teologia cristã – e as demais perspectivas religiosas estariam da mesma forma implicadas –, a concepção pluralista de uma teologia ecumênica das religiões forjaria, pelo menos, duas questões fundamentais:

• Qual é o sentido/significado das questões relativas à fé cristã (como Cristo, a Igreja, o Reino de Deus, a salvação, o Espírito Santo, a criação etc...) num contexto de pluralismo religioso?

• Como o diálogo e a aproximação concreta entre as religiões contribuem para melhor compreensão da fé cristã e suas consequentes implicações práticas no mundo?

Os desafios não param por aí. A perspectiva pluralista das religiões interpela fortemente o contexto teológico latino-americano, especialmente pela sua vocação libertadora e pelos desafios que advêm de sua composição cultural fortemente marcada por diferenças religiosas que se interpenetram nas mais diferentes formas.

A Teologia Latino-americana da Libertação, dentre os seus muitos desafios, tem elaborado uma consistente reflexão sobre os desafios do pluralismo religioso, cujo marco foi a publicação de uma pequena obra de vários autores com o sugestivo nome *Pelos muitos caminhos de Deus: desafios do pluralismo religioso à Teologia da Libertação*.[40] Na sequência, sob os auspícios da Associação dos Teólogos e Teólogas do Terceiro Mundo (ASETT), foram publicadas outras obras que, em certo sentido, aprofundam as questões inicialmente levantadas. São elas: *Pluralismo e libertação: por uma teologia latino-americana pluralista a partir da fé cristã*;[41] *Teologia Latino-americana pluralista da libertação*;[42] *Teologia pluralista libertadora intercontinental*.[43] São vários os autores que se destacam nessa produção e nomearei somente alguns: José Maria Vigil, Marcelo Barros, Luiza Tomita – que organizaram as referidas obras –, Diego Irarrázaval, Faustino Teixeira e José Comblin. O primeiro, Vigil, publicou *Teologia do pluralismo religioso: por uma releitura pluralista do*

---

[40] Goiás: Ed. Rede, 2003.
[41] São Paulo: Loyola, 2005.
[42] São Paulo: Paulinas, 2006.
[43] São Paulo: Paulinas, 2008.

cristianismo,⁴⁴ que representa, em certo sentido, um roteiro de caráter mais didático e popular sobre a temática.

***

A intenção não foi fazer qualquer esboço de uma teologia das religiões, até mesmo porque o espaço limitado não me permitiria efetuar tal tarefa. Ao reforçar as dimensões do plural e do diálogo e ao indicar o desafio do debate ecumênico das religiões, desejo mostrar que a lógica plural é fundamental para o método teológico.

A reflexão feita aqui foi acompanhada da pressuposição dos principais aspectos da complexa realidade social e religiosa que hoje enfrentamos e que desafiam fortemente a produção teológica latino-americana. Ao lado disso estão a necessidade de articulação de diferentes perspectivas hermenêuticas – construindo com isso uma lógica plural para o método teológico – e a importância das questões ecumênicas para as reflexões teológicas atuais.

O percurso

O caminho até aqui trilhado mostra como as lógicas plurais e de "fronteiras" são mais adequadas para o alargamento metodológico buscado na teologia e nas ciências da religião.

Primeiramente, tentou-se uma identificação dos principais aspectos da complexa realidade social e religiosa que hoje enfrentamos e que desafiam fortemente a produção teológica latino-americana. A partir disso, outra tentativa: avaliar as possibilidades e os limites do método teológico e indicar temáticas relevantes e desafios teológicos para a atualidade. Entre eles estão: a necessidade de articulação de diferentes perspectivas hermenêuticas, construindo com isso uma lógica plural para o método teológico, a complexa relação entre fé, religião e cultura, acompanhada de uma teologia da cultura, e a importância das questões ecumênicas para as reflexões teológicas atuais.

Procurei refletir sobre o método teológico a partir da identificação de aspectos que, nas últimas décadas, têm limitado ou facilitado o seu alargamento e consequentemente oferecido menor ou maior capacidade de formulação de

---

⁴⁴ São Paulo: Paulus, 2006.

respostas teológicas consistentes diante da complexidade da realidade social latino-americana, em especial a diferença cultural nas linguagens da religião no Brasil.

Para isso, diante do quadro atual de mudanças sociais e religiosas, indico, a partir de diferentes autores como Keith Ward, Bruno Forte, José Comblin e Homi Bhabha, um leque de perspectivas para um equacionamento mais adequado das relações entre teologia e cultura, ressaltando o valor dos *estudos culturais* para a reflexão teológica na atualidade.

Por fim, destaco o valor da pluralidade e da ecumenicidade para o método teológico, com vistas a identificar as principais implicações teóricas e práticas da formação de uma lógica plural na reflexão teológica e nas ciências da religião, bem como as consequências disso para o conjunto da sociedade.

A minha pressuposição é de que nos momentos de perplexidade e de busca de novos referenciais teóricos, temos que ouvir as perguntas da vida e da fé e procurar explicitar o conteúdo delas, especialmente considerando a experiência das pessoas pobres e marginalizadas socialmente, seguindo, portanto, a indicação dos princípios bíblicos, dentro da vocação da teologia latino-americana.

Referências bibliográficas

BHABHA, Homi K. *O local da cultura*. Belo Horizonte: Editora UFMG, 2001.

BRANDÃO, Carlos Rodrigues; PESSOA, Jadir de Morais. *Os rostos de Deus do Outro*. São Paulo: Loyola, 2005.

CAMURÇA, Marcelo. *Ciências Sociais e Ciências da Religião*. São Paulo: Paulinas, 2008.

CANCLINI, Nestor. *Consumidores e cidadãos*; conflitos multiculturais da globalização. Rio de Janeiro: UFRJ, 1996.

COMBLIN, José. *Cristãos rumo ao século XXI*; nova caminhada de libertação. São Paulo: Paulus, 1996.

____. O debate atual sobre o universalismo cristão. *Concilium* (155), 1980, pp. 74-83.

FORTE, Bruno. *A porta da beleza*; por uma estética teológica. Aparecida: Ideias e Letras, 2006.

HAIGHT, Roger. *Jesus, símbolo de Deus*. São Paulo: Paulinas, 2003.

KNITTER, Paul. *Introdução à Teologia das Religiões*. São Paulo: Paulinas, 2008.

MAGALHÃES, Antônio Carlos. *Deus no espelho das palavras*; teologia e literatura em diálogo. São Paulo: Paulinas, 2000.

MOREIRA, Alberto da Silva; DIAS DE OLIVEIRA, Irene (org.). *O futuro da religião na sociedade global*. São Paulo: Paulinas/UCG, 2008.

RIBEIRO, Claudio de Oliveira. *A Teologia da Libertação Morreu? Reino de Deus e espiritualidade hoje*. São Paulo: Fonte Editorial/Santuário, 2010.

____. *Pode a fé tornar-se idolatria? A atualidade para a América Latina da relação entre Reino de Deus e história em Paul Tillich*. Rio de Janeiro: Mauad, 2010.

____. *Teologia em curso*; temas da fé cristã em foco. São Paulo: Paulinas, 2010.

SUSIN, Luis Carlos (org.). *Teologia para outro mundo possível*. São Paulo: Paulinas, 2006.

TEIXEIRA, Faustino Luiz Couto (org.). *Diálogo dos pássaros*; nos caminhos do diálogo inter-religioso. São Paulo: Paulinas, 1993.

TILLICH, Paul. *The Future of Religions*. New York: Harper & Row Publishers, 1966.

____. *Theology of Culture*. Oxford: Oxford University Press, 1959.

VIGIL, José Maria et al (org). *Pelos muitos caminhos de Deus*; desafios do pluralismo religioso à Teologia da Libertação. Goiânia: Editora Rede, 2003.

____. *Pluralismo e libertação*; por uma teologia latino-americana pluralista a partir da fé cristã. São Paulo: Loyola, 2005.

____. *Teologia latino-americana pluralista da libertação*. São Paulo: Paulinas, 2006.

____. *Teologia pluralista libertadora intercontinental*. São Paulo: Paulinas, 2008.

VIGIL, José Maria. *Teologia do pluralismo religioso*; para uma releitura pluralista do cristianismo. São Paulo: Paulus, 2006.

WARD, Keith. *Deus*; um guia para os perplexos. Rio de Janeiro: Difel, 2009.

Impresso na gráfica da
Pia Sociedade Filhas de São Paulo
Via Raposo Tavares, km 19,145
05577-300 - São Paulo, SP - Brasil - 2012